LA VIE LITTÉRAIRE

CALMANN-LÉVY, ÉDITEURS

DU MÊME AUTEUR

Format grand in-18.

BALTHASAR.	1 vol.
CRAINQUEBILLE, PUTOIS, RIQUET.	1 —
LE CRIME DE SYLVESTRE BONNARD (*Ouvrage couronné par l'Académie française*).	1 —
LES DÉSIRS DE JEAN SERVIEN.	1 —
LES DIEUX ONT SOIF.	1 —
L'ÉTUI DE NACRE.	1 —
HISTOIRE COMIQUE.	1 —
L'ILE DES PINGOUINS.	1 —
LE JARDIN D'ÉPICURE.	1 —
JOCASTE ET LE CHAT MAIGRE.	1 —
LE LIVRE DE MON AMI.	1 —
LE LYS ROUGE.	1 —
LES OPINIONS DE M. JÉRÔME COIGNARD.	1 —
PAGES CHOISIES.	1 —
PIERRE NOZIÈRE.	1 —
LE PUITS DE SAINTE-CLAIRE.	1 —
LA RÉVOLTE DES ANGES.	1 —
LA RÔTISSERIE DE LA REINE PÉDAUQUE.	1 —
LES SEPT FEMMES DE LA BARBE-BLEUE.	1 —
SUR LA PIERRE BLANCHE.	1 —
THAÏS.	1 —
LA VIE LITTÉRAIRE.	4 —

HISTOIRE CONTEMPORAINE

I. — L'ORME DU MAIL.	1 vol.
II. — LE MANNEQUIN D'OSIER.	1 —
III. — L'ANNEAU D'AMÉTHYSTE.	1 —
IV. — MONSIEUR BERGERET A PARIS.	1 —

Format grand in-8°.

VIE DE JEANNE D'ARC.	2 vol.

ÉDITIONS ILLUSTRÉES

CLIO (*Illustrations en couleurs de Mucha*).	1 vol.
HISTOIRE COMIQUE (*Pointes sèches et eaux-fortes de Edgar Chahine*).	1 —
LES CONTES DE JACQUES TOURNEBROCHE (*Illustrations en couleurs de Léon Lebègue*).	1 —

619-17. — Coulommiers. Imp. PAUL BRODARD. — 1-18.

ANATOLE FRANCE

DE L'ACADÉMIE FRANÇAISE

LA VIE LITTÉRAIRE

DEUXIÈME SÉRIE

PARIS
CALMANN-LÉVY, ÉDITEURS
3, RUE AUBER, 3

Droits de reproduction et de traduction réservés pour tous les pays.

PRÉFACE

Ce volume contient les articles que j'ai publiés dans le *Temps* depuis deux ans environ. Le public lettré a accueilli la première série de ces causeries avec une bienveillance qui m'honore et qui me touche. Je sais combien peu je la mérite. Mais on m'a beaucoup pardonné sans doute en faveur de ma sincérité. Il y a un moyen de séduction à la portée des plus humbles : c'est le naturel. On semble presque aimable dès qu'on est absolument vrai. C'est pour m'être donné tout entier que j'ai mérité des amis inconnus. La seule habileté dont je sois capable est de ne point essayer de cacher mes défauts. Elle m'a réussi comme elle eût réussi à tout autre.

On a bien vu, par exemple, qu'il m'arrivait

parfois de me contredire. Il y a peu de temps, un excellent esprit, M. Georges Renard, a relevé quelques-unes de ces contradictions avec une indulgence d'autant plus exquise qu'elle feignait de se cacher. « M. Leconte de Lisle, avais-je dit un jour, doute de l'existence de l'univers, mais il ne doute pas de la bonté d'une rime. » Et M. Georges Renard n'a pas eu de peine à montrer que cette contradiction, j'y tombais moi-même à tout moment, et qu'après avoir proclamé le doute philosophique je n'avais rien de plus pressé que de quitter la paix sublime du sage, la bienheureuse ataraxie, pour me jeter dans les régions de la joie et de la douleur, de l'amour et de la haine. Finalement il m'a pardonné et je crois qu'il a bien fait. Il faut permettre aux pauvres humains de ne pas toujours accorder leurs maximes avec leurs sentiments. Il faut même souffrir que chacun de nous possède à la fois deux ou trois philosophies; car, à moins d'avoir créé une doctrine, il n'y a aucune raison de croire qu'une seule est bonne; cette partialité n'est excusable que chez un inventeur. De même qu'une vaste contrée possède les climats les plus divers, il n'y a guère d'esprit étendu qui ne renferme de nombreuses contradictions. A dire vrai, les âmes exemptes de tout illogisme me font peur; ne pouvant m'imaginer qu'elles ne se trompent jamais, je crains qu'elles ne se trompent toujours, tandis qu'un esprit qui ne se pique pas de logique peut retrouver la vérité après l'avoir perdue. On me répondra sans doute, en faveur des logiciens, qu'il y a une vérité au bout de tout raisonnement comme un œil ou une griffe au bout de la queue que Fourier a promise aux hommes pour le jour où ils seront en harmonie. Mais cet avantage restera aux esprits sinueux et flottants, qu'ils peuvent amuser autrui dans les erreurs qui les amusent eux-mêmes. *Heureux qui, comme Ulysse, a fait un beau voyage!* Quand la route est fleurie, ne demandez pas où elle mène. Je vous donne ce conseil au mépris de la sagesse vulgaire, sous la dictée d'une sagesse supérieure. Toute fin est cachée à l'homme. J'ai demandé mon chemin à tous ceux qui, prêtres, savants, sorciers ou philosophes, prétendent savoir la géographie de l'Inconnu. Nul n'a pu m'indiquer exactement la bonne voie. C'est pourquoi la route que je préfère est celle dont les ormeaux s'élèvent plus touffus sous le ciel le plus riant. Le sentiment du beau me conduit. Qui donc est sûr d'avoir trouvé un meilleur guide?

Comme mes contradictions, on m'a passé mon innocente manie de faire à tout propos des contes avec mes souvenirs et mes impressions. Je crois que cette indulgence n'était pas mal inspirée. Un homme supérieur ne doit parler de lui-même qu'à propos des grandes choses auxquelles il a été mêlé. Autrement il semble disproportionné et, par là, déplaisant; à moins qu'il ne consente à se montrer semblable à nous : ce qui, à vrai dire, n'est pas toujours impossible, car les grands hommes ont beaucoup de choses communes avec les autres hommes. Mais enfin le sacrifice est trop coûteux à certains génies. Combien les hommes ordinaires sont mieux venus à se raconter eux-mêmes et à se peindre! Leur portrait est celui de tous; chacun reconnaît dans les aventures de leur esprit ses propres aventures morales et philosophiques. De là l'intérêt qu'on prend à leurs confidences. Quand ils parlent d'eux-mêmes, c'est comme s'ils parlaient de tout le monde. La sympathie est le doux privilège de la médiocrité. Leurs aveux, quand nous les écoutons, nous semblent sortir de nous-mêmes. Leur examen de conscience est aussi profitable à nous qu'à eux. Leurs confessions forment un manuel de confession à l'usage de la communauté tout entière. Et ces sortes de manuels contribuent à l'amélioration de la personne morale, quand toutefois le péché y est représenté sans atténuations hypocrites et surtout sans ces grossissements horribles qui produisent le désespoir. Si j'ai, çà et là, un peu parlé de moi dans nos causeries, ces considérations me rassurent.

On ne trouvera pas plus dans ce volume que dans le précédent une étude approfondie de la jeune littérature. La faute en est sans doute à moi qui n'ai su comprendre ni la poésie symboliste ni la prose décadente.

On m'accordera peut-être aussi que la jeune école ne se laisse pas pénétrer aisément. Elle est mystique et c'est une fatalité du mysticisme de demeurer inintelligible à ceux qui ne mènent pas la vie du sanctuaire. Les symbolistes écrivent dans un état particulier des sens; et il faut, pour communier avec eux, se trouver dans une disposition analogue. Je le dis sans raillerie : leurs livres, comme ceux de Swedenborg ou ceux d'Allan Kardec, sont le produit d'une sorte d'extase. Ils voient ce que nous ne voyons pas. On a essayé d'une explication plus simple : ce sont des mystificateurs, a-t-on dit. Mais, quand on y réfléchit, on ne trouve jamais dans la fraude et l'imposture les raisons véritables d'un mouvement ou littéraire ou religieux, si petit qu'il soit. Non, ce ne sont pas des mystificateurs. Ce sont des extatiques. Deux ou trois d'entre eux sont tombés en crise et tout le cénacle a déliré; car rien n'est plus communicatif que certains états nerveux. Loin de mettre en doute les effets merveilleux de l'art nouveau, je les tiens pour aussi certains que les miracles qui s'opéraient sur la tombe du diacre Pâris. Je suis sûr que le jeune auteur du *Traité du verbe*, parle très sérieusement quand il dit, assignant au son de chaque voyelle une sonorité correspondante : « A noir, E blanc, I rouge, U vert, O bleu. » Devant une telle affirmation, il y a quelque frivolité d'esprit à sourire et à se moquer. Pourquoi ne pas admettre que si l'auteur du traité du verbe dit qu'A est noir et qu'O est bleu, c'est parce qu'il le sent, parce qu'il le voit, parce qu'en effet les sons, comme les corps, ont réellement pour lui des couleurs? On cessera d'en douter quand on saura que le cas n'est point unique, et que des physiologistes ont constaté chez un assez grand nombre de sujets une aptitude semblable à *voir* les sons. Cette sorte de névrose s'appelle *l'audition colorée.* J'en trouve la description scientifique dans un extrait du *Progrès médical*, cité par M. Maurice Spronck à la page 33 de ses *Artistes littéraires* : « L'audition colorée est un phénomène qui consiste en ce que deux sens différents sont simultanément mis en activité par une excitation produite par un seul de ces sens, ou, pour parler autrement, en ce que le son de la voix ou d'un instrument se traduit par une couleur caractéristique et constante pour la personne possédant cette propriété chromatique. Ainsi, certains individus peuvent donner une couleur verte, rouge, jaune etc., à tout bruit, à tout son qui vient frapper leurs oreilles. » (J. Baratoux, le *Progrès médical*, 10 décembre 1887 et n⁰ˢ suiv.) L'audition colorée détermine, dans les esprits doués pour l'art et la poésie, un nouveau sens esthétique, auquel répond la poétique de la jeune école.

L'avenir est au symbolisme si la névrose qui l'a produit se généralise. Malheureusement M. Ghil dit qu'O est bleu et M. Raimbault dit qu'O est rouge. Et ces malades exquis se disputent entre eux, sous le regard indulgent de M. Stéphane Mallarmé.

Je comprends que les adeptes de l'art nouveau aiment leur mal et même qu'ils s'en fassent gloire; et, s'ils méprisent quelque peu ceux dont les sens ne sont pas affinés par une si rare névrose, je ne m'en plaindrai pas. Il serait de mauvais goût de leur reprocher d'être des malades. J'aime mieux, me plaçant dans les plus hautes régions de la philosophie naturelle, dire avec M. Jules Soury : « Santé et maladie sont de vaines entités. » Apprenons, avec le gracieux Horatio du poète, qu'il y a plus de choses dans la nature que dans nos philosophies, si larges qu'elles soient, et gardons-nous de croire que le dédain soit le comble de la sagesse.

On ne trouvera pas non plus dans ce volume une vue d'ensemble sur la littérature contemporaine de notre pays. Il n'est pas facile de se faire une idée générale des choses au milieu desquelles on vit. On manque d'air et de recul. Et si l'on parvient à démêler ce qui s'achève, on distingue mal ce qui commence. C'est pour cela sans doute que les esprits les plus indulgents ont jugé volontiers leur temps avec sévérité. Les hommes sont enclins à croire que le monde finira avec eux et cette pensée, qu'ils expriment, non sans mélancolie, les console intérieurement de la fuite de leurs jours. Je me réjouis dans mon cœur d'être exempt d'une si pitoyable et si vaine illusion. Je ne crois pas que les formes du beau soient épuisées et j'en attends de nouvelles. Si je n'entonne pas tous les jours le cantique du vieillard Siméon, c'est sans doute que le don de prophétie n'est pas en moi.

J'ai toujours pensé, peut-être bien à tort, que personne ne fait des chefs-d'œuvre, et que c'est là une tâche supérieure aux individus quels qu'ils soient, mais que les plus heureux d'entre les mortels produisent parfois des ouvrages qui peuvent devenir des chefs-d'œuvre, avec l'aide du temps, qui est un galant homme, comme disait Mazarin. Ce qui me rassure, en dépit de l'Exposition universelle et des niaiseries dangereuses qu'elle a inspirées à la plupart de mes compatriotes, c'est qu'il y a encore en ce pays des hommes égaux et peut-être supérieurs, par une certaine faculté de comprendre, à tous les écrivains des siècles passés. Je n'imagine pas, par exemple, qu'on ait jamais pu être plus intelligent que M. Paul Bourget, ou M. Jules Lemaître. Je crois qu'il y a une certaine élégance à ne nommer ici que les plus jeunes.

Quant à la nature de ces causeries, je serais fort embarrassé de la définir. On m'a dit que ce n'était pas une nature critiquante et esthétisante. Je m'en doutais un peu. Autant que possible il ne faut rien faire à contre-cœur. Les conditions techniques dans lesquelles s'élaborent les romans et les poèmes ne m'intéressent, je l'avoue, que très médiocrement. Elles n'intéressent en somme que l'amour-propre des auteurs. Chacun d'eux croit posséder à l'exclusion des autres tous les secrets du métier. Mais ceux qui font les chefs-d'œuvre ne savent pas ce qu'ils font; leur état de bienfaiteurs est plein d'innocence. On aura beau me dire que les critiques ne doivent pas être innocents. Je m'efforcerai de garder comme un don céleste l'impression de mystère que me causent les sublimités de la poésie et de l'art. Le beau rôle est parfois d'être dupe. La vie enseigne qu'on n'est jamais heureux qu'au prix de quelque ignorance. Je vais faire un aveu qui paraîtra peut-être singulier à la première page d'un recueil de causeries sur la littérature. Tous les livres en général et même les plus admirables me paraissent infiniment moins précieux par ce qu'ils contiennent que par ce qu'y met celui qui les lit. Les meilleurs, à mon sens, sont ceux qui donnent le plus à penser, et les choses les plus diverses.

La grande bonté des œuvres des maîtres est d'inspirer de sages entretiens, des propos graves et familiers, des images flottantes comme des guirlandes rompues sans cesse et sans cesse renouées, de longues rêveries, une curiosité vague et légère qui s'attache à tout sans vouloir rien épuiser, le souvenir de ce qui fut cher, l'oubli des vils soins, et le retour ému sur soi-même. Quand nous les lisons, ces livres excellents, ces livres de vie, nous les faisons passer en nous. Il faut que le critique se pénètre bien de cette idée que tout livre a autant d'exemplaires différents qu'il a de lecteurs et qu'un poëme, comme un paysage, se transforme dans tous les yeux qui le voient, dans toutes les âmes qui le conçoivent. Il y a quelques années, comme je passais la belle saison sous les sapins du Hohwald, j'étais émerveillé, pendant mes longues promenades, de rencontrer un banc à chaque point où l'ombre est plus douce, la vue plus étendue, la nature plus attachante. Ces bancs rustiques portaient des noms qui trahissaient le sentiment de ceux qui les avaient mis. L'un se nommait le *Rendez-vous de l'amitié;* l'autre le *Repos de Sophie,* un troisième le *Rêve de Charlotte.*

Ces bons Alsaciens qui avaient ainsi ménagé à leurs amis et aux passants les « repos » et les « rendez-vous » m'ont enseigné quelle sorte de bien peuvent faire ceux qui ont vécu aux pays de l'esprit et s'y sont longtemps promenés. Je résolus pour ma part d'aller posant des bancs rustiques dans les bois sacrés et près des fontaines des Muses. Cet emploi de sylvain modeste et pieux me convient à merveille. Il n'exige ni doctrine ni système et ne veut qu'un doux étonnement devant la beauté des choses. Que le savant du village, que l'arpenteur mesure la route et pose les bornes milliaires! pour moi, les soins bienveillants des « repos », des « rendez-vous » et des « rêves » m'occuperont assez. Accommodée à mes goûts et mesurée à mes forces, la tâche du critique est de mettre avec amour des bancs aux beaux endroits, et de dire, à l'exemple d'Anyté de Tégée :

« — Qui que tu sois, viens t'asseoir à l'ombre de ce beau laurier, afin d'y célébrer les dieux immortels! »

A. F.

LA VIE LITTÉRAIRE

M. ALEXANDRE DUMAS FILS.

LE CHATIMENT D'IZA
ET LE PARDON DE MARIE

Le roman fameux [1] dont un poète de talent, M. Dartois, vient de tirer un drame, date de plus de vingt ans. Quand il le publia, M. Alexandre Dumas, déjà célèbre, n'était pas encore, comme aujourd'hui, un moraliste redouté, un des directeurs spirituels de son siècle. Il n'avait pas encore annoncé l'Évangile du châtiment et révoqué le pardon de Madeleine. Il n'avait pas dit encore : « Tue-la ! » C'est précisément dans l'*Affaire Clémenceau* qu'il exposa pour la première fois cette doctrine impitoyable. Il est vrai qu'il n'y parla point pour son propre compte et que ce livre est, comme le

---

1. *Affaire Clémenceau, mémoire de l'accusé*, 1 vol. in-18. Calmann Lévy, édit.

titre l'indique, le mémoire d'un accusé. Mais on devinait le philosophe sous le romancier, on voyait la thèse dans l'œuvre d'art. L'*Affaire Clémenceau* contenait en germe l'*Homme-Femme* et la *Femme de Claude*. Ai-je besoin de rappeler qu'il s'agit, dans le roman, d'un enfant naturel, du fils d'une pauvre fille abandonnée, qui travaille pour vivre? Clémenceau n'a jamais connu son père. Il est encore tout petit quand, à la pension, ses camarades lui font honte de sa naissance. Il est beau, il est fort, il est intelligent et bon. Dès l'enfance, son génie se révèle : conduit par hasard dans un atelier de sculpteur, il reconnaît sa vocation. Il est destiné à pétrir la glaise; il est voué au tourment délicieux de fixer dans une matière durable les formes de la vie. Le travail le garde chaste. Mais jeune, ignorant et vigoureux, il est une proie dévolue à l'amour. Une nuit, dans un bal travesti, il rencontre une enfant, habillée en page et qui accompagne une abondante et magnifique Marie de Médicis, sa mère. Iza, cette enfant, est parfaitement belle. Mais ce n'est qu'une enfant. D'ailleurs elle n'a fait qu'apparaître comme un présage. Elle s'en est allée avec sa mère, la comtesse Dobronowska, une aventurière polonaise, chercher fortune en Russie. La comtesse, ne pouvant la marier, essaye de la vendre. Iza lui échappe et, soit amour, soit fantaisie, elle vient demander asile au sculpteur Clémenceau, qui est devenu célèbre en peu d'années. Il l'attendait. Il l'épouse, il l'aime. Il l'aime d'un amour à la fois idéal et esthétique. Il l'aime parce qu'elle est la forme parfaite et parce qu'elle est l'infini que nous rêvons tous, dans ce rêve d'une heure qui est la vie. Iza, nourrie par une mère infâme, est naturellement impudique, menteuse, ingrate et lascive. Pourtant elle aime Clémenceau, qui est robuste et beau. Mais elle le trahit, parce que trahir est sa fonction naturelle. Elle trompe l'homme qu'elle aime, pour des bijoux ou seulement pour le plaisir de tromper. Elle se donne à des gens célèbres qui fréquentent sa maison, et cela pour le plaisir d'avoir certaines idées, quand ces personnages sont réunis, le soir à la table dont elle fait gravement les honneurs avec son mari. Elle est comme les grands artistes qui ne se plaisent qu'aux difficultés : elle croise, complique, mêle ses mensonges; elle ose tout, si bien que son mari est bientôt le seul homme à Paris qui ignore sa conduite. Il est désabusé, par hasard. Il la chasse. Mais il l'aime encore. Comment s'en étonner? Ce n'est pas parce qu'elle est indigne qu'il l'aimerait moins.

L'amour ne se donne pas comme un prix de vertu. L'indignité d'une femme ne tue jamais le sentiment qu'on a pour elle; au contraire, il le ranime parfois : l'auteur de *la Visite de noces* le sait bien. Ce malheureux Clémenceau s'enfuit jusqu'à Rome, où il se réfugie en plein idéal d'art. Il entame une copie du *Moïse* de Michel-Ange à même le bloc, avec une telle furie qu'on croirait qu'il veut lui-même se briser contre ce marbre qu'il taille. Il a voulu la fuir. Mais il l'attend, le misérable !

Il l'attend, les bras ouverts. Elle ne vient pas : elle reste à Paris, la maîtresse d'un prince royal en bonne fortune. Là, au milieu de son luxe, paisible, elle compose un dernier chef-d'œuvre de perfidie : elle séduit le seul ami qui soit resté à son mari. Clémenceau l'apprend : c'en est trop ; il accourt, il se précipite chez elle, il la revoit, il la trouve charmante, amoureuse, car elle l'aime toujours. Elle est belle, elle est irrésistible. Que fait-il ? Il la possède une fois encore et il la tue.

Tel est le sujet, l'argument, comme on disait dans la vieille rhétorique. On sait qu'il est traité avec une habileté d'autant plus grande qu'elle se cache sous les apparences d'un naturel facile. Il est superflu aujourd'hui de louer dans ce livre la simplicité savante, l'éloquence sobre et passionnée. J'ai dit qu'il y avait dans l'*Affaire Clémenceau* une œuvre d'art et une thèse morale. L'œuvre d'art est de tout point admirable. Quant à la thèse, elle fait horreur, et toutes les forces de mon être me soulèvent à la fois contre elle.

Si Clémenceau disait : « J'ai tué cette femme parce que je l'aimais », nous penserions : « C'est, après tout, une raison. » La passion a tous les droits, parce qu'elle va au-devant de tous les châtiments. Elle n'est pas immorale, quelque mal qu'elle fasse, car elle porte en elle-même sa punition terrible. D'ailleurs, ceux qui aiment disent : Je la tuerai ! mais ils ne tuent pas. Mais Clémenceau n'allègue pas seulement son amour, il invoque la justice. C'est ce qui me fâche. Je n'aime pas que ce mari violent, et qui devint un amant, prenne des airs de justicier. Je n'aime pas qu'il brandisse comme l'instrument auguste des vengeances publiques, le couteau « à manche jaspé, à garde de vermeil incrustée de grenats, à lame d'acier niellée d'or ».

Il est penseur. Il est idéologue. Parfois il parle comme si, en vérité, il avait attenté à la vie d'un député opportuniste ou radical. Il y a en lui du Baffier et de l'Aubertin. Il a des idées générales, il a un système; il donne à son crime je ne sais quelles intentions humanitaires. Il est trop pur. Il m'est désagréable qu'on assassine par vertu. Sa défense est d'un meurtrier idéologue. Si j'étais juré, je ne l'acquitterais pas. A moins que les médecins légistes ne m'avertissent que je suis en présence d'un paralytique général, ce qui, à vrai dire, ne m'étonnerait guère. Il m'assure qu'il était honnête homme et bon fils. Je n'en veux pas disputer. Mais il donne à entendre qu'il était un grand artiste et faisait de très belles figures; et cela j'ai peine à le croire. Un grand artiste porte en soi l'instinct généreux de la vie. Il crée et ne détruit pas. C'est un ouvrage stupide que d'assassiner une femme. Les hommes capables d'une telle boucherie doivent être insupportables. En admettant qu'ils ne soient pas tout à fait des déments, ils doivent avoir bien peu de grâce dans l'esprit, bien peu de souplesse dans l'intelligence. J'imagine qu'ils restent lourds et durs au milieu même du bonheur, et que leur âme n'a pas ces nuances charmantes sans lesquelles l'amour même semble terne et monotone.

Le mémoire n'en dit rien, mais Iza dut passer avec cet homme des heures terriblement maussades. Avant de l'assassiner, il dut l'ennuyer. Il était honnête, sans doute; mais c'est un pauvre bagage en amour qu'une impitoyable honnêteté. Non, il n'avait pas l'âme belle. Dans les belles âmes, une divine indulgence se mêle à la passion la plus furieuse.

S'il est vrai qu'on ne trouve guère d'amour sans haine, il est vrai aussi qu'on ne voit guère de haine sans pitié. Ce malheureux avait le crâne étroit. C'était un fanatique; c'est-à-dire un homme de la pire espèce. Tous les fanatismes, même celui de la vertu, font horreur aux âmes riantes et largement ouvertes. Le mal vient uniquement de ce Clémenceau qui eut le tort d'épouser une femme qui n'était pas faite pour cela. Les Grecs le savaient bien, que toutes les femmes ne sont pas également propres à faire des épouses légitimes. Il ne pénétrait pas assez le mystère des appétits et des instincts. S'il avait soupçonné le moins du monde les obscurs travaux de la vie animale, il se serait dit, comme le bon médecin Fagon, qu'il faut beaucoup pardonner à la nature. Il aurait murmuré dans le fond de son âme ce que l'aimable Sardanapale de Byron disait sur son bûcher à la jeune Myrrha : « Si ta chair se trouble, si tu crains de te jeter à travers ces flammes dans l'inconnu, adieu, va et sache bien que je ne t'en aimerai pas moins, mais qu'au contraire je t'en chérirai davantage pour avoir été docile à la nature. » Et il aurait pleuré, et son cœur se serait amolli, il n'aurait pas tué la pauvre Iza, que d'ailleurs il n'aurait pas préalablement épousée.

Certes, c'était une mauvaise fille. Elle avait des instincts pervers. Mais sommes-nous tout à fait responsasables de nos instincts? L'éducation et l'hérédité ne pèsent-elles pas sur tous nos actes? Nous naissons incorrigibles, hélas! Nous naissons si vieux! Si Clémenceau avait songé que tous les éléments dont se composait le corps délicieux de cette pauvre enfant existaient et s'agitaient dans l'immoral univers de toute éternité, il n'aurait pas brisé cette délicate machine. Il aurait pardonné à cette âme obscure le crime de ses nerfs et de son sang. Écoutez ce que dit en vers la philosophie naturelle; elle dit :

> Les choses de l'amour ont de profonds secrets.
> L'instinct primordial de l'antique nature,
> Qui mêlait les flancs nus dans le fond des forêts,
> Trouble l'épouse encor sous sa riche ceinture;
> Et, savante en pudeur, attentive à nos lois,
> Elle garde le sang de l'Ève des grands bois.

Je sais, je sais tout ce qu'on doit à la morale. Dieu me garde de l'oublier! La société est fondée sur la famille, qui repose elle-même sur la foi des contrats domestiques. La vertu des femmes est une vertu d'État. Cela date des Romains. La victime héroïque de Sextus, la chaste Lucrèce, exerçait la pudeur comme une magistrature. Elle se tua pour l'exemple : *Ne ulla deinde impudica Lucretiæ exemplo vivet.* A ses yeux, le mariage était une sorte de fonction publique dont elle était investie. Voilà qui est bien. Ces Romains ont édifié le mariage comme les aqueducs et les égouts. Ils ont uni du même ciment la chair et les pierres. Ils ont construit pour l'éternité. Il n'y eut jamais au monde maçons et légistes pareils. Nous habitons encore la maison qu'ils ont bâtie. Elle est auguste et sainte. Cela est vrai; mais il est vrai aussi qu'il est écrit. « Tu ne tueras pas. » Il est vrai que la clémence est la plus intelligente des vertus et que la philosophie naturelle enseigne le pardon. D'ailleurs, quand il s'agit d'amour, pouvons-nous discerner notre cause? Qui de nous est assez pur pour jeter la première pierre? Il faut bien en revenir à l'Évangile. En matière de morale ce sont toujours les religions qui ont raison, parce qu'elles sont inspirées par le sentiment, et que c'est le sentiment qui nous égare le moins. Les religions n'uniraient point les hommes si elles s'adressaient à l'intelligence, car l'intelligence est superbe et se plaît aux disputes. Les cultes parlent aux sens; c'est pourquoi ils assemblent les fidèles : nous sentons tous à peu près de même et la piété est faite du commun sentiment.

Il est arrivé à chacun de nous d'assister, dans quelque église, tendue de noir, à d'illustres obsèques. L'élite de la société, des hommes honorés, quelques-uns célèbres, des femmes admirées et respectées, étaient rangés des deux côtés de la nef, au millieu de laquelle s'élevait le catafalque, entouré de cierges. Tout à coup le *Dies iræ* éclatait dans l'air épaissi par l'encens, et ces stances composées, dans quelque jardin sans ombre, par un doux disciple de saint François, se déroulaient sur nos têtes comme des menaces mêlées d'espérances. Je ne sais si vous avez été touché ainsi que moi jusqu'aux larmes de cette poésie empreinte de l'austère amour qui débordait de l'âme des premiers franciscains. Mais je puis vous dire que je n'ai jamais entendu la treizième strophe sans me sentir secoué d'un frisson religieux. Elle dit, cette strophe :

> *Qui Mariam absolvisti*
> *Et latronem exaudisti,*
> *Mihi quoque spem dedisti.*

« Toi, qui as absous la pécheresse et pardonné au larron, à moi aussi tu as donné l'espérance. »

Le chantre qui lance ces paroles latines dans le vaisseau de l'église est ici la voix de l'assemblée entière. Tous les assistants, ces purs, ces grands, ces superbes, doivent répéter intérieurement : « Toi, qui as absous la pécheresse et pardonné au larron, à moi aussi tu as donné l'espérance. » Voilà ce que veut l'Église, qui a condamné le vol et fait du mariage un sacrement. Elle humilie, dans sa sagesse, les vertus de ces heureux qu'on appelle les justes, et elle rappelle aux meilleurs d'entre nous que, loin de pouvoir s'ériger en juges, ils doivent eux-mêmes implorer leur pardon. Cette morale chrétienne me semble infiniment douce et infiniment sage. Elle ne prévaudra jamais tout à fait contre les violences de l'âme et l'orgueil de la chair; mais elle répandra parfois sur nos cœurs fatigués sa paix divine et elle nous enseignera à pardonner, avec toutes les autres offenses, les trahisons qui nous ont été faites par celles que nous avons trop aimées.

LES JOUETS D'ENFANTS

Je viens de lire pour mon plaisir des contes d'enfants, *la Comédie des jouets* [1], que nous donne M. Camille Lemonnier. M. Camille Lemonnier a marqué sa place au premier rang des littérateurs belges. Il écrit des romans vrais dans une langue pleine de saveur. C'est un conteur naturel, qui plaît aux Parisiens comme aux Bruxellois. Je savais, par ses livres, qu'il adorait les choses de la vie, et que ses rêves d'artiste poursuivaient ardemment les formes infinies des êtres. Je découvre aujourd'hui qu'il s'amuse parfois avec des jouets d'enfants, et ce goût m'inspire pour lui de nouvelles sympathies. Je lui veux du bien, de ce qu'il interprète les joujoux en poëte et de ce qu'il en possède le sens mystique. Il anime sans effort les pantins et les polichinelles. Il révèle la nature spirituelle de ce.

---

[1] *La Comédie des jouets*, par M. Camille Lemonnier, 1 vol. in-8°.

bonhomme Noël qui revient tous les ans, couvert de frimas, dans la boutique de l'épicier. Au souffle de sa pensée, la forêt, qui n'a que six arbres peints en vert, avec des copeaux pour feuillage, s'étend, la nuit, hors de la boîte de sapin et s'emplit d'ombre, de mystère et d'horreur. Voilà ce qui me plaît, voilà ce qui me touche. C'est que je professe, comme lui, le fétichisme des soldats de plomb, des arches de Noé et des bergeries de bois blanc. Songez-y, ce fétichisme est le dernier qui nous reste. L'humanité, quand elle se sentait jeune, donnait une âme à toutes choses. Cette foi charmante s'en est allée peu à peu, et voici que nos penseurs modernes ne devinent plus d'âmes dans l'univers désenchanté. Du moins nous avons gardé, M. Camille Lemonnier et moi, une créance profonde : nous croyons à l'âme des joujoux.

Je ne crains pas, pour ma part, de formuler mon symbole. Je crois à l'âme immortelle de Polichinelle. Je crois à la majesté des marionnettes et des poupées.

Sans doute, il n'y a rien d'humain selon la chair dans ces petits personnages de bois ou de carton; mais il y a en eux du divin, si peu que ce soit. Ils ne vivent pas comme nous, pourtant ils vivent. Ils vivent de la vie des dieux immortels.

Si j'étais un savant, je m'efforcerais de constituer leur symbolique, comme Guigniaut tenta, après Creutzer, la symbolique des divinités de l'ancienne Grèce. Assurément, les poupées et les marionnettes sont de bien petits dieux, mais ce sont des dieux encore.

Aussi voyez : ils ressemblent aux menues idoles de

l'antiquité. Ils ressemblent mieux encore aux figures grossières par lesquelles les sauvages essayent de montrer l'invisible. Et à quoi ressembleraient-ils, sinon à des idoles, puisqu'ils sont eux-mêmes des idoles? Leur fonction est absolument religieuse. Ils apportent aux petits enfants la seule vision du divin qui leur soit intelligible. Ils représentent toute la religion accessible à l'âge le plus tendre. Ils sont la cause de nos premiers rêves. Il inspirent nos premières craintes et nos premières espérances. Pierrot et Polichinelle contiennent autant d'anthropomorphisme divin qu'en peuvent concevoir des cerveaux à peine formés et déjà terriblement actifs. Ils sont l'Hermès et le Zeus de nos bébés. Et toute poupée est encore une Proserpine, une Cora pour nos petites filles. Je voudrais que ces paroles fussent prises dans leur sens le plus littéral. Les enfants naissent religieux, M. Hovelacque et son conseil municipal ne voient de dieu nulle part. Les enfants en voient partout. Ils font de la nature une interprétation religieuse et mystique. Je dirai même qu'ils ont plus de relations avec les dieux qu'avec les hommes, et cette proposition n'a rien d'étrange si l'on songe que, le divin étant l'inconnu, l'idée du divin est la première qui doive occuper la pensée naissante.

Les enfants sont religieux; ce n'est pas à dire qu'ils soient spiritualistes. Le spiritualisme est la suprême élégance de l'intelligence déjà sur le retour. C'est par le fétichisme que commença l'humanité. Les enfants la recommencent. Ils sont de profonds fétichistes. Mais qu'ai-je dit? Les petits enfants remontent plus haut que l'humanité même. Ils reproduisent non seulement les idées des hommes de l'âge de pierre, mais encore les idées des bêtes. Ce sont là aussi, croyez-le bien, des idées religieuses. Saint François d'Assise avait deviné, dans sa belle âme mystique, la piété des animaux. Il ne faut pas observer un chien bien longtemps pour reconnaître que son âme est pleine de terreurs sacrées. La foi du chien est, comme celle de l'enfant, un fétichisme prononcé. Il serait impossible d'ôter de l'esprit d'un caniche que la lune est divine.

Or, comme les enfants naissent religieux, ils ont le culte de leurs joujoux. C'est à leurs joujoux qu'ils demandent ce qu'on a toujours demandé aux dieux : la joie et l'oubli, la révélation des mystérieuses harmonies, le secret de l'être. Les jouets, comme les dieux, inspirent la terreur et l'amour. Les poupées, que les jeunes Grecques appelaient leurs Nymphes, ne sont-elles pas les vierges divines de la première enfance? Les diables qui sortent des boîtes ne représentent-ils pas, comme la Gorgone des Hellènes et comme le Belzébuth des chrétiens, l'alliance sympathique de la laideur sensible et du mal moral? Il est vrai que les enfants sont familiers avec leurs dieux; mais les hommes n'ont-ils donc jamais blasphémé le nom des leurs? Les enfants cassent leurs polichinelles. Mais quels symboles l'humanité n'a-t-elle pas brisés? L'enfant, comme l'homme, change sans cesse d'idéal. Ses dieux sont toujours imparfaits parce qu'ils procèdent nécessairement de lui.

J'irai plus loin. Je montrerai que ce caractère religieux, inhérent aux jouets, et surtout aux jouets anthropomorphes, est reconnu d'une manière implicite, non seulement par tous les enfants, mais encore par quelques adultes, en qui persiste la simplicité de l'enfance. Les personnes qui veulent bien me lire savent mon respect pour les choses sacrées. Je puis dire, sans crainte d'être soupçonné par elles d'une irrévérence inattendue, que des simulacres tout à fait puérils prennent place encore aujourd'hui dans certaines cérémonies de l'Église, — et que parfois les âmes innocentes et pieuses associent naïvement de purs joujoux aux mystères du culte. Les boutiques de la rue Saint-Sulpice ne sont-elles pas pleines de poupées liturgiques? Et qu'est-ce que les crèches qu'on met dans les églises, pendant les joyeuses féeries de Noël, sinon de pieux jouets? Il n'y a pas huit jours, comme j'entrais dans une chapelle ouverte par les catholiques anglais dans le quartier de l'Étoile, je vis, au fond de l'abside, la scène de la Nativité, représentée par des figurines moulées et peintes. De douces femmes venaient s'agenouiller devant ces bonshommes. Elles reconnaissaient avec allégresse la grotte de Bethléem, la sainte Vierge, saint Joseph et le petit Jésus, ouvrant, de son berceau, les bras sur le monde. Prosternés aux pieds de l'Enfant-Dieu, les trois rois mages présentaient l'or, la myrrhe et l'encens. On distinguait Melchior à sa barbe blanche, Gaspar à son air de jeunesse, et le bon Balthazar à l'expression naïve de son visage noir comme la nuit. Celui-là souriait sous un énorme turban. O candeur du bon nègre! Impérissable douceur de l'oncle Tom! Tous pas plus grands que la main. Des bergers et des bergères, hauts comme le doigt, occupaient les abords de la grotte. Il y avait aussi des chameaux et des chameliers, un pont sur une rivière et des maisons, avec des vitres aux fenêtres, qu'on éclairait le soir en y mettant des bougies. Cette scène répondait exactement aux besoins esthétiques d'une petite fille de six ans. Tout le temps que je restai dans l'église, j'entendis les sons d'une boîte à musique qui aidait à la contemplation.

Aussi les innocentes dames étaient-elles prises au cœur par une si gentille bergerie. Il fallait bien, pour donner de telles émotions, que ces images à demi comiques, à demi sacrées, eussent une âme, une petite âme de joujou. J'aurais mauvaise grâce à railler une naïveté dont j'avais ma part : ces bonnes âmes agenouillées et répandues devant des poupées m'ont paru charmantes. Et, si je dénonce les parties de fétichisme qui entrent dans le métal de leur orthodoxie, ce n'est pas pour déprécier un tel alliage. Je tiens de M. Pierre Laffitte, le généreux chef du positivisme, que le culte des fétiches avait du bon, et je ne crois pas, pour ma part, qu'il y ait de religion vraie sans un peu de fétichisme. Je vais plus loin : tout sentiment profond ramène à cette antique religion des hommes. Voyez les joueurs et les amoureux : il leur faut des fétiches.

Je viens de vous montrer le joujou dans le sanctuaire. Je ne serai pas embarrassé de vous le montrer encore au seuil du musée. Il appartient à la fois aux dieux invisibles et aux muses. Parce qu'il est religieux, le jouet est artiste. Je vous prie de tenir cette proposition pour démontrée. Les cultes et les arts procèdent d'une même inspiration. Du bambin qui range avec effort ses soldats de plomb sur une table, au vénérable M. Ravaisson groupant avec enthousiasme, dans son atelier du Louvre, la *Vénus Victrix* et l'*Achille Borghèse*, il n'y a qu'une nuance de sentiment. Le principe des deux actions est identiquement le même. Tout marmot qui combine ses jouets est déjà un esthète.

Il est bien vrai de dire que la poupée est l'ébauche de la statue. En face de certaines figurines de la nécropole de Myrrhina, le savant M. Edmond Pottier hésite, ne sachant s'il a devant lui une poupée ou une idole. Les poupées qu'aux jours de beauté, dans la sainte Hellas, les petites filles des héros pressaient contre leur cœur, ces poupées ont péri ; elles étaient de cire et elles ont fondu au soleil. Elles n'ont pas survécu aux bras charmants qui, après les avoir portées, se sont ouverts pour l'amour ou crispés dans le désespoir, et puis qu'a glacés la mort. Je regrette ces poupées de cire : j'imagine que le génie grec avait donné la grâce à leur fragilité. Celles qui nous restent sont de terre cuite; ce sont de pauvres petites poupées, trouvées dans des tombeaux d'enfants. Leurs membres grêles sont articulés comme les bras et les jambes des pantins. C'est là encore un caractère qu'il faut considérer.

Si la poupée procède de la statuaire par sa plastique, elle doit à la souplesse de ses articulations d'autres propriétés précieuses. L'enfant lui communique des gestes et des attitudes, l'enfant la fait agir et il parle pour elle. Et voilà le théâtre créé! Qui donc a dit : — Des poupées et des chansons, c'est déjà presque tout Shakespeare?

GUSTAVE FLAUBERT [1]

C'était en 1873, un dimanche d'automne. J'allai le voir tout ému. Je me tenais le cœur en sonnant à la porte du petit appartement qu'il habitait alors rue Murillo. Il vint lui-même ouvrir. De ma vie je n'avais vu rien de semblable. Sa taille était haute, ses épaules larges; il était vaste, éclatant et sonore; il portait avec aisance une espèce de caban marron, vrai vêtement de pirate; des braies amples comme une jupe lui tombaient sur les talons. Chauve et chevelu, le front ridé, l'œil clair, les joues rouges, la moustache incolore et pendante, il réalisait tout ce que nous lisons des vieux chefs scandinaves, dont le sang coulait dans ses veines, mais non point sans mélange.

Issu d'un Champenois et d'une Bas-Normande de vieille souche, Gustave Flaubert était bien un fils de la

---

1. A propos de sa *Correspondance*. In-18, Charpentier, éditeur.

femme, l'enfant de sa mère. Il semblait tout Normand, non point Normand de terre, vassal de la couronne de France, fils paisible et dégénéré des compagnons de Rolf, bourgeois ou vilain, procureur ou laboureur, de génie avide et cauteleux, ne disant ni oui ni *vere;* mais bien Normand des mers, roi du combat, vieux Danois venu par la route des cygnes, n'ayant jamais dormi sous un toit de planches ni vidé près d'un foyer humain la corne pleine de bière, aimant le sang des prêtres et l'or enlevé aux églises, attachant son cheval dans les chapelles des palais, nageur et poète, ivre, furieux, magnanime, plein des dieux nébuleux du Nord et gardant jusque dans le pillage son inaltérable générosité.

Et son air ne mentait point. Il était cela, en rêve.

Il me tendit sa belle main de chef et d'artiste, me dit quelques bonnes paroles, et, dès lors, j'eus la douceur d'aimer l'homme que j'admirais. Gustave Flaubert était très bon. Il avait une prodigieuse capacité d'enthousiasme et de sympathie. C'est pourquoi il était toujours furieux. Il s'en allait en guerre à tout propos, ayant sans cesse une injure à venger. Il en était de lui comme de don Quichotte, qu'il estimait tant. Si don Quichotte avait moins aimé la justice et senti moins d'amour pour la beauté, moins de pitié pour la faiblesse, il n'eût point cassé la tête au muletier biscayen ni transpercé d'innocentes brebis. C'étaient tous deux de braves cœurs. Et tous deux ils firent le rêve de la vie avec une héroïque fierté qu'il est plus facile de railler que d'égaler. A peine étais-je depuis cinq minutes chez Flaubert que le petit salon, tendu de tapis d'Orient, ruisselait du sang de vingt mille bourgeois égorgés. En se promenant de long en large, le bon géant écrasait sous les talons les cervelles des conseillers municipaux de la ville de Rouen.

Il fouillait des deux mains les entrailles de M. Saint-Marc Girardin. Il clouait aux quatre murs les membres palpitants de M. Thiers, coupable, je crois, d'avoir fait mordre la poussière à des grenadiers dans un terrain détrempé par les pluies. Puis, passant de la fureur à l'enthousiasme, il se mit à réciter d'une voix ample, sourde et monotone, le début d'un drame inspiré d'Eschyle, *les Érinnyes*, que M. Leconte de Lisle venait de faire jouer à l'Odéon. Ces vers étaient fort beaux en effet, et Flaubert avait bien raison de les louer. Mais son admiration s'étendit aux acteurs; il parla avec une cordialité violente et terrible de madame Marie Laurent, qui tenait dans ce drame le rôle de *Klytaimnestra*. En parlant d'elle, il semblait caresser une bête monstrueuse. Quand ce fut le tour de l'acteur qui jouait Agamemnon, Flaubert éclata. Cet acteur était un confident de tragédie, vieilli dans son modeste emploi, las, désabusé, perclus de rhumatismes; son jeu se ressentait grandement de ces misères physiques et morales. Il y avait des jours où le pauvre homme pouvait à peine se mouvoir sur la scène. Il avait épousé, vers le tard, une ouvreuse de théâtre; il comptait se reposer bientôt avec elle à la campagne, loin des planches et des petits

bancs. Il se nommait Laute, je crois, était pacifique
et demandait justement la paix promise sur la terre aux
hommes de bonne volonté. Mais notre bon Flaubert ne
l'entendait pas ainsi. Il exigeait que le bonhomme
Lauté fournît une nouvelle et royale carrière.

— Il est immense, s'écriait-il! C'est un chef barbare,
un dynaste d'Argos, il est archaïque, préhistorique,
légendaire, homérique, rapsodique, épique! Il a l'immobilité sacrée! Il ne bouge pas... C'est grand! c'est
divin! Il est fait comme une statue de Dédale, habillée
par des vierges. Avez-vous vu au Louvre un petit bas-
relief de vieux style grec, tout asiatique, qui a été
trouvé dans l'île de Samothrace et qui représente
Agamemnon, Tathybios et Epeus avec leurs noms écrits
à côté d'eux! Agamemnon s'y voit assis sur un trône
en X, à pieds de chèvre. Il a la barbe pointue et les
cheveux bouclés à la mode assyrienne. Tathybios aussi.
Ce sont d'affreux bonshommes ; ils ont l'air de poissons et semblent très anciens. On dirait que Laute
est sorti de cette pierre-là. Il est superbe, nom de
Dieu !

Ainsi Flaubert exhalait son ardeur. Toute la poésie
d'Homère et d'Eschyle, il la voyait incarnée dans le
bonhomme Laute, tout comme l'ingénieux hidalgo
reconnaissait dans la personne d'un simple mouton le
toujours intrépide Brandabarbaran de Boliche, seigneur
des trois Arabies, ayant pour cuirasse une peau de
serpent et pour écu une porte qu'on dit être celle
qu'emporta Samson hors de la ville de Gaza. Je con-

viens qu'ils se trompaient tous deux; mais il ne faut pas être médiocre pour se tromper ainsi.

Vous ne verrez jamais les imbéciles tomber dans de telles illusions. Flaubert me parut regretter sincèrement de n'avoir pas vécu au temps d'Agamemnon et de la guerre de Troie. Après avoir dit un grand bien de cet âge héroïque, ainsi que généralement de toutes les époques barbares, il se répandit en invectives contre le temps présent. Il le trouvait banal. C'est là que sa philosophie me sembla en défaut. Car enfin toute époque est banale pour ceux qui y vivent ; en quelque temps qu'on naisse, on ne peut échapper à l'impression de vulgarité qui se dégage des choses au milieu desquelles on s'attarde. Le train de la vie a toujours été fort monotone, et les hommes se sont de tout temps ennuyés les uns des autres. Les barbares, dont l'existence était plus simple que la nôtre, s'ennuyaient encore plus que nous. Ils tuaient et pillaient pour se distraire. Nous avons présentement des cercles, des dîners, des livres, des journaux et des théâtres qui nous amusent un peu. Nos passe-temps sont plus variés que les leurs. Flaubert semblait croire que les personnages antiques jouissaient eux-mêmes de l'impression d'étrangeté qu'ils nous donnent. C'est là une illusion un peu naïve, mais bien naturelle. Au fond, je crois que Flaubert n'était pas aussi malheureux qu'il en avait l'air. Du moins était-ce un pessimiste d'une espèce particulière ; c'était un pessimiste plein d'enthousiasme pour une partie des choses humaines et naturelles. Shakespeare et l'Orient le jetaient dans l'extase. Loin de le plaindre, je le proclame heureux : il eut la bonne part des choses de ce monde, il sut admirer.

Je ne parle pas du bonheur qu'il éprouva à réaliser son idéal littéraire en écrivant de beaux livres, parce qu'il ne m'est pas permis de décider si la joie de la réussite égale, dans ce cas, les peines et les angoisses de l'effort. Ce serait une question de savoir lequel a goûté la plus pure satisfaction, ou de Flaubert quand il écrivit la dernière ligne de *Madame Bovary*, ou du marin dont parle M. de Maupassant quand il mit le dernier agrès à la goélette qu'il construisait patiemment dans une carafe. Pour ma part, je n'ai connu en ce monde que deux hommes heureux de leur œuvre : l'un est un vieux colonel, auteur d'un catalogue de médailles ; l'autre, un garçon de bureau, qui fit avec des bouchons un petit modèle de l'église de la Madeleine. On n'écrit pas des chefs-d'œuvre pour son plaisir, mais sous le coup d'une inexorable fatalité. La malédiction d'Ève frappe Adam comme elle : l'homme aussi enfante dans la douleur. Mais, si produire est amer, admirer est doux, et cette douceur Flaubert l'a goûtée pleinement ; il l'a bue à longs traits. Il admirait avec fureur, et son enthousiasme était plein de sanglots, de blasphèmes, de hurlements et de grincements de dents.

Je le retrouve, mon Flaubert, dans sa *Correspondance*, dont le premier volume vient de paraître, tel que je l'ai vu il y a quatorze ans dans le petit salon turc de la rue Murillo : rude et bon, enthousiaste et laborieux, théoricien médiocre, excellent ouvrier et grand honnête homme.

Toutes ces qualités-là ne font point un parfait amant et il ne faut pas trop s'étonner si les plus froides lettres de cette correspondance générale sont les lettres d'amour. Celles-là sont adressées à une poétesse qui avait déjà inspiré, dit-on, un long et ardent amour à un éloquent philosophe. Elle était belle, blonde et discoureuse. Flaubert, quand il fut choisi par cette muse, avait déjà, à vingt-trois ans, le goût du travail et l'horreur de la contrainte. Ajoutez à cela que cet homme fut de tout temps incapable du moindre mensonge, et vous jugerez de son embarras à bien correspondre. Pourtant il fit d'abord de belles lettres; il s'appliqua si bien qu'il atteignit au galimatias. Il écrivit le 26 août 1846 :

J'ai fait nettement pour mon usage deux parts dans le monde et dans moi : d'un côté l'élément externe, que je désire varié, multicolore, harmonique, immense, et dont je n'accepte rien que le spectacle d'en jouir; de l'autre, l'élément interne, que je concentre afin de le rendre plus dense et dans lequel je laisse pénétrer, à *pleines* effluves, les purs rayons de l'esprit par la fenêtre ouverte de l'intelligence.

Ce tour-là ne lui était pas naturel. Il s'en lassa vite et rédigea ses billets dans un style plus clair, mais dur et même un peu brutal. Dans les moments de tendresse, qui sont rares, il parle à la bien-aimée, peu s'en faut, comme à un bon chien. Il lui dit : « Tes bons yeux, ton bon nez. » La muse s'était flattée d'inspirer des accents plus harmonieux.

Je note l'épitre du 14 décembre comme un beau modèle de mauvaise grâce.

On m'a fait hier, y dit Flaubert, une petite opération à la joue à cause de mon abcès; j'ai la figure embobelinée de linge et passablement grotesque; comme si ce n'était pas assez de toutes les pourritures et de toutes les infections qui ont précédé notre naissance et qui nous reprendront à notre mort, nous ne sommes, pendant notre vie, que corruption et putréfaction successives, alternatives et envahissantes l'une sur l'autre. Aujourd'hui on perd une dent, demain un cheveu; une plaie s'ouvre, un abcès se forme, on vous met des vésicatoires, on vous pose des sétons. Qu'on ajoute à cela les cors aux pieds, les mauvaises odeurs naturelles, les sécrétions de toute espèce et de toute saveur, ça ne laisse pas que de faire un tableau fort excitant de la personne humaine. Dire qu'on aime tout ça! Encore qu'on s'aime soi-même et que moi, par exemple, j'ai l'aplomb de me regarder dans la glace sans éclater de rire. Est-ce que la vue seule d'une vieille paire de bottes n'a pas quelque chose de profondément triste et d'une mélancolie amère? Quand on pense à tous les pas qu'on a fait là dedans pour aller on ne sait plus où, à toutes les herbes qu'on a foulées, à toutes les boues qu'on a recueillies, le cuir crevé qui bâille a l'air de vous dire : « Après, imbécile, achètes-en d'autres, de vernies, de luisantes, de craquantes, elles en viendront là comme moi, comme toi un jour, quand tu auras sali beaucoup de tiges et sué dans beaucoup d'empeignes. »

On ne pouvait du moins l'accuser de dire des fadeurs. Il avoue plus loin qu'il a « la peau du cœur dure », et en effet il sent mal certaines délicatesses. Par contre, il a d'étranges candeurs. Il assure madame X*** de la quasi virginité de son âme. En vérité c'est bien l'aveu qui devait toucher un bas-bleu. Au reste, il n'a pas le moindre amour-propre et il confesse qu'il n'entend pas finesse en amour. Ce dont il faut le louer, c'est sa franchise. On veut qu'il promette d'aimer toujours. Et il ne promet jamais rien. Là encore il est un fort honnête homme.

La vérité est qu'il n'eut qu'une passion, la littérature. On pourra mettre sous sa statue, si l'on parvient à l'élever, ce vers qu'Auguste Barbier adressait à Michel-Ange :

L'art fut ton seul amour et prit ta vie entière.

A neuf ans, il écrivait (4 février 1831) à son petit ami Ernest Chevalier :

Je ferai des romans que j'ai dans la tête, qui sont : *la Belle Andalouse, le Bal masqué, Cardenio, Dorothée, la Mauresque, le Curieux impertinent, le Mari prudent.*

Dès lors, il avait découvert le secret de sa vocation. Il marcha tous les jours de sa vie dans la voie où il était appelé. Il travailla comme un bœuf. Sa patience son courage, sa bonne foi, sa probité resteront à jamai exemplaires. C'est le plus consciencieux des écrivains. Sa correspondance témoigne de la sincérité, de la continuité de ses efforts. Il écrivait en 1847 :

Plus je vais et plus je découvre de difficultés à écrire les choses les plus simples, et plus j'entrevois le vide de celles que j'avais jugées les meilleures. Heureusement que mon admiration des maîtres grandit à mesure, et, loin de me désespérer par cet écrasant parallèle, cela avive au contraire l'indomptable fantaisie que j'ai d'écrire.

Il faut admirer, il faut vénérer cet homme de beaucoup de foi, qui dépouilla par un travail obstiné et par le zèle du beau ce que son esprit avait naturellement de lourd et de confus, qui sua lentement ses superbes livres et fit aux lettres le sacrifice méthodique de sa vie entière.

M. GUY DE MAUPASSANT

CRITIQUE ET ROMANCIER

M. Guy de Maupassant nous donne aujourd'hui, dans un même volume [1] trente pages d'esthétique et un roman nouveau. Je ne surprendrai personne en disant que le roman est d'une grande valeur. Quant à l'esthétique, elle est telle qu'on devait l'attendre d'un esprit pratique et résolu, enclin naturellement à trouver les choses de l'esprit plus simples qu'elles ne sont en réalité. On y découvre, avec de bonnes idées et les meilleurs instincts, une innocente tendance à prendre le relatif pour l'absolu. M. de Maupassant fait la théorie du roman comme les lions feraient celle du courage, s'ils savaient parler. Sa théorie, si je l'ai bien entendue, revient à ceci : il y a toute sorte de manières de faire de bons romans; mais il n'y a qu'une seule manière de les estimer. Celui qui crée est un homme libre, celui qui juge est un ilote.

[1]. *Pierre et Jean*, Ollendorf, éditeur.

M. de Maupassant se montre également pénétré de la vérité de ces deux idées. Selon lui, il n'existe aucune règle pour produire une œuvre originale, mais il existe des règles pour la juger. Et ces règles sont stables et nécessaires. « Le critique, dit-il, ne doit apprécier le résultat que suivant la nature de l'effort. » Le critique doit « rechercher tout ce qui ressemble le moins aux romans déjà faits ». Il doit n'avoir aucune « idée d'école »; il ne doit pas « se préoccuper des tendances », et pourtant il doit « comprendre, distinguer et expliquer toutes les tendances les plus opposées, les tempéraments les plus contraires ». Il doit... Mais que ne doit-il pas!... Je vous dis que c'est un esclave. Ce peut être un esclave patient et stoïque, comme Épictète, mais ce ne sera jamais un libre citoyen de la république des lettres. Encore ai-je grand tort de dire que, s'il est docile et bon, il s'élèvera jusqu'à la destinée de cet Épictète qui « vécut pauvre et infirme, et cher aux dieux immortels ». Car ce sage gardait dans l'esclavage le plus cher des trésors, la liberté intérieure. Et c'est précisément ce que M. de Maupassant ravit aux critiques. Il leur enlève le « sentiment » même. Ils devront tout comprendre, mais il leur est absolument interdit de rien sentir. Ils ne connaîtront plus les troubles de la chair ni les émotions du cœur. Ils mèneront sans désirs une vie plus triste que la mort. L'idée du devoir est parfois effrayante. Elle nous trouble sans cesse par les difficultés, les obscurités et les contradictions qu'elle apporte avec elle. J'en ai fait l'expérience dans les conjonctures les plus diverses. Mais c'est en recevant les commandements de M. de Maupassant que je reconnais toute la rigueur de la loi morale.

Jamais le devoir ne m'apparut à la fois si difficile, si obscur et si contradictoire. En effet, quoi de plus malaisé que d'apprécier l'effort d'un écrivain sans considérer à quoi tend cet effort? Comment favoriser les idées neuves en tenant la balance égale entre les représentants de l'originalité et ceux de la tradition? Comment distinguer et ignorer à la fois les tendances des artistes? Et quelle tâche que de juger par la raison pure des ouvrages qui ne relèvent que du sentiment? C'est pourtant ce que veut de moi un maître que j'admire et que j'aime. Je sens que c'en est trop, en vérité, et qu'il ne faut pas tant exiger de l'humaine et critique nature. Je me sens accablé et dans le même temps — vous le dirai-je? — je me sens exalté. Oui, comme le chrétien à qui son Dieu commande les travaux de la charité, les œuvres de la pénitence et l'immolation de tout l'être, je suis tenté de m'écrier : Pour qu'il me soit tant demandé, je suis donc quelque chose? La main qui m'humiliait me relève en même temps. Si j'en crois le maître et le docteur, les germes de la vérité sont déposés dans mon âme. Quand mon cœur sera plein de zèle et de simplicité, je discernerai le bien et le mal littéraires, et je serai le bon critique. Mais cet orgueil tombe aussitôt que soulevé. M. de Maupassant me flatte. Je connais mon irrémédiable infirmité et celle de mes confrères. Nous ne posséderons jamais, ni eux ni moi, pour étudier les œuvres d'art, que le sentiment et la raison, c'est-à-dire les instruments les moins précis qui soient au monde. Aussi n'obtiendrons-nous jamais de résultats certains, et notre critique ne s'élèvera-t-elle jamais à la rigoureuse majesté de la science. Elle flottera toujours dans l'incertitude. Ses lois ne seront point fixes, ses jugements ne seront point irrévocables. Bien différente de la justice, elle fera peu de mal et peu de bien, si toutefois c'est faire peu de bien que d'amuser un moment les âmes délicates et curieuses.

Laissez-la donc libre, puisqu'elle est innocente. Elle a quelque droit, ce semble, aux franchises que vous lui refusez si fièrement, quand vous les accordez avec une juste libéralité aux œuvres dites originales. N'est-elle point fille de l'imagination comme elles? N'est-elle pas, à sa manière, une œuvre d'art? J'en parle avec un absolu désintéressement, étant, par nature, fort détaché des choses et disposé à me demander chaque soir, avec l'Ecclésiaste : « Quel fruit revient à l'homme de tout l'ouvrage ? » D'ailleurs, je ne fais guère de critique, à proprement parler. C'est là une raison pour demeurer équitable. Et peut-être en ai-je encore de meilleures.

Eh bien, sans me faire la moindre illusion, vous le voyez, sur la vérité absolue des opinions qu'elle exprime, je tiens la critique pour la marque la plus certaine par laquelle se distinguent les âges vraiment intellectuels; je la tiens pour le signe honorable d'une société docte, tolérante et polie. Je la tiens pour un des plus nobles rameaux dont se décore, dans l'arrière-saison, l'arbre chenu des lettres

Maintenant, M. Guy de Maupassant me permettra-t-il de dire, sans suivre les règles qu'il a posées, que son nouveau roman, *Pierre et Jean*, est fort remarquable et décèle un bien vigoureux talent? Ce n'est pas un pur roman naturaliste. L'auteur le sait bien. Il a conscience de ce qu'il a fait. Cette fois — et ce n'est pas la première — il est parti d'une hypothèse. Il s'est dit : Si tel fait se produisait dans telle circonstance, qu'en adviendrait-il? Or, le fait qui sert de point de départ au roman de *Pierre et Jean* est si singulier ou du moins si exceptionnel, que l'observation est à peu près impuissante à en montrer les suites. Il faut, pour les découvrir, recourir au raisonnement et procéder par déduction. C'est ce qu'a fait M. Guy de Maupassant, qui, comme le diable, est grand logicien. Voici ce qu'il a *imaginé* : Une bijoutière sentimentale de la rue Montmartre, femme d'un bonhomme de comptoir fort vulgaire, et qui avait de lui un petit garçon, la jolie madame Roland, ressentait jusqu'au malaise le vide de son existence. Un inconnu, un client, entré par hasard dans le magasin, se prit à l'aimer et le lui dit avec délicatesse. C'était un M. Maréchal, employé de l'État. Devinant une âme tendre et prudente comme la sienne, madame Roland aima et se donna. Elle eut bientôt un second enfant, un garçon encore, dont le bijoutier se crut le père; mais qu'elle savait bien être né sous une plus heureuse influence. Il y avait entre cette femme et son ami des affinités profondes. Leur liaison fut longue, douce et cachée. Elle ne se rompit que quand le commerçant, retiré des affaires, emmena au

Havre sa femme, sur le retour, et ses enfants déjà grands. Là, madame Roland apaisée et tranquille vivait de ses souvenirs secrets, qui n'avaient rien d'amer, car, dit-on, l'amertume s'attache seulement aux fautes contre l'amour. A quarante-huit ans, elle pouvait se féliciter d'une liaison qui avait rendu sa vie charmante, sans rien coûter à son honneur de bourgeoise et de mère de famille. Mais voici que tout à coup on apprend que Maréchal est mort et qu'il a institué un des fils Roland, le second, son légataire universel.

Telle est la situation, j'allais dire l'hypothèse dont le conteur est parti. N'avais-je pas raison d'affirmer qu'elle est étrange? Maréchal avait témoigné, de son vivant, la même affection aux deux petits Roland. Sans doute, il ne pouvait, dans le fond de son cœur, les aimer tous deux également. Qu'il préférât son fils, rien de plus naturel. Mais il sentait que sa préférence ne pouvait paraître sans indiscrétion. Comment ne comprit-il pas que cette même préférence serait plus indiscrète encore, si elle éclatait tout à coup par un acte posthume et solennel? Comment ne lui apparut-il pas qu'il ne pouvait favoriser le second de ces enfants sans exposer aux soupçons la réputation de leur mère? D'ailleurs, la délicatesse la plus naturelle ne lui inspirait-elle pas de traiter avec égalité les deux frères, par cette considération qu'ils étaient nés, l'un comme l'autre, de celle qui l'avait aimé?

N'importe! le testament de M. Maréchal est un fait. Ce fait n'est pas absolument invraisemblable; on peut, on doit l'accepter. Quelles seront les conséquences de ce fait? Le roman a été écrit, de la première ligne à la dernière, pour répondre à cette question. Le legs trop expressif de l'amant ne suggère aucune réflexion au vieux mari, qui est fort simple. Le bonhomme Roland n'a jamais rien compris ni pensé à quoi que ce fût au monde, hors à la bijouterie et à la pêche à la ligne. Il a atteint du premier coup, et tout naturellement, la suprême sagesse. Au temps des amours, madame Roland qui n'était pas une créature artificieuse, pouvait le tromper sans même mentir. Elle n'a rien à craindre de ce côté. Jean, son plus jeune fils, trouve aussi fort naturel un legs dont il a le bénéfice. C'est un garçon tranquille et médiocre. D'ailleurs, quand on est préféré, on ne se tourmente guère à se demander pourquoi. Mais Pierre, l'aîné, accepte moins facilement une disposition qui le désavantage. Elle lui paraît pour le moins étrange. Sur le premier propos qu'on lui tient au dehors, il la juge équivoque. On nous l'a peint comme une âme assez honnête, mais dure, chagrine et jalouse. Il a surtout l'esprit malheureux. Quand les soupçons y sont entrés, plus de repos pour lui. Il les amasse en voulant les dissiper; il fait une véritable enquête. Il recueille les indices il réunit les preuves; il trouble, épouvante, accable sa malheureuse mère, qu'il adore. Dans le désespoir de sa piété trahie et de sa religion perdue, il n'épargne à cette mère aucun mépris, et il dénonce à son frère adultérin le secret qu'il a surpris et qu'il devait garder. Sa conduite est monstrueuse et cruelle; mais elle est dans la logique de sa nature. J'ai entendu dire : « Puisqu'il a le tort impardonnable de juger sa mère, il devrait au moins l'excuser. Il sait ce que vaut le vieux Roland, et que c'est un imbécile. » — Oui, mais s'il n'avait pas l'habitude de mépriser son père, il ne se serait pas fait spontanément le juge de sa mère. D'ailleurs, il est jeune et il souffre. Ce sont là deux raisons pour qu'il soit sans pitié. Et le dénouement? demandez-vous. — Il n'y en a pas. Une telle situation ne peut être dénouée.

La vérité est que M. de Maupassant a traité ce sujet ingrat avec la sûreté d'un talent qui se possède pleinement. Force, souplesse, mesure, rien ne manque plus à ce conteur robuste et magistral. Il est vigoureux sans effort. Il est consommé dans son art. Je n'insiste pas. Mon affaire n'est point d'analyser les livres : j'ai assez fait quand j'ai suggéré quelque haute curiosité au lecteur bienveillant; mais je dois dire que M. de Maupassant mérite tous les éloges pour la manière dont il a dessiné la figure de la pauvre femme qui paye cruellement son bonheur si longtemps impuni. Il a marqué d'un trait rapide et sûr la grâce un peu vulgaire, mais non sans charme, de cette « âme tendre de caissière ». Il a exprimé avec une finesse sans ironie le contraste d'un grand sentiment dans une petite existence. Quant à la langue de M. de Maupassant, je me contenterai de dire que c'est du vrai français, ne sachant donner une plus belle louange.

LE BONHEUR[1]

« Il y a plus de Manichéens », disait Candide. Et Martin répondit : « Il y a moi. » On dit de même aujourd'hui qu'il n'y a plus de poètes pour faire de longs ouvrages, et M. Sully-Prudhomme répond en publiant un poème philosophique en douze chants sur *le Bonheur*.

Il faut admirer tout d'abord la fière étrangeté de l'entreprise. N'est-ce point, en effet, un effort admirable et singulier que de déduire en vers une ample suite de pensées, de forger en cadence une longue chaîne d'idées, dans un temps où la poésie, qui semble avoir renié définitivement les vieilles formes héroïques et didactiques, se complaît, depuis trois générations, dans l'ode et dans l'élégie, et se borne volontiers, chez les épiques, à des études ou fragments d'épopée? Le son-

---

1. *Le Bonheur*, poème par Sully-Prudhomme. 1 vol. in-18, Lemerre, éditeur.

net a retrouvé la faveur dont il jouissait aux heures où brillait la Pléiade. On estime qu'il n'offre pas à la pensée du poète un cadre trop étroit, et M. Sully-Prudhomme a lui-même composé un recueil de sonnets d'une beauté à la fois intellectuelle et sensible. Plusieurs de ces petits poèmes qui composent le recueil des *Épreuves* expriment dans le plus suave langage la pensée la plus profonde. Tels sont assurément les sonnets sur *la Grande Ourse* et sur *les Danaïdes*. Tel est le sonnet qui commence par cette strophe délicieuse :

> S'il n'était rien de bleu que le ciel et la mer,
> De blond que les épis, de rose que les roses,
> S'il n'était de beauté qu'aux insensibles choses,
> Le plaisir d'admirer ne serait point amer.

C'est surtout par ses petits poèmes, par ses stances et ses élégies, que M. Sully-Prudhomme est connu de beaucoup et chèrement aimé. Son premier poème de longue haleine, *la Justice*, ajouta à l'admiration qu'inspirait aux lettrés un poète si sincère; sans accroître beaucoup la sympathie qui montait de toutes parts du fond des âmes élégantes et douces vers l'auteur des *Solitudes*. C'est pour ses élégies que M. Sully-Prudhomme avait été tout d'abord adoré et béni. Et quel amour et quelles bénédictions ne méritait-il pas pour nous avoir versé ce dictame, inconnu avant lui, cet exquis mélange dans lequel l'intelligence se fondait avec le sentiment pour nous rafraîchir le cœur et nous fortifier l'esprit ? C'était un miracle qu'il y eût un poète à la fois si sensible et si intelligent. D'ordinaire, les miracles durent peu. Celui-ci cessa trop tôt. Le périlleux équilibre de deux facultés contraires qui nous avait émerveillés se rompit. Chez M. Sully-Prudhomme, l'intelligence l'emporta sur la sensibilité. Les facultés intellectuelles, si riches dans cette nature, se développèrent avec une puissance tyrannique. Au poète des *Solitudes* succéda le poète de *la Justice*. Aux impressions rapides et profondes, M. Sully-Prudhomme préféra les pensées pures, longuement enchaînées les unes aux autres. Il cessa d'être élégiaque et devint philosophe. Je suis loin de m'en réjouir. Mais je ne saurais l'en blâmer. Alors même qu'on préfère en secret les troubles délicieux de la première heure à la sérénité du soir, il faut taire de vains regrets et avouer de bon cœur que, si c'est fini de sourire et de pleurer, il sera bon, peut-être, de méditer, et qu'enfin la Polymnie accoudée a aussi des grâces irrésistibles.

Le poème du *Bonheur* est un poème philosophique. On y apprend les aventures extra-terrestres de Faustus et de Stella. Comme l'Eiros et la Charmion, comme le Monos et l'Una du visionnaire américain, Faustus et Stella forment un couple affranchi par la mort. Ils goûtent ensemble, loin de cette humble et misérable terre, la paix dans le désir et la joie dans l'immortalité. En les évoquant, le poète les a adjurés de nous dire l'ineffable. Et c'est là une adjuration redoutable. Faustus et sa douce Stella ne reviennent de l'inconnu, à la voix du poète, que pour nous faire entendre des paroles inouïes et nous apporter la révélation des secrets qui nous tiennent le plus au cœur. A vrai dire, cette obligation, tous les Faustus, toutes les Stella l'éluderont toujours. Le poète le savait. Il ne s'est pas fait illusion un seul instant sur l'autorité de ses personnages. Il ne se flatte pas que les discours de Faustus mettront fin à l'incertitude humaine. Si Faustus annonce ce qui est véritablement, dit-il lui-même dans sa préface, « si ce rêve confine à la réalité, les cœurs droits et hauts n'auraient pas à s'en plaindre, mais c'est au hasard surtout qu'ils en pourraient faire honneur ». Hélas! il est donc vrai, l'aventure de Faustus et de Stella n'est qu'un beau rêve. Ce rêve, le voici :

Faustus et Stella, qui se sont aimés sur la terre sans pouvoir s'unir, se retrouvent, après leur mort, sur une nouvelle planète. Faustus y est accueilli par Stella, morte avant lui. Dans cette planète différente de la nôtre, le poète, comme on devait s'y attendre, ne nous montre rien qui ne soit terrestre. Il est impossible, en effet, de rien inventer. Toute notre imagination est faite de souvenirs.

Nous avons fabriqué le ciel même avec des matériaux pris sur la terre. Les myrtes des champs Élysées se trouvent dans nos jardins, et les harpes des anges sortent de chez nos luthiers. La planète innomée où nous ravit le poète est plus belle que la nôtre, et plus douce, mais elle ne contient rien que ne contienne la Terre.

Il faut louer du moins M. Sully-Prudhomme de n'avoir point, à l'exemple de Swedenborg, peuplé les mondes inconnus de visions incohérentes. Nous ne savons pas comment sont les planètes qu'éclairent Sirius et la Polaire. Nous ne le saurons jamais. Il faut nous contenter de savoir que le soleil lointain dont ils sont nés est composé de gaz qui nous sont connus. L'unité de composition des corps célestes est certaine. Il se pourrait bien que l'univers fût, en somme, assez monotone et qu'il ne méritât pas l'incontentable curiosité qu'il nous inspire.

Dans la planète habitée par Faustus et Stella, il y a des chevaux ailés. Il est vrai qu'il ne s'en trouve pas sur la Terre, mais il s'y trouve des ailes et des chevaux, sans quoi les Grecs n'eussent pas eu l'idée de Pégase. Un Pégase, un de ces chevaux de l'air, emporte les deux amants ressuscités à travers le monde nouveau qu'ils habitent et les dépose à l'entrée d'une antique forêt. Ils s'y enfoncent, et bientôt s'ouvre devant eux une vallée où des fleurs et des fruits de toute espèce charment le goût et l'odorat. Ces fleurs et ces fruits sont la seule nourriture des habitants de cette planète.

> Nul être n'y subsiste au détriment d'autrui.

Le combat pour la vie y est inconnu. Le meurtre n'étant point la condition nécessaire de l'existence, les âmes y sont naturellement paisibles et bienveillantes. De même que la vie est établie sur notre terre de manière à engendrer constamment le crime et la douleur, l'existence n'a, dans la planète innomée, que de douces et clémentes nécessités. On n'y est pas méchant, puisqu'on n'y souffre pas et que la méchanceté est inconcevable sans la douleur; mais, pour la même raison, on ne saurait s'y montrer excellent. Car il est impossible d'imaginer des êtres possédant à la fois la bonté et la béatitude. La vertu suppose forcément la faculté du sacrifice; un être qui ne peut cesser d'être heureux est condamné à une perpétuelle médiocrité morale. Cela ne laisse pas d'être embarrassant. Quand on y songe, on ne sait que désirer et l'on n'ose rien souhaiter, pas même le bonheur universel.

Faustus et Stella rencontrent une troupe nombreuse de cavaliers de toutes les races, autrefois esclaves sur la terre, maintenant libres et jouissant avec ivresse de leur indépendance. Ils admirent en eux la beauté des divers types humains. Et ce n'est pas sans raison : la liberté embellit les forts qui l'embrassent, et cette vérité naturelle a servi de fondement aux préjugés aristocratiques, si fortement enracinés dans toutes les sociétés humaines. Je ferai seulement observer qu'il faut que Faustus et Stella aient encore présentes aux yeux les apparences de la terre, pour se représenter si vivement l'image de la liberté. Car la liberté ne saurait exister dans un monde où la servitude n'existe pas. La vision des deux amants n'est, à proprement parler, qu'un mirage. La planète des heureux ne peut porter en son sein fleuri la guerrière Liberté, la vierge aux bras sanglants. Celle-là ne se révèle que dans le combat : les planètes heureuses ne la connaissent pas. Plus j'y songe et plus je me persuade que les planètes heureuses ne connaissent rien.

Dans leur nouvel habitacle, Faustus et Stella sont charmés par les sons, les formes et les couleurs. Je n'aurais pas cru qu'étant immortels ils pussent goûter le plaisir de voir et d'entendre. Voir, entendre, sentir, n'est-ce pas user quelque chose de soi-même, n'est-ce pas déjà un peu mourir? Et qu'est-ce que vivre comme nous vivons sur la terre sinon mourir sans cesse et dépenser tous les jours une part de la quantité de vie qui est en nous? Mais la vision du poète est si pure et son art si subtil, que nous sommes transportés et ravis.

Stella révèle à Faustus la plus haute expression de la musique. Il goûte le charme de la voix dans une extase heureuse qui lui fait oublier sa vie passée. Stella, qui jusqu'alors lui était apparue sous sa figure terrestre, revêt devant lui sa parfaite beauté. Ils échangent leur amour dans une communion sublime.

Voilà leur bonheur! Mais comment donc peuvent-ils le goûter, s'ils sont immortels? Nous avons l'amour sur la terre, mais c'est au prix de la mort. Si nous ne devions pas périr, l'amour serait quelque chose d'inconcevable. A peine Faustus a-t-il pressé Stella dans ses bras rajeunis qu'il devient distrait et songeur. Son bonheur a-t-il duré un jour ou des milliards de siècles? On ne sait, et lui-même il l'ignore. Un bonheur sans mélange ne saurait être mesuré. Celui même qui le possède ne le goûte ni ne l'éprouve. Quoi qu'il en soit, la curiosité, un moment assoupie par les délices de la vie paradisiaque, se réveille en Faustus. Il aspire à comprendre la nature dont il jouit. Il veut connaître. Immortel d'hier,

> Une vague inquiétude,
> Le souci de savoir, que nul front fier n'élude,
> Le mal de l'inconnu l'avait déjà tenté.

A ce signe encore, je le reconnais pour un de nos frères. Il n'a pas dépouillé le vieil homme; il reste, par l'esprit, citoyen de la vieille petite planète où quelque scoliaste latin écrivit un jour cette maxime : « On se lasse de tout excepté de comprendre. »

Faustus évoque, dans son inquiétude, le lointain souvenir des connaissances humaines. D'abord, il se remémore les systèmes philosophiques de l'antiquité grecque; puis il passe en revue les alexandrins, les scolastiques. Enfin il affronte les modernes, Bacon, Descartes, Pascal, Spinoza, Leibnitz, Locke, Berkeley, Hobbes, Hume, Kant, Fichte, Hegel, Schopenhauer, Comte... Celui-ci l'arrête, lui interdit les spéculations métaphysiques et lui impose une vue générale du savoir humain. Mais cette philosophie ne le conduit pas à la connaissance de l'origine et de la fin des choses; la résignation qu'elle impose à sa curiosité inassouvie ne lui répugne pas moins que la témérité des conceptions métaphysiques. Faustus, désespérant de trouver la vérité dans l'enseignement des penseurs terrestres, renonce à leur secours décevant.

Il a, dès lors, épuisé les joies du sentiment et celles de l'intelligence. Or, pendant qu'il goûtait son insensible félicité, le chœur des plaintes humaines, sans cesse grossissant depuis les âges les plus reculés, montait de la terre au ciel. Il atteint enfin la planète habitée par Stella. Faustus entend ces plaintes, les reconnaît et sent se réveiller en lui la conscience et la sympathie fraternelles.

Oh! quelle gémissante éloquence enfle la voix de la Terre!

> Lamentable océan de douleurs, dont la houle
> Se soulève en hurlant, s'affaisse et se déroule,
> Et marche en avant sans repos!
> N'est-il donc pas encore apparu sur ta route
> Un monde fraternel où quelque ami t'écoute:
> N'auras-tu nulle part d'échos?

Faustus, à cette voix, se promet de redescendre sur la terre pour apporter aux hommes le secours de sa science; Stella le suivra et partagera son sacrifice. La mort obéissante viendra les reprendre.

Que l'homme est peu fait pour l'immortalité! Faustus et Stella semblaient la respirer comme un fluide étouffant. Leur mort a la douceur joyeuse d'une renaissance. On sent qu'elle rendra les amants à leur véritable destinée. Le poëte a trouvé, pour la chanter, des accents exquis et rares, je ne sais quoi de fin, de délié, de subtil (il faut revenir à ce mot). Il a extrait la quintessence de sa poésie:

> La tombe est toute faite et, pour l'heure fatale,
> L'aube leur a tissé des suaires d'opale.
> Ils regagnent leur couche et se livrent tous deux
> En silence, à l'asile aujourd'hui hasardeux
> Que leur ouvre ce lit, odorante corbeille,
> Où depuis si longtemps leurs bonheurs de la veille

Au fidèle matin renaissaient rafraîchis.
Étendus sans bouger, droits, les bras seuls fléchis
Pour rapprocher leurs mains et les unir, il semble
Que le trépas déjà les ait glacés ensemble.
Ils n'ont pas vu la mort achever leur repos :
Leurs yeux, à leur insu, par degrés se sont clos;
Leurs fronts n'ont plus pensé, décolorés à peine,
Et tout bas, ralentie, a cessé leur haleine.
. . . .
Quand le soleil du monde abandonné par eux
Embrassa tout à coup l'horizon vaporeux,
Une abeille rôdeuse, explorant les prairies
Sur un amas foulé de mille fleurs meurtries
S'arrêta pour y faire un butin pour son miel,
Comme avec la douleur se fait la joie au ciel.

La Mort les a emportés inertes vers la terre. Au moment de toucher l'antique planète d'où montait un si grand cri de douleur, Faustus et Stella, ranimés, reconnaissent leur première patrie, mais ils n'y découvrent plus d'hommes; l'espèce humaine y est depuis longtemps éteinte. N'importe; ils descendront dans ce monde mauvais. Ils se dévoueront à créer, sur le sol qui nourrit jadis tant de souffrances, une race heureuse. Tandis qu'ils s'y décident, obéissant à un ordre divin, la Mort les emporte vers le plus haut séjour, mérité par leur incomparable dévouement. Hélas! que feront-ils dans ce séjour glorieux? Puisque nous savons, par leur exemple, que, même hors de la terre, il n'y a de joie que dans le sacrifice, nous craignons qu'en ce septième ciel, où la Mort les dépose, ils ne goûtent qu'une insipide félicité. Quel est le vrai nom de ce séjour sublime que le poète ne nous nomme pas? N'est-ce point le *nirvâna* qu'on y trouve? Et le rêve heureux du poète ne finit-il pas par l'irrémédiable évanouissement des deux âmes dans le néant divin?

Tel est le sujet ou plutôt le trop sec argument de ce beau poème, un des plus audacieux à la fois et des plus suaves parmi les poèmes philosophiques.

MÉRIMÉE[1]

En publiant une étude biographique sur l'auteur de *Colomba*, M. d'Haussonville a prouvé une fois de plus qu'il sait être équitable envers ceux-là même dont il ne partage ni les idées ni les sentiments. On sait que M. d'Haussonville n'a pas de souci plus grand que celui de la justice. Sa foi religieuse, ses convictions politiques, ses goûts littéraires le séparaient de Mérimée. Pourtant il n'a pu refuser sa sympathie à un esprit qui, tout en la déconcertant par une froideur apparente, la gagnait par une sorte de générosité cachée.

M. d'Haussonville sut reconnaître en Mérimée, non sans quelque respect, « une de ces natures qui, froissées par le contact de la vie, donnent à leur expérience la forme d'un cynisme un peu amer, et qui cachent profon-

---

[1]. *Prosper Mérimée*, étude biographique et littéraire, par le comte d'Haussonville, de l'Académie française. Calmann Lévy, éditeur.

dément des ardeurs, parfois des convictions, en tout cas des délicatesses dont ne se doute même pas la grossière honnêteté de ceux qu'ils scandalisent ».

Il faut dire que les lettres inédites publiées par M. d'Haussonville, dans cette étude, nous révèlent un Mérimée que les correspondances avec Panizzi et les deux Inconnues ne permettaient point de soupçonner, un Mérimée tendre, affectueux, fidèle et bon. Ces lettres — il y en a une vingtaine environ — sont écrites, les unes à une dame anglaise pleine de grâce et d'esprit, mistress Senior, la belle-fille de M. William Senior, qui a laissé un recueil de souvenirs; les autres à « la fille d'un soldat deux fois illustre, et par le nom qu'il portait, et par le rang élevé qu'il avait atteint dans notre armée ». Mérimée se montre naturel, confiant, affectueux avec l'une et l'autre. On sait qu'il donnait volontiers sa confiance aux femmes. L'amitié, qu'il jugeait tout à fait chimérique entre hommes, ne lui semblait pas absolument impossible d'un homme à une femme. Il la tenait seulement pour difficile en ce cas, et même « diablement difficile, car le diable se mêle de la partie »; mais enfin il se flattait d'avoir eu deux amies.

L'âge aidant, il aima les femmes d'une amitié spirituelle tout à fait charmante. Un tel commerce est la dernière joie des voluptueux. Quoi que disent les théologiens, les âmes ont un sexe aussi bien que les corps. Mérimée le savait. Il eut de tout temps le goût et le sens de la femme. Son tort fut d'affecter parfois, à l'exemple de son maître Stendhal, l'immoralité systématique. Stendhal et Mérimée mettaient expressément certaines audaces, certaines violences au rang des devoirs les plus impérieux de l'honnête homme. Je voudrais au moins qu'on nous laissât libres et qu'il nous fût permis aussi d'être quelquefois respectueux. Il n'y a guère de devoirs agréables, et les devoirs à rebours sont parfois plus pénibles que les autres. Mais cette brutalité n'était qu'une grimace. Mérimée cachait sa blessure. Il était touché au cœur, et il ne trahissait sa souffrance qu'en parlant de la passion des autres. C'est ainsi qu'il écrit un jour à mistress Senior :

Je crois qu'on n'est jamais malade de la poitrine en Espagne, mais bien du cœur, viscère inconnu ou racorni au nord des Pyrénées. J'ai dans mes tablettes plusieurs cas lamentables de pareilles maladies, entre autres celui de deux personnes qui s'aimaient et qui sont mortes à huit jours d'intervalle. Ce qui vous surprendra beaucoup, c'est que ce n'était pas un mari et une femme, ou, pour mieux dire, c'était un mari marié à une autre femme et une femme mariée à un autre mari. Ils avaient l'indignité de s'aimer malgré leur position; aussi ont-ils été bien punis. Espérons qu'ils rôtissent dans un endroit que je ne nommerai pas et qui est institué pour de si grands coupables.

Ne sentez-vous pas qu'il y a sous cette ironie une sympathie ardente? Mérimée fut toujours sincèrement convaincu de la légitimité des passions. Il ne leur demandait que d'être vraies et fortes. Et cette conviction lui inspirait çà et là des maximes sur le mariage et sur la chasteté qui eussent scandalisé sans doute mistress Senior, si elle eût été moins honnête, car les honnêtes femmes ne se scandalisent pas aussi facilement que les autres. Mérimée lui disait :

On a imaginé de faire un sacrement de ce qui n'aurait jamais dû être qu'une convention sociale.

Voilà qui semble bien irrévérencieux. Mais tout est permis au doute philosophique. Comme l'a dit M. Berthelot, il n'y a plus de domaine interdit à la discussion. N'ai-je pas entendu, l'autre jour, un des plus grands philosophes de ce temps soutenir pareillement que le mariage était une forme transitoire et qu'on trouvera sans doute autre chose dans cinq ou six mille ans, au plus tard? Mérimée disait encore :

Je ne considère pas la chasteté comme la vertu la plus importante. Elle ne vaut pas assez pour qu'on la mette au-dessus de tout.

Cette fois, il cédait visiblement au plaisir de choquer un peu son estimable amie. Il ne faudrait pas répondre trop gravement à une boutade de ce genre. On pourrait seulement dire que ce sont les hommes qui ont attaché un si grand prix à la chasteté des femmes. Chaque Européen, il est vrai, ne tient guère pour son compte qu'à la chasteté d'une femme; à la chasteté de deux ou trois femmes au plus. Encore serait-il très fâché qu'elles demeurassent chastes à son préjudice, mais cela suffit pour former l'opinion.

Tandis qu'il parlait de cet air brusque et dégagé, Mérimée souffrait cruellement. « Je suis devenu incapable de travailler, disait-il, depuis un malheur qui m'est arrivé. »

Et il disait encore :

Lorsque j'écrivais, j'avais un but; maintenant je n'en ai plus. Si j'écrivais, ce serait pour moi, et je m'ennuierais encore plus que je ne fais. Il y avait une fois un fou qui croyait avoir la reine de la Chine (vous n'ignorez pas que c'est la plus belle princesse du monde) enfermée dans une bouteille. Il était très heureux de la posséder, et il se donnait beaucoup de mouvement pour que cette bouteille et son contenu n'eussent pas à se plaindre de lui. Un jour, il cassa la bouteille, et, comme on ne trouve pas deux fois une princesse de Chine, de fou qu'il était, il devint bête.

Ce doux insensé n'était autre que lui-même. Comment il avait perdu la bouteille enchantée, c'est ce qu'il raconta un autre jour à madame Senior, avec une sécheresse voulue et en mettant l'aventure sur le compte d' « un de ses amis ». M. d'Haussonville se porte garant, dans une note, de la vérité de cette confidence déguisée.

Figurez-vous deux personnes qui s'aiment très réellement, depuis longtemps, depuis si longtemps que le monde n'y pense plus. Un beau matin, la femme se met en tête que ce qui a fait son bonheur et celui d'un autre pendant dix ans est mal. « Séparons-nous; je vous aime toujours, mais je ne veux plus vous voir. » Je ne sais pas, madame, si vous vous représentez ce que peut souffrir un homme qui a placé tout le bonheur de sa vie sur quelque chose qu'on lui ôte ainsi brusquement.

Le voilà, cet homme fort! ce contempteur de la tendresse et de la fidélité! Il aime depuis dix ans et c'est dans une liaison douce, longue et grave, qu'il a mis le bonheur de sa vie. Ainsi ce masque de cynisme et d'insensibilité cachait un visage tendre et sérieux, que le monde n'a jamais vu.

Mérimée, né fier et timide, se renferma de bonne heure en lui-même et prit, dès la première jeunesse, la roide et sarcastique attitude dans laquelle il traversa la vie. Le Saint-Clair du *Vase étrusque*, c'est lui-même :

« Saint-Clair était né avec un cœur tendre et aimant; mais, à un âge où l'on prend trop facilement des impressions qui durent toute la vie, sa sensibilité trop expansive lui avait attiré les railleries de ses camarades. Il était fier et ambitieux; il tenait à l'opinion comme y tiennent les enfants. Dès lors, il se fit une étude de supprimer tous les dehors de ce qu'il regardait comme une faiblesse déshonorante. Il y réussit, mais sa victoire lui coûta cher. »

Tel Mérimée était à vingt ans, tel il restait à quarante, quand il écrivait à madame du Parquet :

Mes amis m'ont dit bien souvent que je ne prenais pas assez de soin pour montrer ce qu'il peut y avoir de bon dans ma nature; mais je ne me suis jamais soucié que de l'opinion de quelques personnes.

Cette attitude ne trompa pas madame Senior, qui écrivit à son ami qu'il était naturellement un bon homme. Il en tomba d'accord :

Je suis charmé que vous me croyiez *a good naturedman*. Je crois que c'est vrai. Je n'ai jamais été méchant; mais, en vieillissant, j'ai tâché d'éviter de faire du mal, et c'est plus difficile qu'on ne croit.

Puis, regrettant, par une contradiction bien humaine, de paraître tel qu'il s'était montré, et d'avoir réussi à cacher ses bonnes qualités, il se plaignait d'être mal jugé, injustement condamné par l'opinion. Il attribuait à sa seule franchise la solitude morale que son orgueil, sa timidité et sa supériorité avaient faite autour de lui.

Si j'avais à recommencer ma vie avec l'expérience que j'ai acquise, je m'appliquerais à être hypocrite et à flatter tout le monde. Maintenant, le jeu ne vaut pas la chandelle. D'un autre côté, il y a quelque chose de triste à plaire aux gens sous un masque et à penser qu'en se démasquant on deviendra odieux.

Son regret le plus vif et le plus constant était de n'avoir pas un enfant, une petite fille, à élever. Il écrivait en 1855 à madame Senior :

Je suis trop vieux pour me marier, mais je voudrais trouver une petite fille toute faite à élever. J'ai pensé souvent à acheter une enfant à une gitana, parce que, si mon éducation tournait mal, je n'aurais probablement pas rendu plus malheureuse la petite créature que j'aurais adoptée. Qu'en pensez-vous? Et comment se procurer une petite fille? Le mal, c'est que les gitanas sont trop brunes et qu'elles ont des cheveux comme du crin. Pourquoi n'avez-vous pas une petite fille avec des cheveux d'or à me céder!

Même regret quelque temps après :

Le monde m'assomme, et je ne sais que devenir. Je n'ai plus un ami au monde, je crois. J'ai perdu tous ceux que j'aimais, qui sont morts ou changés. Si j'avais le moyen, j'adopterais une petite fille; mais ce monde, et surtout ce pays-ci, est si incertain, que je n'ose me donner ce luxe.

Les années se passent, et ce regret demeure. Il plaint sa solitude. Il constate douloureusement l'impossibilité de garder un ami, et il exprime de nouveau le désir « d'avoir une petite fille ».

Mais, ajoute-t-il, il pourrait bien se faire que le petit monstre, après quelques années, s'amourachât d'un chien coiffé et me plantât là.

Pourtant ce rêve le poursuit jusque dans la vieillesse et dans la maladie. En 1867, à Cannes, où le retenait l'affection de poitrine dont il devait bientôt mourir, il vit les trois enfants de M. Prévost-Paradol, dont l'une était une fille de treize ans vraiment ravissante : alors le regret de n'avoir pas d'enfant gonfla ce cœur déjà à demi glacé. Mérimée écrivit à une dame avec laquelle il était en correspondance depuis plusieurs années :

J'aurais beaucoup aimé à avoir une fille et à l'élever. J'ai beaucoup d'idées sur l'éducation et particulièrement sur celle des demoiselles, et je me crois des talents qui resteront malheureusement sans application.

Depuis longtemps déjà, il avait le spleen et voyait les *blue devils* que n'avait pu conjurer mistress Senior. M. d'Haussonville a recherché la cause de cette mélancolie. Il croit l'avoir trouvée dans « l'instinct confus d'une vie mal dirigée, livrée à beaucoup d'entraînements, dont le souvenir laissait plus d'amertume que de douceur ». Pour moi, je doute que Mérimée ait jamais eu un sentiment moral de cette nature. De quoi se serait-il repenti? Il ne reconnut jamais pour vertus que les énergies ni pour devoirs que les passions. Sa tristesse n'était-elle pas plutôt celle du sceptique pour qui l'univers n'est qu'une suite d'images incompréhensibles, et qui redoute également la vie et la mort, puisque ni l'une ni l'autre n'ont de sens pour lui? Enfin, n'éprouvait-il pas cette amertume de l'esprit et du cœur, châtiment inévitable de l'audace intellectuelle, et ne goûtait-il pas jusqu'à la lie ce que Marguerite d'Angoulême a si bien nommé l'ennui commun à toute créature bien née.

HORS DE LA LITTÉRATURE[1]

Le titre du nouveau roman de M. Georges Ohnet contient beaucoup de sens en un seul mot.

Ce titre est toute une philosophie. *Volonté*, voilà qui parle au cœur et à l'esprit! *Volonté, par Georges Ohnet!* Comme on sent l'homme de principes, qui n'a jamais douté! *Volonté, par Georges Ohnet, soixante-treizième édition!* Quelle preuve de la puissance de la volonté! Locke ne croyait pas que la volonté fût libre. Mais son *Essai sur l'entendement humain* n'eut pas soixante-treize éditions en une matinée. Voilà Locke victorieusement réfuté! La volonté n'est point une illusion, puisque M. Georges Ohnet a voulu avoir soixante-treize éditions, et qu'il les a eues. En vérité, plus je relis ce titre, plus j'y trouve d'intérêt. C'est sans contredit la plus belle page qui soit sortie de la plume de M. Georges Ohnet. Le style en est sobre et ferme, la

1. *Volonté*, par M. Georges Ohnet. Ollendorff, éditeur.

pensée heureuse, claire, profonde. *Volonté, par Georges Ohnet, soixante-treizième édition*, que cela est excellemment pensé, que cela est bien écrit !

J'avoue que le reste du livre m'a paru inférieur. Au point de vue philosophique, le nouvel ouvrage de l'auteur de *Serge Panine* prête à la critique et soulève de nombreuses objections. Le problème de la volonté n'a pas encore été résolu à la satisfaction de toute l'humanité pensante. Il y a des métaphysiciens qui disent que la volonté n'est nulle part. Je serais plutôt tenté de la voir partout et de considérer tous les phénomènes de l'univers comme les effets d'une éternelle et fatale volonté.

M. Georges Ohnet, qui a si bien réfuté Locke en deux mots, sur la couverture de son écrit, n'a pas gardé la même supériorité dans le cours de cet écrit même. Il a négligé de nous dire ce qu'il entendait par volonté. C'est une faute. Il ne nous a pas dit non plus s'il croyait que les animaux eussent de la volonté. Pour ma part, je suis persuadé qu'ils en ont comme nous. Il faudrait, pour n'en pas avoir, qu'ils fussent des machines. D'ailleurs, qu'est-ce que la volonté, au sens vulgaire du mot, sinon la puissance intérieure par laquelle l'homme se détermine à agir ou à ne pas agir ?

Les animaux agissent, donc ils veulent. Un jour que j'étais à table à côté de M. Darlu, je priai cet éminent professeur de philosophie d'accorder un peu de volonté aux végétaux. M. Darlu me le refusa de la façon la plus absolue ; je lui représentai respectueusement que, si un chêne pousse, c'est qu'il veut pousser et que, s'il ne le voulait pas, personne ne pourrait l'y contraindre M. Darlu refusa de rien entendre. Ce soir-là, je m'en allai fort perplexe. M. Georges Ohnet ne m'a pas tiré d'incertitude. Non content d'affirmer, sans preuves, que la volonté est libre, M. Georges Ohnet avance qu'elle est souveraine. C'est aller trop loin et rendre à Locke l'avantage qu'il avait perdu. Car enfin, il est clair que j'aurais beau vouloir, comme M. Ohnet, pousser mes ouvrages à soixante treize éditions, je ne le pourrais point. Comme philosophe, M. Georges Ohnet ne me satisfait pas.

Sous ce jour, je le trouve faible. Je voudrais n'avoir pas à l'apprécier à un autre point de vue, et je meurs d'envie de vous dire incontinent quelque belle chanson du temps que Berthe filait. Mais puisque enfin M. Ohnet fait des romans, il est équitable et nécessaire de le traiter en romancier. C'est ce à quoi je vais donc procéder avec tous les ménagements dont je suis capable. J'ai l'esprit indulgent et modéré. Ceux qui me lisent savent que ma critique est bienveillante et que je me fais un agréable devoir d'exprimer toujours l'opinion la plus large sous la forme la plus douce. Eh bien, puisqu'il me faut juger M. Ohnet comme auteur de romans, je dirai, dans la paix de mon âme et dans la sérénité de ma conscience, qu'il est, au point de vue de l'art, bien au-dessous du pire.

J'ai eu l'honneur d'être présenté l'hiver dernier à M. Georges Ohnet, et je me suis convaincu, comme tous ceux qui l'ont approché, que c'est un très galant homme.

Il parle d'une manière fort intéressante, avec une bonne humeur tout à fait agréable. Il m'a inspiré de la sympathie. Je sais de lui des traits qui l'honorent, je l'estime profondément, mais je ne connais pas de livres qui me déplaisent plus que les siens. Je ne sais rien au monde de plus désobligeant que ses conceptions, ni de plus disgracieux que son style.

J'avoue que jusqu'ici je l'avais fort peu pratiqué comme « auteur ». Je distinguais mal les romans dont il a rempli l'univers. J'éprouvais à leur égard une secrète et sûre défiance ; je sentais qu'ils n'étaient pas faits pour moi et j'avais l'instinct que cela m'était ennemi. Si je m'étais cru, je serais mort sans avoir lu une ligne de M. Ohnet. Je me serais épargné cette pénible et dangereuse épreuve. Je mets beaucoup de soin à éviter dans la vie ce qui me semble laid. Je craindrais de devenir très méchant si j'étais forcé de vivre en face de ce qui me choque, me blesse et m'afflige. C'est pourquoi j'étais résolu à ne pas lire *Volonté*. Mais le sort en a disposé autrement.

J'ai lu *Volonté*, et j'ai d'abord été très malheureux. Il n'y a pas une page, pas une ligne, pas un mot, pas une syllabe de ce livre qui ne m'ait choqué, offensé, attristé. J'eus envie d'en pleurer avec toutes les Muses. Je n'avais jamais lu encore un livre si mauvais : cela même me le rendit considérable, et je finis par en concevoir une espèce d'admiration. M. Ohnet est détestable avec égalité et plénitude ; il est harmonieux et donne l'idée d'un genre de perfection. C'est du génie cela. Je ne dis pas trop en disant qu'il a sa puissance, sa vertu et sa magie : tout ce qu'il touche devient aussitôt tristement vulgaire et ridiculement prétentieux. Les miracles de la nature et de l'humanité, la splendeur du ciel et la beauté des femmes, les trésors de l'art et les secrets délicieux des âmes, enfin, tout ce qui fait le charme et la sainteté de la vie devient, en passant par sa pensée, d'une écœurante banalité. Voilà donc ce qu'il voit, voilà donc ce qu'il sent! Et il aime vivre! C'est incompréhensible! Ce qui m'émerveille plus que tout le reste, c'est la fadeur de ces perpétuelles caricatures au milieu desquelles il vit et se meut naturellement.

J'ai dit qu'il était détestable, flatteur que j'étais! La vérité, c'est qu'il est médiocre. Comme écrivain, c'est un parfait *snob*. Ce genre de niaiserie confortable que les Anglais appellent le *snobisme*, il l'a portée jusqu'au génie, et c'est pourquoi il est l'idéal des millions de snobs qui fourmillent sur les continents et les îles de cette planète.

Toutes ses conceptions de la vie sont du plus grand penseur que le snobisme ait enfanté pour le malheur des êtres simples, beaux et purs. Il est snob premièrement dans son amour grossier de luxe, quand il nous montre, comme il fait dans *Volonté*, « une victoria descendant la rue Boissy-d'Anglas au trot de ses deux chevaux steppant avec grâce »; quand il nous fait monter à sa suite « un escalier à marches de pierre recouvertes d'un somptueux tapis »; et quand il nous introduit « dans la salle d'un hôtel fééeriquement éclairé à la lumière électrique », où nous respirons « une atmosphère enivrante, faite du parfum des fleurs et de la capiteuse odeur des femmes ».

Lorsque Buridan, le capitaine, s'écrie : « Ce sont de grandes dames, de très grandes dames! » on sourit avec indulgence; on n'est pas trop choqué de l'admiration que les princesses inspirent à cet écolier robuste, naïf et famélique. Buridan montre sa bonhomie et sa simplicité. Mais M. Ohnet a des mouvements, pour nous présenter ses baronnes et ses duchesses, qui donnent un grand mal de cœur; je ne puis lire cette simple phrase sans être exaspéré : « Hélène prenait un secret plaisir à toucher ce tissu merveilleux. Sa nature aristocratique se trahissait dans ce goût pour les choses raffinées. » Cela est vain et faux à crier. Il n'y a pas d'aristocratie à aimer les belles étoffes. Ce qui fait ou, pour mieux dire, ce qui faisait l'aristocrate, c'était l'héréditaire et longue habitude du commandement. Quant à se délecter aux contacts suaves, ce peut être le goût d'une petite bourgeoise aussi bien que d'une patricienne. Mais il est inutile de disputer quand on sait qu'on ne pourra jamais s'entendre. Ne critiquons plus, exposons seulement.

Cette Hélène, qui trahit « sa nature aristocratique » par son goût pour les choses raffinées, est l'héroïne de *Volonté*.

Elle est sublime. Aimée par deux hommes d'ont l'un est « fatalement beau », elle préfère l'autre, par générosité.

— Allons, soyez franche, interrompit Thauziat. (*Clément Thauziat, c'est l'homme fatalement beau.*)... Voyons, n'oserez-vous pas avouer devant moi, que vous l'aimez?

A ce défi, mademoiselle de Graville (*Elle est pauvre, mais elle a de la race*) sentit en elle une révolte.

Et, bravant Thauziat du regard :

— Vous voulez que je vous le dise? Eh bien, soyez donc satisfait : oui, je l'aime.

— Qu'a-t-il fait pour cela? s'écria Clément avec amertume.

— Il est faible et a besoin d'être défendu.

— Dites qu'il est lâche et vicieux.

— Eh bien, je serai sa bravoure et sa vertu.

— S'il vous trouve supérieure à lui, il vous prendra en haine.

— Ayant tout fait pour le bien, je souffrirai sans me plaindre.

— Pensez-vous que je vous laisserai ainsi vous sacrifier?

— De quel droit interviendrez-vous? (P. 213.)

Ce dialogue serré et pressant, c'est proprement du Corneille pour les snobs. Mais poursuivons : ce M. Clément de Thauziat auquel Hélène résiste si fièrement appartient aussi à la plus fine aristocratie. Il était, « dans sa mise, d'une sobriété recherchée qui lui donnait un remarquable cachet de distinction ». (P. 11.) « Au XVe siècle, il eût été un de ces condottieri superbes qui, etc. » (P. 12.) » Avec lui la destinée d'une femme sera grande, sera heureuse, sera enviée. » (P. 201.) « Son étreinte est chaude et frémissante. » (P. 187.) « Il est pâle et brun. » (*Passim.*) « Il apparaît resplendissant d'une beauté satanique. » (P. 362.) Il est tué d'une balle au cœur, dans un duel loyal, mais terrible. Après sa mort il est encore fatalement beau. « Il était tombé élégant et correct, ainsi qu'il avait vécu. » (P. 416.)

A côté de ce héros qui a tant de « cachet », M. Ohnet se plaît à évoquer une jeune Anglaise, belle et perfide, au cœur de marbre, lady Diana. « Ses cheveux blonds brillaient comme un casque d'or. » (P. 93.) On ne pouvait soutenir l'éclat « de ses yeux bleus, clairs et durs comme l'acier. » (P. 345.) « Sa taille, élancée et souple, moulée dans son amazone, se cambrait voluptueusement. » (P. 253.) Lady Diana a pour rivale, piquant contraste, Émilie Lereboulley, une petite bossue spirituelle et tendre, ironique et généreuse. « Cette fille si disgraciée de la nature semblait avoir voulu compenser par l'élévation éclatante de son esprit la dégradation misérable de son corps. » (P. 11.) Comprenez-vous maintenant ce qui fait ma tristesse et mon dégoût, et ne sentez-vous pas que tout, même la brutalité raffinée des naturalistes, même l'obscurité tortueuse des décadents, tout enfin est préférable à cette misérable platitude.

Ces méchantes rapsodies trouvent, je le sais, des lecteurs par centaines de mille. *Volonté* fera les délices d'un grand nombre de personnes. Cela est digne de réflexion, et les êtres ingénieux ne manqueront pas de se demander par quel étrange mystère les abominables pauvretés que je viens de citer avec un mélange de dégoût généreux et de joie perverse se transforment, dans d'innocentes cervelles, en poésie romanesque et touchante. N'en doutez pas, il y aura des femmes, des femmes charmantes, qui trouveront cela beau et qui en pleureront. Eh bien, je ne leur en ferai pas un reproche. Je les louerai, au contraire, de leur candeur et de leur simplicité. Il faut aussi que les pauvres d'esprit aient leur idéal. N'est-il pas vrai que les figures de cire, exposées aux vitrines des coiffeurs inspirent des rêves poétiques aux collégiens? Or, les romans de M. Georges Ohnet sont exactement, dans l'ordre littéraire, ce que sont, dans l'ordre plastique, les têtes de cire des coiffeurs.

BIBLIOPHILIE [1]

J'ai connu beaucoup de bibliophiles dans ma vie, et je suis certain que l'amour des livres rend la vie supportable à un certain nombre de personnes bien nées. Il n'y a pas de véritable amour sans quelque sensualité. On n'est heureux par les livres que si l'on aime à les caresser. Je reconnais du premier coup d'œil un vrai bibliophile à la manière dont il touche un livre. Celui qui, ayant mis la main sur quelque bouquin précieux, rare, aimable, ou tout au moins honnête, ne le presse point d'une main à la fois douce et ferme, et ne promène pas voluptueusement sur le dos, sur les plats, sur les tranches une paume attendrie, celui-là n'eut jamais l'instinct qui fait les Groslier et les Double. Il aura beau dire qu'il aime les livres : nous ne le croirons pas. Nous lui répondrons

---

1. *Bibliographie des principales éditions originales d'écrivains français du XVe au XVIIIe siècle*, par Jules Lé Petit. In-8°; Quantin, éditeur.

Vous les aimez pour leur utilité. Est-ce aimer, cela ? Aime-t-on quand on aime sans désintéressement? Non! vous êtes sans flamme et sans joie, et vous ne connaîtrez jamais les délices de promener des doigts tremblants sur les grains délicieux du maroquin.

Il me souvient de deux vieux prêtres qui aimaient les livres et qui n'aimaient rien autre chose de ce monde. L'un était chanoine et logeait proche Notre-Dame; celui-là portait une âme douce dans un petit corps. C'était un petit corps tout rond, fait à souhait pour ouater et capitonner une âme canonicale. Il méditait d'écrire les *Vies des saints de Bretagne* et vivait heureux. L'autre, vicaire d'une paroisse pauvre, était plus grand, plus beau, plus triste. Les fenêtres de sa chambre donnaient sur le Jardin des Plantes, et il s'endormait aux rugissements des lions captifs. Tous deux se retrouvaient sur les quais, devant les boîtes des bouquinistes, chaque jour que Dieu faisait. Leur tâche sur la terre était de fourrer dans la poche de leur soutane des bouquins reliés en veau, avec les tranches rouges. Ce sont là sans doute des travaux simples, modestes et bien appropriés à la vie ecclésiastique. Je dirais même qu'il y a moins de danger, pour un prêtre, à fouiller les étalages sur les parapets qu'à contempler la nature dans les champs et dans les forêts. Quoi qu'en dise Fénelon, la nature n'est pas édifiante. Elle manque de pudeur, elle conseille la lutte et l'amour; elle est sourdement voluptueuse; elle trouble les sens par mille odeurs subtiles : on s'y sent environné de baisers et de souffles ardents. Sa paix même est lascive. Un poète sensible à la volupté a eu bien raison de dire :

> Évitez
> Le fond des bois et leur vaste silence.

Une promenade sur les quais, d'étalage en étalage, n'offre aucun de ces dangers : les bouquins ne troublent point le cœur. Si quelques-uns parlent d'amour, ils en parlent dans un langage ancien, avec des caractères d'autrefois, et ils font penser à la mort en même temps qu'à l'amour. Mon chanoine et mon vicaire avaient bien raison de passer une grande partie de cette vie transitoire entre le Pont-Royal et le pont Saint-Michel. Le spectacle que leurs yeux y rencontrèrent le plus souvent fut celui de la petite fleurette d'or que les relieurs du XVIIIe siècle appliquaient sur le dos de veau des livres, entre chaque nervure. Et c'est sans doute un spectacle plus innocent encore que celui des lis des champs, qui ne travaillent ni ne filent, mais qui aiment et que les papillons font tressaillir dans le mystère de leur corolle charmante. Oh! les saintes gens que le chanoine et le vicaire! Je crois qu'ils n'eurent jamais ni l'un ni l'autre une mauvaise pensée.

Pour ce qui est du chanoine, j'en mettrais ma main au feu : il était jovial. A soixante-dix ans, il avait l'âme et les joues d'un petit enfant. Jamais lunettes d'or ne chaussèrent un nez plus simple pour éclairer des yeux plus candides. Le vicaire, avec son long nez et ses joues creuses, fut peut-être un saint : le chanoine était assurément un juste. Pourtant et ce saint et ce juste eurent leur sensualité. Ils regardaient les peaux-de-truie avec concupiscence, ils palpaient le veau fauve avec volupté. Ce n'est pas qu'ils missent leur joie et leur orgueil à disputer aux princes des bibliophiles les éditions princeps des poètes français; les reliures pour Mazarin ou pour Canevarius, les ouvrages à figures, contenant double et triple suite. Non, ils étaient pauvres avec joie, humbles avec allégresse. Ils portaient jusque dans leur goût pour les livres l'austère simplicité de leur vie. Ils n'achetaient que de modestes ouvrages modestement reliés. Ils recueillaient volontiers les écrits des vieux théologiens dont personne ne veut plus. Ils mettaient la main, avec une joie naïve, sur les curiosités dédaignées qui tapissent la boîte à dix sous du bouquiniste expert. Ils étaient contents quand ils avaient trouvé l'*Histoire des perruques* de Thiers ou le *Chef-d'œuvre d'un inconnu*, par M. le Dr Chrysostome Matanasius. Ils laissaient les maroquins aux puissants de ce monde. Le veau granit, le veau fauve, le basane et le parchemin suffisaient à leurs désirs, mais ces désirs étaient ardents; ils avaient la flamme et l'aiguillon : c'étaient enfin de ces désirs que la symbolique chrétienne, au moyen âge, représentait dans les églises sous la forme de diablotins à tête d'oiseau et à pieds de bouc, avec des ailes de chauve-souris. J'ai vu, j'ai vu M. le chanoine caresser d'une main amoureuse un bel exemplaire en veau granit des *Vies des pères du désert.* C'est là un péché. Et ce qui aggrave la faute, c'est que ce livre est janséniste. Quant au vicaire, il reçût un jour d'une vieille demoiselle un exemplaire de l'*Imitation* elzévir, relié en drap pourpre, sur lequel la pieuse donatrice avait brodé de sa main un calice d'or. Il en rougit de plaisir et d'orgueil et s'écria : « Voilà un présent dont M. Bossuet lui-même eut été honoré ! » Je veux croire que mon vicaire et mon chanoine ont fait tous deux leur salut et qu'ils sont dès maintenant à la droite du Père. Mais tout se paye, et dans le livre de l'Ange,

> *In quo totum continetur*
> *Unde mundus judicetur,*

la dette du vicaire et celle du chanoine sont inscrites. Je crois lire dans ce livre des livres :

« M. le chanoine, tel jour, sur le quai Voltaire, s'être délecté aux contacts suaves. — Tel autre jour, avoir respiré des parfums chez un libraire du quai des Grands-Augustins... M. le vicaire, *Imitation*, *elzévir* petit in-8º : orgueil et concupiscence. »

Voilà, à n'en point douter, ce que contient le livre de l'Ange, qui sera lu le jour du jugement dernier.

Oh ! le bon vicaire ! Oh ! l'excellent chanoine ! Que de fois je les rencontrai le nez dans les boîtes des quais ! Quand on voyait l'un, on était sûr de découvrir bientôt l'autre. Pourtant ils ne se recherchaient point ; ils s'évitaient plutôt. Il faut bien avouer qu'ils étaient un peu jaloux l'un de l'autre.

Et comment en eût-il été autrement, puisqu'ils chassaient sur les mêmes terres ? Chaque fois qu'ils se rencontraient, c'est-à-dire tous les jours, ils échangeaient un long salut onctueux pendant lequel ils s'épiaient mutuellement et sondaient du regard leurs poches bourrées de livres. D'ailleurs leurs natures ne sympathisaient point. Le chanoine avait une conception béate et simple de l'univers qui ne pouvait satisfaire le vicaire dont l'âme était grosse de controverse et de disputes savantes. Le chanoine goûtait ici-bas par avance la paix promise aux hommes de bonne volonté. Comme saint Augustin et comme le grand Arnault, le vicaire tendait le front aux orages. Il parlait de Monseigneur avec une liberté qui faisait frissonner le bon chanoine dans sa douillette.

Le chanoine n'était pas fait pour les situations difficiles. Je le rencontrai un jour bien affligé. C'était par une giboulée de mars, devant l'Institut. En un clin d'œil, une bourrasque s'était élevée, et le vent emportait dans la Seine les brochures et les cartes étalées sur les parapets. Il emporta aussi le riflard rouge du chanoine. Nous le vîmes s'élever dans l'air, puis tomber dans le fleuve. Le chanoine se lamentait. Il invoquait tous les saints bretons et promettait dix sous à qui lui rapporterait son parapluie. Cependant, le riflard voguait vers Saint-Cloud. Un quart d'heure après, le temps s'était rasséréné ; sous le fin soleil, l'excellent prêtre, les yeux encore humides, la bouche déjà souriante, achetait un vieux Lactance au père Malorey, et se réjouissait de lire cette phrase, imprimée en la belle italique des Aldes : *Pulcher hymnis Dei homo immor-*

talis. L'italique des Aldes lui avait fait oublier la perte de son riflard.

J'ai connu dans le même temps, sur les quais, un bibliomane plus étrange encore. Il avait coutume d'arracher des livres les pages qui lui déplaisaient; et, comme il avait le goût délicat, il ne lui restait pas dans sa bibliothèque un seul volume complet. Ses collections étaient composées de lambeaux et de débris qu'il faisait relier magnifiquement. J'ai des raisons pour ne point le nommer, bien qu'il soit mort depuis longtemps. Ceux qui l'ont connu le reconnaîtront quand j'aurai dit qu'il composait lui-même des livres somptueux et bizarres sur la numismatique et les publiait par fascicules. Les souscripteurs étaient peu nombreux; il y avait parmi eux un collectionneur violent, dont le nom est resté célèbre chez les curieux, le colonel Maurin. Il s'était fait inscrire le premier et était fort exact à retirer chaque livraison à mesure qu'elle paraissait. Pourtant il dut faire un assez long voyage. L'autre l'apprit: Aussitôt il publia un nouveau fascicule et envoya aux souscripteurs l'avis suivant : « Tout exemplaire du dernier fascicule qui n'aura pas été retiré par le souscripteur dans le délai de quinze jours sera détruit. » Il comptait bien que le colonel Maurin ne pourrait revenir à temps pour retirer son exemplaire. En effet, ce n'était pas possible. Mais le colonel fit l'impossible et se présenta chez l'auteur-éditeur le seizième jour, au moment même où celui-ci jetait le fascicule au feu. Une lutte s'engagea entre les deux collectionneurs. Le colonel fut victorieux : il retira les feuillets des flammes et les emporta triomphant dans sa maison de la rue des Boulangers où il entassait toutes sortes de débris des siècles. Il possédait des boîtes de momies, l'échelle de Latude, des pierres de la Bastille. Il était de ces hommes qui veulent fourrer l'univers dans une armoire. Tel est le rêve de tout collectionneur. Et comme ce rêve est irréalisable, les vrais collectionneurs ont, comme les amants, dans le bonheur même, des tristesses infinies. Ils savent bien qu'ils ne pourront jamais mettre la terre sous clef, dans une vitrine. De là leur mélancolie profonde.

J'ai pratiqué aussi les grands bibliophiles, ceux qui recueillent les incunables, les humbles monuments de la xylographie du xv⁰ siècle, et pour qui la *Bible des pauvres*, avec ses grossières figures, a plus de charmes que toutes les séductions de la nature unies à toutes les magies de l'art; ceux qui réunissent les royales reliures faites pour Henri II, Diane de Poitiers et Henri III, les *petits fers* du xvi⁰ et du xvii⁰ siècle, que Marius reproduit aujourd'hui avec une régularité qui manque aux originaux; ceux qui recherchent les maroquins aux armes des princes et des reines; ceux enfin qui rassemblent les éditions originales de nos classiques. J'aurais pu vous faire les portraits de quelques-uns de ceux-là, mais ils vous auraient moins amusés, je crois, que ceux de mon pauvre vicaire et de mon pauvre chanoine. Il en est des bibliophiles comme des autres hommes. Ceux qui nous intéressent le plus ne sont point les habiles et les savants, ce sont les humbles et les candides.

Et puis, si nobles, si beaux que soient les exemplaires dont le bibliophile se réjouit, pour admirable qu'il tienne un livre, ce livre fût-il *la Guirlande de Julie*, calligraphiée par Jarry, il y a quelque chose que je mettrai encore au-dessus : c'est le tonneau de Diogène. On est libre dedans, tandis que le bibliophile est l'esclave de ses collections.

Nous faisons en ce temps-ci trop de bibliothèques et de musées. Nos pères s'embarrassaient de moins de choses et sentaient mieux la nature. M. de Bismarck a coutume de dire pour faire valoir ses argûments : « Messieurs, je vous apporte des considérations inspirées non par le tapis vert, mais bien par la verte campagne. » Cette image, un peu étrange et barbare, est pleine de force et de saveur. Pour ma part, je la goûte infiniment. Les bonnes raisons sont celles qu'inspire la vivante nature. Il est bon de faire des collections : il est meilleur de faire des promenades.

A cela près, je confesse que le goût des bonnes éditions et des belles reliures est un goût d'honnête homme. Je loue ceux qui conservent les éditions originales de nos classiques, de Molière, de La Fontaine, de Racine, dans leur maison illustrée par de si nobles richesses.

Mais, à défaut de ces textes rares et fameux, on peut se contenter du livre somptueux dans lequel M. Jules Le Petit les décrit exactement et en reproduit les titres en fac-similé. Notre littérature est là tout entière, représentée par ses éditions princeps, depuis le *Romant de la rose* jusqu'à *Paul et Virginie*. C'est un recueil qu'on ne parcourt pas sans émotion. « Voilà donc, se dit-on, quelle figure eurent dans leur nouveauté pour les contemporains *les Provinciales* et les *Fables de La Fontaine!* Cet in-4° à large vignette représentant un palmier dans une cartouche de style renaissance, c'est *le Cid*, tel qu'il parut en 1637 chez Augustin Courbé, libraire à Paris, dans la petite salle du Palais, à l'enseigne de la Palme, avec la devise : *Curvata resurgo.* Ces six petits volumes in-12, dont le titre, coupé par un écusson du style Louis XV, est ainsi conçu : *Lettres de deux amants habitants d'une petite ville au pied des Alpes*, recueillies et publiées par J.-J. Rousseau, Amsterdam, chez Marc-Michel Rey, 1761, c'est *la Nouvelle Héloïse,* telle qu'elle fit pleurer nos arrière-grand'mères. Voilà ce que virent, voilà ce que touchèrent les contemporains de Jean-Jacques! » Ces livres sont des reliques, et il reste quelque chose de touchant dans l'image que nous en donne M. Jules Le Petit. Cet homme de bien m'a tout à fait réconcilié avec la bibliophilie. Confessons qu'il n'y a pas d'amour sans fétichisme, et rendons cette justice aux amoureux du vieux papier noirci, qu'ils sont tout aussi fous que les autres amoureux.

LES CRIMINELS [1]

Conscience a été publié ici même [2]. On a retrouvé dans ce roman la probité et le sérieux qui caractérisent le talent de M. Hector Malot. Je ne me crois pas permis de juger cet ouvrage à la place même où il a paru. Il me suffira de dire que le nom d'Hector Malot recommande *Conscience* aux lecteurs qui veulent qu'on les respecte alors même qu'on les divertit. En écrivant *Conscience*, l'auteur des *Victimes d'amour* et de *Zyte* a très intelligemment approprié à notre milieu et à notre culture le drame que Dostoïevsky conçut et exécuta avec l'atrocité ingénue d'une âme slave, quand il écrivit cette œuvre d'épouvante, *Crime et Châtiment*.

Comme le Raskolnikof du romancier de Moscou, le

---

1. *Conscience*, par Hector Malot.
2. Je prends la liberté de rappeler au lecteur que cet article, comme tous ceux qui composent ce volume, a d'abord paru dans le journal le *Temps*. J'ai évité les retouches; le naturel est le seul mérite de ces causeries.

Saniel de M. Hector Malot est jeune, intelligent, énergique. Il a donné un but à sa vie et il se dit : pour atteindre ce but, il faut que je supprime une existence humaine, celle d'un être méprisable et nuisible. Il regarde son crime en face et il le commet, il tue un vieil usurier. Ce Saniel, fils d'un rude paysan d'Auvergne, ignore la haine comme l'amour. Il est étranger à toute sympathie humaine, il ne vit que pour la science et s'absorbe dans des recherches physiologiques qui l'ont conduit déjà à de grandes découvertes. Une telle âme est incapable de remords. Aussi n'a-t-il point l'horreur de son crime. Il se dit même que ce qu'il a fait est raisonnable ; pourtant il lui est impossible de se retrouver après l'acte ce qu'il était avant. Comme Raskolnikof encore, il est saisi, possédé par son crime. Son esprit obéit à une logique aussi étrange qu'implacable. Il se passe en lui des phénomènes analogues à ceux que M. de Vogüé a si précisément décrits à propos du héros de Dostoïevsky : « Par le fait irréparable d'avoir supprimé une existence humaine, tous les rapports du meurtrier avec le monde sont changés ; ce monde, regardé à travers le crime, a pris une physionomie et une signification nouvelles qui excluent pour le coupable la possibilité de sentir et de raisonner comme les autres, de trouver sa place stable dans la vie. » (*Le Roman russe*, par le vicomte E.-M. de Vogüé, p. 248.)

Dans cette étude, l'écrivain russe passe de beaucoup en atrocité le romancier français. Mais qui pourrait

distiller la terreur comme ce Dostoïevsky dont on a dit :
« Sa puissance d'épouvante est trop supérieure à la
résistance nerveuse d'une organisation moyenne. »
D'ailleurs, il avait, pour traiter un semblable sujet, un
avantage que M. Hector Malot ne lui enviera pas. Il était
épileptique et, par cela même, en communion directe
avec ces âmes qu'une obscure maladie voue au crime
et qu'un physiologiste moderne propose de désigner
sous le nom d'épileptoïdes. Cette maladie nerveuse le
travaillait quand il écrivait *Crime et Châtiment*. Il eut,
pendant la composition du livre, des accès terribles.
« L'abattement où ils me plongent, dit-il, est caractérisé
par ceci : Je me sens un grand criminel ; il me semble
qu'une faute inconnue, une action scélérate pèsent sur
ma conscience. » De là cette sympathie qui l'attachait
à son malheureux Raskolnikof.

Oui, malheureux, car c'est être malheureux que d'être
criminel. Les méchants sont bien dignes de pitié et je
ne suis pas éloigné de comprendre la folie de ce prêtre
catholique dont le cœur saignait à la pensée des souffrances de Judas Iscariote. « Judas, se disait-il, a accompli les prophéties ; en livrant Jésus il a fait ce qui était
annoncé et concouru à l'accomplissement du mystère de
la Rédemption. Le salut du monde est attaché à son
crime. Judas fit le mal ; mais ce mal était nécessaire.
Faut-il qu'il soit damné pour l'éternité ? » Ce prêtre
agita longtemps cette idée dans sa tête, et il finit par
en être absolument possédé. Il en souffrait beaucoup,
car elle contrariait la foi de son âme, la foi de sa vie.

Pour échapper au trouble qui l'envahissait, il eut recours aux jeûnes et aux prières. Mais, au milieu des actes de foi et des œuvres de pénitence, il ne demandait à Dieu qu'une chose, le pardon de Judas. En ce temps de crise morale, il était un des vicaires de Notre-Dame de Paris. Une nuit, il entra par une petite porte dont il avait la clef dans la cathédrale déserte et silencieuse, qu'éclairait confusément la lune. Il s'avança jusqu'au pied du maître-autel, et là, s'étant prosterné le front sur la dalle, il fit cette prière :

« Mon Dieu, Dieu de justice et de bonté, s'il est vrai, comme j'en ai l'intime créance, que vous avez pardonné au plus malheureux de vos disciples, faites-moi connaître par un signe certain cette ineffable merveille de votre miséricorde. Envoyez à votre serviteur l'apôtre Judas qui siège aujourd'hui à votre droite parmi vos élus. Que l'Iscariote vienne de votre part et qu'il pose sa main sur mon front prosterné ! Par ce signe, je serai sacré prêtre du pardon, selon l'ordre de Judas, et j'annoncerai aux hommes la bonne nouvelle que vous m'avez révélée. »

A peine le vicaire eut-il achevé cette prière qu'il sentit une main douce et tiède se poser sur son front. Il se releva radieux et tout en larmes.

Dès qu'il fit jour, il alla conter à l'archevêque sa prière de la nuit et l'investiture qu'il avait miraculeusement reçue. Vous devinez l'accueil qu'on lui fit. Pour moi, qui ne suis pas archevêque, j'éprouve une vive et profonde sympathie pour le pauvre visionnaire et je trouve dans sa folie une bienveillante sagesse. Je suis touché de l'entendre désigner Judas avec pitié comme le plus malheureux des apôtres. Et remarquez que son mysticisme confine à la philosophie naturelle. Ce que ce pauvre prêtre pensait du traître du mont des Oliviers, le philosophe le pense de tous les criminels. L'anthropologie ne voit plus dans le criminel qu'un malade incurable; elle regarde le scélérat avec une tranquille pitié; elle dit à l'assassin ce que Jocaste disait à Œdipe, après avoir percé le mystère de la destinée de cet homme aveuglé : « Malheureux!... C'est le seul nom dont je puisse te nommer et je ne t'en donnerai jamais plus d'autre. » Pensée humaine et prudente !

Le déterminisme nous a tous plus ou moins touchés. La doctrine de la responsabilité est ébranlée dans les esprits les plus fermes. Le plus sage est de répéter aujourd'hui les paroles si douces et si désolées de la malheureuse reine de Thèbes. Mais fut-il jamais une époque où les hommes aient cru pleinement à la liberté humaine? Je n'en vois pas. Les philosophes furent toujours partagés sur ce point comme sur tous les autres. Quant au christianisme, il s'est toujours efforcé de concilier le libre arbitre avec la prescience divine sans jamais y parvenir.

Tout est mystère dans l'homme et nous ne pouvons rien connaître de ce qui n'est pas l'homme. Voilà la science humaine ! En vérité, la doctrine de l'irresponsabilité des criminels n'est pas une nouveauté dangereuse. Elle n'a même pas pratiquement un intérêt très considérable. Elle viendrait à prévaloir, que nos lois n'en seraient pas sensiblement modifiées. Pourquoi? Parce que les codes sont fondés sur la nécessité et non sur la justice. Ils ne punissent que ce qu'il est nécessaire de punir. Les criminalistes philanthropes n'admettent pas qu'on mette un voleur en prison : ce serait le punir, et on n'en a pas le droit. Ils proposent de le retenir dans un asile, sous de bons verrous. Je n'y vois pas grande différence. La peine de mort pourrait même résister au triomphe des doctrines de l'irresponsabilité; il suffirait de déclarer que ce n'est pas proprement une peine.

Irons-nous plus loin et tiendrons-nous, avec la nouvelle école anthropologique, l'irresponsabilité du criminel comme physiologiquement, anatomiquement démontrée? Dirons-nous avec Maudsley que le crime est dans le sang, qu'il y a des scélérats dans une société, comme il y a des moutons à tête noire dans un troupeau, et que ceux-là sont aussi faciles à distinguer que ceux-ci? Entrerons-nous dans les vues d'un anthropologiste italien des plus convaincus, l'auteur de l'*Uomo delinquente*?

M. Cesare Lombroso se flatte de constater l'existence d'un type humain voué au crime par son organisation même. Il y a, selon lui, un criminel-né, reconnaissable à divers signes dont les plus caractéristiques sont : la petitesse et l'asymétrie du crâne, le développement des mâchoires, les yeux caves, la barbe rare, la chevelure abondante, les oreilles mal ourlées, le nez camus. En outre, les criminels sont ou doivent être gauchers, daltoniens, louches et débiles. Par malheur, ces signes manquent à la plupart des criminels et se trouvent, par contre, chez beaucoup de fort honnêtes gens. Le crâne de Lamennais et celui de Gambetta étaient très petits; le crâne de Bichat n'était pas symétrique. Nous connaissons tous d'excellentes personnes qui sont atteintes de daltonisme, de strabisme, de débilité, ou qui sont camuses, prognates, etc. Que M. Lombroso se mette en état d'annoncer avec certitude, après examen, que tel sujet sera criminel et que tel autre restera innocent, ou qu'il renonce à se déclarer en possession des caractères spécifiques de l'*uomo delinquente*. Les connaissances positives se reconnaissent à la sûreté des prévisions qu'on en tire. A vrai dire, je crois bien que l'habile anthropologiste italien ne parviendra jamais à ramener à un type unique tous les hommes criminels. Et la raison en est que les criminels sont, par nature, essentiellement différents les uns des autres, et que le nom qui les désigne ne présente rien de net à l'esprit. M. Lombroso n'a pas même songé à définir ce mot de criminel. C'est donc qu'il le prend dans l'acception vulgaire. Vulgairement nous disons qu'un homme est criminel quand il commet une très grave infraction à la morale et aux lois. Mais, comme il y a beaucoup de lois et que les mœurs ne sont pas stables, les diversités du crime sont infinies. En réalité, ce que M. Lombroso appelle un criminel, c'est un prisonnier. Tous les prisonniers finissent par se ressembler en quelque chose. Le régime qui leur est commun détermine en eux certaines anomalies particulières par lesquelles ils se distinguent à la longue des hommes qui vivent librement. On en peut dire autant

5.

des prêtres et des moines, qu'on reconnaît encore quand ils ont quitté le froc ou la soutane. Quant aux criminels, aux criminels par excellence, les assassins, il est impossible, je le répète, de les ramener à un type unique, soit physiologique, soit psychologique : ils ne sont pas tous d'une même essence. Quel rapport établir, par exemple, entre ce Saniel dont M. Malot nous conte l'histoire, ce médecin qui tue pour assurer ses découvertes scientifiques, et cette brute qui, l'autre jour, conduisit au bord de la Seine la fille dont il vivait et la jeta à l'eau pour gagner un litre de vin qu'il avait parié?

Quoi qu'en disent Lombroso et Maudsley, on peut être criminel sans être fou ni malade. L'humanité a commencé tout entière par le crime. Chez l'homme préhistorique, le crime était la règle et non l'exception. De nos jours encore, il est de règle chez les sauvages. On peut dire qu'il se confond, dans ses origines, avec la vertu. Il n'en est pas encore distinct chez les peuplades noires de l'Afrique centrale. Mteza, roi du Touareg, tuait chaque jour trois ou quatre femmes de son harem. Un jour il fit mettre à mort une de ses femmes coupable de lui avoir présenté une fleur. Ce Mteza, mis en relations avec les Anglais, montra beaucoup d'intelligence et une aptitude singulière à comprendre les idées des peuples civilisés.

Comment ne pas le reconnaître? c'est la nature elle-même qui enseigne le crime. Les animaux tuent leurs semblables pour les dévorer ou par fureur jalouse ou sans aucun motif. Il y a beaucoup de criminels parmi eux. La férocité des fourmis est effroyable; les femelles des lapins dévorent souvent leurs petits; les loups, quoi qu'on dise, se mangent entre eux; on a vu des femelles d'orangs-outangs tuer une rivale. Ce sont là des crimes; et si les pauvres bêtes qui les commettent n'en sont pas responsables, c'est donc la nature qu'il faut accuser; elle a attaché vraiment trop de misères à la condition des hommes et des animaux.

Mais aussi, comme il est sublime cet effort victorieux de l'homme pour s'affranchir des vieux liens du crime? Qu'elle est auguste cette lente édification de la morale? Les hommes ont peu à peu constitué la justice. La violence, qui était la règle, est aujourd'hui l'exception. Le crime est devenu une sorte d'anomalie, quelque chose d'inconciliable avec la vie nouvelle, telle que l'homme l'a faite à force de patience et de courage. Entré dans une existence, le crime la ronge et la dévore : il est désormais un vice radical, un germe morbide. C'était le vieux nourricier des hommes des cavernes; maintenant il empoisonne les misérables qui lui demandent la vie. C'est ce que M. Hector Malot a fait voir après Dostoïevsky.

LA MORT

ET LES PETITS DIEUX [1]

Il est un poète que j'aime d'autant plus chèrement que je suis seul à l'aimer. Dans sa vie, qui fut douce, obscure et courte, il se nommait Saint-Cyr de Rayssac. Maintenant, il n'a plus de nom, puisque personne ne le nomme.

L'Italie était la véritable patrie de son âme. Il aimait les jardins et les musées. Un jour, au sortir du Capitole, après avoir contemplé ce *Génie funèbre*, si pur et si tranquille, le poète, jeune et déjà mourant, écrivit ces vers délicieux :

De ses flancs ondulés, quand j'ai vu la blancheur,
Quand j'ai vu ses deux bras relevés sur sa tête,
Comme au sommet vermeil d'une amphore de Crète
Les deux anses du bord qui s'élèvent en chœur,

---

1. *La Nécropole de Myrina*, fouilles exécutées au nom de l'École française d'Athènes. Texte et notices par Edmond Pottier et Salomon Reinach. 2 vol. in-4.

> O mort des anciens jours, j'ai compris ta douceur,
> Le charme évanoui de ton œuvre muette,
> Lorsqu'insensiblement tu couvrais de pâleur
> Un profil corinthien de vierge ou de poète.
>
> Le calme transpirait sur le front déserté,
> Du sourire perdu la grâce était plus molle,
> Tout le corps endormi flottait en liberté :
>
> On eût dit une fleur qui distend sa corolle,
> Tandis que de sa bouche une abeille s'envole,
> Emportant ses parfums et non pas sa beauté.

Le Louvre possède une bonne réplique du Génie funèbre et, devant ce bel immortel endormi dans la mort, je me suis plus d'une fois répété le sonnet païen de Saint-Cyr de Rayssac. Le poète a bien traduit, ce semble, la pensée antique : dormir, mourir. La mort n'est qu'un sommeil sans fin.

Ce n'est point que la mort fût charmante en soi chez les Grecs. La mort fut de tout temps hideuse et cruelle. On aura beau dire qu'il ne faut pas la craindre et qu'être mort, c'est seulement ne pas être, l'homme répondra que l'idée de la dernière heure est pleine d'affres et d'épouvantes. Les Grecs aussi craignaient la mort. Du moins, ils ne l'enlaidissaient pas; loin de là. L'imagination hellénique embellissait toutes choses et donnait même de la grâce à l'évanouissement suprême. Le moyen âge, au contraire, nous a effrayés par la peur de l'enfer, par une lugubre fantasmagorie de diables happant au passage l'âme du pécheur, par les simulacres funèbres des sépulcres, par les images des squelettes et des vers du cercueil rongeant la chair corrompue, enfin par les danses macabres. La mort en fut bien aggravée.

C'est au xviiie siècle seulement que les tombeaux cessèrent d'être horribles. Surmontés d'urnes gracieuses et d'amours en fleurs, ils ornaient les jardins anglais et les parcs à la mode. Quand la belle et bonne madame de Sabran visita le tombeau de Jean-Jacques dans l'île d'Ermenonville, elle fut toute surprise de n'éprouver que des impressions douces et paisibles. Ce tombeau, se disait-elle, invite au repos. Et elle écrivit aussitôt à Boufflers, son ami : « J'avais quelque envie d'être à la place de Rousseau ; je trouvais ce calme séduisant, et je pensais avec chagrin que je ne serais pas même libre un jour de jouir de ce bonheur-là, tout innocent qu'il est. Notre religion a tout gâté avec ses lugubres cérémonies, elle a pour ainsi dire personnifié la mort ; les anciens ne souffraient point de cette image horrible que nous présente notre destruction. » Madame de Sabran avait raison. Les anciens mouraient plus naturellement que nous. Ils quittaient la vie avec facilité parce qu'ils la quittaient sans trop craindre ni trop espérer. Les choses souterraines ne les touchaient guère, et ils ne se figuraient point que cette vie fût une préparation à l'autre. Ils disaient : J'ai vécu. Le chrétien mourant dit : Je vais enfin vivre. L'idée païenne de la mort est bien marquée dans les stèles funéraires de beau style grec, qui représentent les morts assis, beaux et paisibles. Parfois un ami vivant, une femme qu'ils ont laissés sur la terre viennent leur poser doucement la main sur l'épaule; mais ils ne peuvent tourner la tête pour les voir. Ils sont à jamais exempts de joie et de douleur. Pour l'antique Hellène, la mort est sûre.

C'est un sommeil sans songes comme sans réveil. Certaines épigrammes de l'*Anthologie* expriment admirablement la paix des tombes antiques. On y dort bien. Et si les ombres parlent, elles ne parlent que des choses de la terre. Elles n'en savent point d'autres. Écoutez ces paroles échangées il y a deux mille ans sur quelque route parfumée de myrtes, bordée de blancs tombeaux, entre un voyageur et l'ombre d'une jeune femme :

« Qui es-tu, de qui es-tu fille, ô femme couchée sous ce cippe de marbre? — Je suis Praxo, la fille de Callitèle. — Où es-tu née? — A Samos. — Qui t'a élevé ce tombeau? — Théocrite, qui délia ma ceinture. — Comment es-tu morte? — Dans les douleurs de l'enfantement. — Quel âge avais-tu? — Vingt-deux ans. — Laisses-tu un enfant? — Je laisse un fils de trois ans, le petit Callitèle. — Puisse-t-il arriver à l'âge où l'on honorera ses cheveux blancs? — Et toi, passant, que la fortune te donne tout ce qu'on souhaite en cette vie! »

Voilà des êtres bienveillants! Et comme la morte et le vivant sont encore du même monde! Cette bonne Praxo, du fond de son tombeau, ne connaît qu'une seule vie, celle de la terre. La mort, ainsi comprise, était quelque chose d'extrêmement simple.

Aussi ne faut-il pas s'étonner si les tombeaux antiques ne présentent point aux yeux des images lugubres. Deux jeunes savants du plus grand mérite, MM. Edmond

Pottier et Salomon Reinach, ont exploré dans les années 1880, 1881 et 1882 la nécropole de l'antique Myrina, une des villes amazoniennes de l'Éolide, sur le sol de laquelle végète maintenant un misérable village turc. Myrina ne fut jamais ni très illustre ni très riche. Ses citoyens vivaient obscurément avant d'aller dormir leur éternel sommeil dans le tuf crayeux où leurs tombes étaient creusées. MM. Edmond Pottier et Salomon Reinach ont fouillé ces tombes avec un zèle que rien ne put ralentir. Un brillant élève de l'École d'Athènes, Alphonse Veyries, qui partageait leurs travaux et leurs fatigues, y succomba. Il mourut à Smyrne le 5 décembre 1882. Les survivants viennent de publier le résultat de ces fouilles fructueuses. La nécropole de Myrina, dont ils ont exploré méthodiquement une grande partie, reçut des corps pendant les deux siècles qui ont précédé l'ère chrétienne.

Beaucoup de ces corps furent brûlés. Quelques-uns ne le furent qu'en partie, mais la plupart étaient mis en terre sans avoir subi les atteintes du feu. De tout temps on a volontiers enterré les morts. Ce n'est pas difficile et cela ne coûte rien. Au contraire le bûcher, dont les élégiaques latins nous ont décrit la célèbre magnificence, ne s'élevait qu'à grands frais. On a trouvé, dans les tombes de Myrina, des objets usuels, tels que miroirs, spatules et strigiles; des parures et des diadèmes, des coupes, des plats, des fioles, des pièces de monnaie et des statuettes de terre cuite. Pieuse illusion! Les Myriniens se plaisaient à laisser au mort, dans son existence souterraine, les objets familiers parmi lesquels il avait passé sa vie. C'est ainsi qu'ils abandonnaient aux femmes, dans la tombe, un miroir et un pot de fard, persuadés que l'ombre d'une femme se mire et se met du rouge encore avec plaisir. Ils ceignaient les morts de diadèmes d'or. Ce n'était pas sans doute pour leur déplaire. Mais tout en les honorant, ils les trompaient quelque peu. Ces lames d'or étaient si minces qu'un souffle les eût réduites en poudre, et les baies des lauriers funèbres n'étaient que des boules de glaise dorée. Les bons Myriniens savaient que les morts ne sont pas difficiles et que, pourvu qu'on les ensevelisse, ils ne reviennent jamais. C'est pourquoi ils se tiraient d'affaire avec eux au meilleur compte. Ils leurs mettaient dans la bouche l'obole de Caron. C'était une méchante pièce d'airain. MM. Pottier et Reinach n'ont pas trouvé une seule médaille d'or ou d'argent.

Quant à la coutume des offrandes funéraires, il en restait quelques traces au IIe et au IIIe siècle avant l'ère chrétienne. Les hommes plus anciens et plus naïfs portaient à manger et à boire à leurs amis morts. En souvenir de ces vieux rites, les Myriniens déposaient parfois dans les tombes des tables de terre cuite, grandes comme le creux de la main, et sur lesquelles étaient figurés des gâteaux, des raisins, des figues et des grenades. Ils y ajoutaient des petites bouteilles d'argile qui n'étaient même pas creuses. Ces gens-là ne croyaient plus que les morts eussent faim ni soif, ils les jugeaient insensibles et pourtant, ils ne pouvaient s'imaginer que des êtres qui avaient senti eussent perdu tout à fait le sentiment.

Les habitants de Myrina étaient des hommes comme nous : ils tombaient dans d'inextricables contradictions. Ils savaient que les morts sont morts et ils se persuadaient parfois que les morts sont vivants. Par une pieuse coutume que nous devons bénir, car elle a gardé à notre curiosité des vestiges charmants de l'art des coroplastes, les Grecs jetaient dans les tombes de leurs morts bien-aimés des petites figures de terre cuite représentant des dieux ou seulement des hommes, et même parfois de pauvres petits hommes contrefaits et ridicules. Le sens de cet usage ne saurait être exactement précisé. Nous savons qu'il était très répandu sur le continent et dans les îles. Ce ne pouvait être qu'un usage religieux. Il est vrai qu'on trouve, parmi les figurines offertes aux morts, des masques comiques, des bouffons, des esclaves, des jeunes femmes coquettement attifées. Mais c'est, en somme, le panthéon oriental et funéraire qui domine dans ces délicats monuments d'un art plein de fantaisie. Peut-être que les limites entre le divin et l'humain n'étaient pas très nettes dans l'esprit d'un Myrinien du IIe siècle avant l'ère chrétienne. Quoi qu'il en soit, tant religieuses que profanes, les figurines de terre cuite ne sont pas rares dans la nécropole explorée par MM. Pottier et Reinach. Ces deux savants pensent que les Myriniens brisaient eux-mêmes ces offrandes en les apportant. « En un grand nombre de cas, disent-ils dans le récit de leurs fouilles, les statuettes étaient couchées face contre terre, privées de la tête ou d'un membre, qu'on retrouvait du côté opposé ; ce qui semble bien indiquer le mouvement d'une personne qui, se tenant au bord du tombeau, casserait en deux l'objet qu'elle tient et jetterait de chaque main un des morceaux dans la fosse. » Que signifiait ce rite funèbre ? Pourquoi mutilaient-ils ainsi ces petites images humaines ou divines ? On ne sait..

Elles sont pour la plupart extrêmement curieuses. Le Louvre en possède une partie. Plusieurs sont charmantes ; presque toutes ont de l'agrément. Pourtant elles ont perdu leurs vives couleurs. Primitivement toutes étaient peintes. Au sortir du four on les trempait dans un bain de lait de chaux, puis on les recouvrait de teintes claires parmi lesquelles dominaient le bleu et le rose. Ainsi, harmonieuses et vives dans leur fraîche nouveauté, elles réalisaient ce rêve de statuaire polychrome si cher de nos jours à l'érudit sculpteur, M. Soldi.

Bien différentes des figurines de Tanagra, qui gardent je ne sais quoi de sévère dans la coquetterie même, les terres cuites de Myrina expriment tout le sensualisme et tout l'énervement de l'Asie. L'artiste aime à marquer en lignes molles et douces l'incertitude du sexe et il se plaît à modeler des adolescents aux formes féminines. Tel est le joli Éros qu'on peut voir au Louvre, les cheveux bouclés sur le front et coiffé d'une sorte de fanchon. Il incline doucement sa tête charmante. Il vole — car il a des ailes. Sa tunique ouverte laisse voir ses jambes presque mâles, qui conviendraient à une Diane. On dirait une âme voluptueuse, ou plutôt un esprit très sensuel et très subtil, le rêve pervers d'un délicat. M. Pottier (dont les notices, je le dis en passant, sont d'excellents mémoires d'archéologie et d'art) m'apprend que cet Éros apporte un pot de fard à sa mère. Mais il est lui-même le fard et les onguents de la beauté : il est l'éternel désir. C'est par lui que Vénus est belle.

Les coroplastes de Myrina ont beaucoup de goût pour les figures ailées. Leur art, extrêmement sensuel, est en même temps très idéal. Ils excellent à donner un mouvement sublime à des formes voluptueuses. Ils mêlent avec une fantaisie étrange la grâce céleste et la langueur mortelle, en sorte que cet art est à la fois aphrodisiaque et presque douloureux. C'est le rêve des sens, mais c'est le rêve encore. Ces Éros, ces Atys beaux comme des vierges, ces Aphrodites nues, ces Sirènes funéraires, ces Victoires mêlées aux Éros dans le cortège de l'amante divine d'Adonis, ces Bacchus et ces Ménades, enfin tous ces petits dieux peints de fraîches couleurs, je les vois en imagination rangés, tout neufs, dans la boutique de l'humble coroplaste, comme aujourd'hui les Vierges et les Saint-Joseph dans les vitrines des magasins de la rue Saint-Sulpice. Ce devait être la joie des bonnes petites filles et des vieilles femmes d'alors.

Il y a une frappante analogie entre les terres cuites de Myrina et les figurines de plâtre peint qu'on vend dans le voisinage de nos églises catholiques. C'est un nouveau personnel divin qui a été substitué à l'autre et qui répond aux mêmes besoins des âmes. La petite Aphrodite, sortant de l'onde, la Déméter et la Cora des mystères antiques ont été remplacées par Notre-Dame des Victoires avec l'enfant Jésus, par l'Immaculée Conception, dont les mains ouvertes répandent des grâces sur le monde, et par la jeune Notre-Dame de Lourdes, qui porte une écharpe bleue sur sa robe blanche. Les Aphrodites étaient mieux modelées et d'un bien meilleur style; les bonnes vierges sont plus chastes. Mais Vénus et vierges ont également apporté de l'idéal aux simples. Les dévots ont moins changé qu'on ne croit. Des deux parts, c'est la même puérilité touchante, et le paganisme de la rue Saint-Sulpice ne le cède en rien pour la candeur et pour une sorte de sensualisme innocent à celui des coroplastes de Myrina. Dans l'un comme dans l'autre les grandes idées divines sont exclues. On ne trouve pas plus Zeus à Myrina qu'on ne rencontre Dieu le père chez nos marchands de bonnes vierges.

C'est pourquoi il me semble qu'une dévote de Myrina, si elle revenait subitement à la vie, ne serait pas trop dépaysée au milieu des innombrables statuettes de piété qui représentent toutes les personnes de la nouvelle mythologie chrétienne. Elle ferait, sans doute, quelques identifications audacieuses. Mais elle ne se tromperait guère, je crois, sur le sentiment général de ces minces symboles. Elle en comprendrait tout de suite la grâce attendrie.

LA GRANDE ENCYCLOPÉDIE [1]

L'Allemagne et l'Angleterre possèdent de bonnes encyclopédies qu'on tient soigneusement au courant. Le *Conversations-Lexikon* de Brockhaus notamment est un excellent répertoire des connaissances humaines. La France n'avait rien qui approchât du Brockhaus. L'*Encyclopédie Didot*, commencée en 1824 et terminée en 1863 a beaucoup vieilli. Le *Grand Dictionnaire* de P. Larousse manque absolument de critique et de sérieux. Un nouvel inventaire des sciences et des arts était attendu par tous ceux qui ont le besoin ou l'amour de l'étude. Mais de semblables entreprises sont pénibles et ingrates. L'établissement seul du plan dévore des années, l'exécution de ce plan exige une organisation puissante et le concours de beaucoup de forces. C'est pourquoi il faut

---

1. *Inventaire raisonné des sciences, des lettres et des arts*, par une société de savants et de gens de lettres, t. Ier à V, in-4°. H. Lamirault, éditeur.

se réjouir de voir paraître une nouvelle encyclopédie, conçue dans un esprit vraiment scientifique. La direction de cette œuvre a été confié à des savants tels, que MM. Berthelot, Hartwig Derembourg, Giry, Glasson, Hahn, Laisant, H. Laurent, Levasseur, H. Marion, Müntz, A. Waltz. M. Camille Dreyfus, délégué comme secrétaire, active l'entreprise. Enfin, la liste des collaborateurs comprend déjà plus de trois cents noms connus et estimés. La *Grande Encyclopédie* est loin d'être terminée. Elle n'a encore rempli qu'une faible partie du vaste cercle qu'elle s'est tracé ; elle a terminé son cinquième volume et attaqué la lettre B, qui est, comme on sait, une des plus riches de l'alphabet. C'est assez déjà pour qu'on puisse juger du mérite de l'œuvre. Cette encyclopédie est conduite avec beaucoup de méthode. Les directeurs et les rédacteurs y font œuvre de science. Ils ont recherché l'exactitude et l'impartialité. La pratique de cette dernière vertu a pu coûter à quelques-uns d'entre eux, mais tous l'ont observée. Le secrétaire général, M. Camille Dreyfus lui-même, avait donné l'exemple.

Quelques-uns des articles publiés dans les cinq premiers volumes sont de véritables mémoires. Il m'a semblé que les questions militaires étaient traitées, notamment, avec soin et dans de grands détails.

Des figures rendent, au besoin, le texte plus clair, et de bonnes cartes en couleurs accompagnent les articles géographiques. Enfin, ce qui donne un prix particulier à ce grand ouvrage, c'est, à mon sens, la bibliographie sommaire qui est placé au bas de chaque article. Les indications de ce genre permettent aux curieux de faire des recherches sur les points qui les intéressent.

Pour montrer à M. Lamirault que j'ai feuilleté avec intérêt les cinq gros volumes dont l'exécution matérielle lui fait honneur, je présenterai deux observations assez minutieuses. La première a trait à l'article AVARAY (comte d'). Il s'agit de ce comte d'Avaray à qui le comte de Provence montrait tant d'amitié. L'auteur de cet article a omis d'indiquer dans sa bibliographie la *Relation d'un voyage à Bruxelles et à Coblentz*, dont l'auteur n'est autre que Louis XVIII lui-même. Pourtant ce livre constitue la source principale de la biographie du comte d'Avaray. Mon second grief est un peu plus sérieux. Il porte sur la biographie d'une fausse Jeanne d'Arc, la dame des Armoises. Le rédacteur a confondu deux personnes distinctes. Il lui suffisait de lire la *Jeanne d'Arc à Domrémy* de M. Siméon Luce pour ne pas tomber dans cette méprise. Voilà de bien petites chicanes.

Quelle belle chose aussi qu'une encyclopédie bien faite! Et que de richesses contiendra ce nouvel inventaire de nos sciences! Le cercle des connaissances humaines s'est merveilleusement agrandi depuis un demi-siècle. Notre vue atteint aujourd'hui des phénomènes qu'on ne soupçonnait pas avant nous. Pour nous en tenir nous aussi à la lettre A, la plus noble des sciences, l'astronomie, nous a fait coup sur coup des révélations étonnantes; elle nous a montré dans la sphère lumineuse du soleil des bouleversements dont nous n'avons pas l'idée, nous qui vivons sur une très petite planète, en somme assez paisible. Imaginait-on, il y a seulement vingt-cinq ans, qu'il se fît sur le tissu gazeux dont s'enveloppe le soleil des déchirures mille fois grandes comme la terre et qui se réparent en quelques minutes? Il ne reste plus rien de ce ciel incorruptible décrit dans les antiques cosmogonies. Nous savons aujourd'hui que les espaces éthérés sont le théâtre des énergies qui produisent la vie et la mort. Nous savons que les étoiles s'éteignent; nous savons même à quels signes on peut annoncer la mort d'un astre. Une étoile qui ne brille plus que d'un éclat rouge et fumeux va bientôt mourir. Mais qu'est-ce que mourir, sinon renaître? La mort d'un soleil n'est peut-être que la naissance d'une planète. Quant aux planètes, elles ne sont pas exemptes de la caducité universelle. Elles périssent à l'heure marquée et l'on a observé, non loin de la terre, les débris épars de la planète de Képler. Tout est en mouvement dans l'univers, ou plutôt tout est mouvement. Les étoiles, qu'on croyait fixes, nagent dans le ciel avec la rapidité de l'éclair. Et pourtant nous ne les voyons pas bouger. Comment cela se peut-il faire? Écoutez : Voici un boulet; au moment où il est lancé hors du canon, sa surface est modifiée par des agents chimiques d'une grande puissance, elle se couvre de germes féconds; une flore et une faune infiniment petites y naissent : ce boulet est devenu un monde. Après bien des efforts et d'innombrables essais, des types d'une animalité supérieure s'y produisent et tendent à s'y fixer.

Enfin, des êtres intelligents y voient le jour. Ils ont soif d'aimer et de connaître. Ils mesurent leur monde et l'immensité de ce monde les étonne. Leur intelligence est pleine d'inquiétude et d'audace. Armés d'appareils puissants, ils se mettent en communication avec cette partie de l'univers dans laquelle ils sont lancés. Ils sondent l'espace, ils découvrent des formes inintelligibles dans l'infini, ils distinguent, sans connaître leur véritable nature, quelques soldats des deux armées, un moulin et le clocher vers lequel ils se dirigent à leur insu. Ils parviennent même à mesurer approximativement quelques distances. Mais ils se figurent que le monde dont ils peuplent la superficie est suspendu immobile dans l'espace et que les figures inconnues qu'ils distinguent à peine au sein de l'infini sont également immobiles. Et comment auraient-ils une autre impression, puisque la vie de chacun d'eux est si courte qu'ils l'accomplissent tout entière, avec ses joies et ses douleurs et ses longs désirs, avant que ce boulet, leur monde, ait franchi une partie appréciable de l'espace. Ce qui est un moment dans le trajet du projectile est pour eux une longue suite de siècles. Pourtant, comme ils sont géomètres, leurs savants finissent par s'apercevoir que la sphère qu'ils habitent, immobile en apparence, est animée en réalité d'un mouvement très rapide et que les corps lointains qu'ils découvrent aux confins de leur univers sont également animés de mouvements propres. Peu à peu, sous l'action de causes très complexes, le boulet devient inhabitable, l'intelligence, puis la vie s'y éteignent, et ce n'est plus qu'une masse inerte quand il va se loger avec fracas dans le clocher d'une pauvre église de village. Aucune des générations innombrables qui l'avaient habité dans sa période féconde n'avait soupçonné ni le point du départ, ni le point d'arrivée, ni le but du voyage. Les sages du boulet avaient dit avec raison : « Il faut renoncer à connaître l'inconnaissable. » Mais les âmes anxieuses jetées par l'aveugle destinée sur le projectile en marche avaient tour à tour adoré et blasphémé Dieu, cru, douté, désespéré. Là, des âges immémoriaux s'étaient déroulés en trois de nos secondes. Ce boulet, c'est la terre, et la race intelligente qui y accomplit ses riches destinées d'un instant, c'est l'humanité. Nous sommes trop petits pour regarder voler les astres. Pourtant, ils volent comme des oiseaux de mer, en cercles harmonieux. Nous durons trop peu de temps pour voir les constellations changer de figure. La Grande Ourse nous semble à jamais immobile. Pourtant, la Grande Ourse, dans quelques milliers de siècles, présentera aux habitants de la Terre un visage nouveau. Mais les amants d'alors, qui la contempleront en se tenant par la main, la salueront aussi tout frissonnants, comme l'immuable témoin de leur joie éphémère. Et l'humanité aura vécu sans savoir d'où viennent et où s'en vont ces papillons dont le ciel est le jardin.

Depuis peu, l'astronomie a jeté de nouveaux épouvantements dans l'imagination des hommes. Elle nous a montré une petite étoile qui vacille et elle nous a dit : « Celle-ci du moins est notre voisine, et de toutes la plus rapprochée. C'est l'*alpha* du Centaure. Si les astres se parlent entre eux, notre soleil ne doit guère avoir de secrets pour cette étoile : ils se touchent pour ainsi dire. Eh bien, un rayon de l'*alpha* du Centaure, voyageant avec une vitesse de 79 000 lieues par seconde, met trois ans et demi à nous parvenir. Les autres étoiles sont plus éloignées. La belle flamme rouge de Sirius emploie dix-sept ans à venir jusqu'à nous. Sirius est encore un voisin. Mais il est telle étoile qui peut être éteinte depuis des siècles et dont nous recevons encore la lumière. Ainsi les lueurs innombrables que nous envoie le ciel des nuits ne sont pas contemporaines. Tous ces beaux regards nous parlent de passés divers. Quelques-uns nous parlent d'un passé insondable. Tel rayon qui vient aujourd'hui caresser nos yeux voyageait déjà dans le ciel quand la terre n'existait pas encore. Immensité du temps et de l'espace! Distinguez-vous ce point lumineux, si pâle dans cette poussière de mondes? C'est une nébuleuse, située aux confins de l'univers visible. Et voici que le télescope la décompose en des milliers d'étoiles. Ce point, c'est un autre univers, plus grand peut-être que le nôtre. Ce grain de sable est à lui seul autant et plus que tous les astres de nos nuits.

Cette immensité, la science la ramènera à l'unité. L'analyse spectrale nous fera connaître la composition chimique des étoiles. Elle nous apprendra que les substances qui brûlent à la surface de ces astres lointains sont celles mêmes dont est formé notre soleil. Ces substances se retrouvent toutes sur la terre qui est la filles, du soleil, la chair de sa chair. En sorte que cette goutte de boue où nous vivons contient pourtant en elle tout l'univers.

Il était temps que l'astronomie physique nous apportât cette révélation et nous montrât notre infini quand nous ne voyions plus que notre néant. La Terre n'est rien, mais ce rien possède les mêmes richesses que Sirius et la Polaire. Les pierres mêmes qui nous sont tombées du ciel ne nous ont rien apporté d'inconnu.

La chimie contemporaine aussi s'est fait une idée nouvelle et philosophique des choses. Son analyse subtile a si bien pénétré les corps qu'ils se sont tous évaporés. Elle a relégué la matière au rang des grossières apparences. Elle a montré que la substance n'était pas, que rien n'existait en soi, qu'il n'y a que des états, et que ce qu'on nommait substance n'est qu'un insaisissable Protée. Elle a fondé le dogme de l'instabilité universelle. Elle a dit : « Chaleur, lumière, électricité, magnétisme, affinité chimique, mouvement sont les apparences diverses d'une même réalité encore inconnue. L'illusion, l'éternelle illusion révèle seule le dieu caché. La nature ne nous apparaît que comme une vaste fantasmagorie et la chimie n'est que la science des métamorphoses. Il n'y a plus ni gaz, ni solides, ni fluides, il y a seulement le sourire de l'éternelle Maïa. »

La chimie, donnant la main à la physiologie, a reconnu que la matière organique n'était point distincte dans son principe de la matière inerte, ou plutôt qu'il n'y avait point de matière inerte et que la vie avec le mouvement étaient partout.

La physiologie philosophique s'applaudit de ramener au même type la vie animale et la vie végétale, en constatant chez la plante la motilité, la respiration et le sommeil.

L'homme est aujourd'hui plus intimement rattaché à la nature. Sans parler des grandes hypothèses formées sur ses origines, l'archéologie préhistorique lui rappelle ses humbles commencements et ses longs progrès. Elle le montre misérable et nu, et pourtant ingénieux déjà, au temps du mammouth, dans les cavernes qu'il disputait aux grands ours. On sait maintenant de science certaine ce que ces Grecs pleins de sens avaient deviné quand ils firent de beaux contes sur les satyres et sur Héraclès, vainqueur des monstres. La science du langage, rattachée aux sciences naturelles, les égale désormais en précision. De nouvelles méthodes historiques sont inaugurées. L'étude des microbes fournit à la médecine pratique de nouveaux moyens d'action ; les progrès de la physiologie donnent à la chirurgie une audace effrayante et pourtant heureuse. La neurologie provoque et systématise des phénomènes nerveux dont l'étrangeté semble tenir du prodige. De grandes découvertes appliquées à l'industrie changent les conditions mêmes de la vie.

Et quel temps fut jamais si fertile en miracles ?

Que de richesses pour la *Grande Encyclopédie* et qu'il nous tardait de voir enfin dresser un inventaire exact de nos connaissances !

M. HENRI MEILHAC

A L'ACADÉMIE FRANÇAISE

En préférant M. Henri Meilhac à deux concurrents tout à fait académisables, l'Académie a fait un choix hardi, brillant, heureux, qui plaît par sa crânerie même. L'Académie ne risque rien à ressembler au ciel où l'on arrive par diverses voies. L'Église triomphante accueille, à côté des saints de profession, d'aimables pécheurs prédestinés au salut éternel. Elle gagne, à cette pratique, de mettre une agréable diversité parmi les élus. S'il n'y avait qu'une sorte d'académiciens et qu'une sorte de bienheureux, l'Académie et le Paradis seraient monotones.

Ne le dites pas, mais je me sens au fond du cœur une inclination secrète pour les prédestinés qui, comme sainte Marie l'Égyptienne et comme M. Meilhac, furent élus par un coup éclatant de la grâce, alors qu'ils n'y pensaient point et même qu'ils pensaient à tout autre chose. Et qui ne sent que la grâce est meilleure que la justice?

Oui, MM. les académiciens ont fait un excellent choix. Savent-ils même jusqu'à quel point leur choix est excellent? Savent-ils que l'auteur de *Gotte* est un rare et charmant esprit; qu'il est attique à sa façon, et que cette façon est des meilleures, car elle est naturelle? Se sont-ils bien dit que M. Henri Meilhac alliait, dans ses œuvres faciles, la vérité à la fantaisie et le comique audacieux à l'observation juste?

Voilà un bon choix. Il en faut de tels. Il en faut aussi de mauvais, il en faut de détestables. Ce n'est point un paradoxe d'affirmer que les mauvais choix sont nécessaires à l'existence de l'Académie française. Si elle ne faisait pas dans ses élections la part de la faiblesse et de l'erreur; si elle ne se donnait pas quelquefois l'air de prendre au hasard, elle se rendrait si haïssable qu'elle ne pourrait plus vivre. Elle serait dans les lettres françaises comme un tribunal au milieu de condamnés. Infaillible, elle paraîtrait odieuse. Quel affront pour ceux qu'elle n'accueillerait pas, si l'élu était toujours le meilleur! La fille de Richelieu doit se montrer un peu légère pour ne pas paraître trop insolente. Ce qui la sauve, c'est qu'elle a des fantaisies. Son injustice fait son innocence, et c'est parce que nous la savons capricieuse qu'elle peut nous repousser sans nous blesser. Il lui est parfois si avantageux de se tromper que je suis tenté de croire qu'elle le fait exprès. Telle de ses élections désarme l'envie. Puis, au moment où l'on désespérait d'elle, elle se montre ingénieuse, libre et perspicace. Il est bien vrai qu'il faut, dans toutes les choses humaines, faire la part du hasard.

UN POÈTE OUBLIÉ

SAINT-CYR DE RAYSSAC

M. Théodore de Banville dit communément que les hommes ont besoin de poésie autant que de pain. Je serais tenté de le croire : les paysans, qui ne savent rien, savent des chansons et l'amour des vers est naturel aux personnes bien nées. Je l'ai bien vu l'autre jour quand j'ai reçu vingt lettres me demandant quel était ce Saint-Cyr de Rayssac dont j'avais cité un si beau sonnet [1].

J'ai goûté alors, je vous assure, plus de joie que je n'en avais encore éprouvé dans toute ma carrière littéraire. Je me suis dit : Il n'est donc pas tout à fait vain d'écrire ! Ces petits signes noirs que nous jetons sur le

---

[1]. Le sonnet sur le *Génie du sommeil éternel*, voir plus haut, p. 84 de ce volume.

papier vont donc répandre par le monde l'émotion qui nous agitait quand nous les tracions. Il y a donc des esprits qui correspondent à notre esprit, des cœurs qui battent avec notre cœur! Ce que nous disons répond quelquefois dans les âmes.

C'est ainsi que j'ai eu le bonheur de faire goûter, aimer quatorze beaux vers jusque-là inconnus et comme inédits. On m'a écrit de Paris, de Rome, de Bucarest : Quel est donc ce Saint-Cyr de Rayssac? Ses poésies ont-elles été publiées? Je réponds d'abord à la seconde question. Les poésies de Saint-Cyr de Rayssac ont été publiées en 1877, chez l'éditeur Alphonse Lemerre, avec une préface d'Hippolyte Babou. Quant au poète lui-même, je dirai avec plaisir ce que je sais de lui et pourquoi je l'aime.

Saint-Cyr de Rayssac naquit à Castres en 1837. Son père, cadet d'une vieille famille albigeoise, fier comme Artaban et pauvre comme Job, avait épousé, à quarante ans, après d'innombrables aventures d'amour, une innocente jeune fille, mademoiselle Noémi Gabaude. Royaliste et duelliste d'inclination, il était devenu directeur des postes par l'injure du sort. C'était un mari prodigieusement jaloux. Ses perpétuelles fureurs terrifiaient la pauvre créature, qui l'adorait en tremblant. Quand il la vit enceinte, ses soupçons redoublèrent : « Malheur à vous, lui criait-il, si votre enfant n'a pas les yeux bleus! » Et la pauvre femme, frissonnant et pleurant, priait Dieu de bleuir les prunelles du petit enfant qu'elle portait dans son sein.

— Et voilà pourquoi j'ai les yeux bleus, disait parfois Saint-Cyr avec un sourire mélancolique. Mais voilà aussi pourquoi je suis venu au monde deux mois avant terme, et si chétif qu'on me croyait perdu.

N'ayant pu le porter assez longtemps, sa mère le couva si bien qu'il vécut. Il annonça dès l'enfance une âme ardente et tendre. A l'âge de douze ans, transplanté avec sa famille dans le Lyonnais, à Saint-Chamond, où son père venait d'être nommé directeur des postes, il dévora la bibliothèque publique que Saint-Chamond doit à la libéralité posthume de Dugas-Montbel, son plus illustre enfant. Le bon Dugas-Montbel, qui traduisit Homère avec simplicité, avait rassemblé les monuments de la poésie et de l'art antiques. Au milieu de ces nobles richesses, Saint-Cyr sentit l'amour du beau gonfler son cœur adolescent. On dit qu'en même temps la beauté vivante commençait à le troubler et qu'il était dès lors irrévocablement destiné à d'exquises souffrances.

Ses études terminées, il vint à Paris. Mais bientôt il fut appelé au chevet de son père mourant. Il perdit presque en même temps son frère cadet, qui revint du Mexique blessé mortellement. Assombri par ce double deuil, il alla chercher en Italie la divine consolation. L'Italie le reçut comme une mère. Au soleil de Florence il chanta. Il ne fit que passer, mais il emportait les ardentes images du beau. En quittant Florence, il lui laissa pour adieu un de ces sonnets à la fois précieux et négligés dans lesquels il coulait volontiers sa pensée :

> Hôtesse aux bras ouverts, qui me jetais des fleurs,
> Toi, l'amante d'un jour que jamais on n'oublie,
> Qui, dès les premiers pas, fais aimer l'Italie,
> Son ciel et sa beauté, sa gloire et ses malheurs,
>
> Oh! sans doute le temps a fané tes couleurs:
> Mais tu gardes encor sous ta mélancolie
> Ce parfum d'élégance et d'amitié polie
> Qu'on cueille sur ta bouche et qu'on emporte ailleurs.
>
> Pour tous les souvenirs tu tiens une merveille.
> Ton enceinte riante est comme une corbeille,
> Les festons sur le bord, les perles au milieu.
>
> Bref, ton charme est si doux, colline de Florence,
> Que je trouvai des pleurs, et je venais de France,
> Des pleurs pour te bénir en te disant adieu.

Il resta plus longtemps à Rome, dont il aimait les splendeurs et les ruines. La désolation de la campagne romaine le charmait infiniment :

> A peine à l'horizon voit-on sur un coteau
> Quelques buffles errants, que le pâtre abandonne
> Pour se coucher en paix sur un fût de colonne
> Et dormir au soleil, drapé dans un manteau.
> . . . .
> Au ciel, pas un soupir, pas un battement d'ailes :
> C'est bien la majesté des douleurs éternelles
> Qui n'ont plus rien à dire et plus rien à pleurer.

C'est à Rome que Saint-Cyr de Rayssac eut la plus abondante révélation de la beauté. Son âme débordait d'enthousiasme. Tantôt il visitait pieusement les chambres de Raphaël au Vatican et s'exaltait dans la contemplation d'un art idéaliste :

> Sages sous le portique, apôtres au concile,
> Tous ils portent au front la lumière subtile,
> Le voile transparent de l'immortalité.

Tantôt il adorait la *Vénus du Capitole*, « cette blanche
goutte d'écume », toute pure de la pureté de ses formes,
qui n'a de charnel,

> Que son geste impudique et ses cheveux défaits,

et que revêtent comme des voiles augustes l'harmonie
et la grâce. Saint-Cyr de Rayssac, à Rome, se promène
avec ivresse des marbres antiques aux fresques de la
Renaissance. Il admire également l'art grec et l'art
chrétien. Pourtant, il réserve peut-être ses plus intimes
tendresses à ces statues issues ou inspirées de l'esprit
hellénique et qui ont apporté au monde cette chose
incomparable : le divin naturel. Quelle force l'entraînait
vers la *Vénus du Capitole* et le *Génie du sommeil
éternel*? Celle-là même qui, dans les années d'adolescence, lui faisait pressentir l'amour et la beauté sous la
poussière des livres amassés par le vieux Dugas-
Montbel, l'union féconde du sensualisme et de l'idéal,
la généreuse ardeur qui fait le génie des Prud'hon et
des Chénier. L'âme méditative de Saint-Cyr de Rayssac
était servie par des sens exquis. C'est pourquoi il sentait
si fortement la caresse des lignes et la divinité des
formes. Il y avait aussi dans son génie une fierté, une
pudeur que seul l'art hellénique contentait pleinement.
Il savait gré aux sculpteurs antiques de leur sublime
impassibilité :

> S'ils eurent l'âme triste ou le front radieux,
> Ils ne l'ont jamais dit aux marbres de l'Attique.

Aussi, quand enfin il lui faut quitter sa Rome bien-aimée, il revient s'attendrir une dernière fois dans cette salle où la Muse est si belle.

Il s'écrie :

Oh! si ses bras chéris pouvaient enfin s'ouvrir!

Je crus un instant, ajoute-t-il,

Je crus que son regard mélancolique et tendre
Pour tomber dans le mien venait de s'allumer.

Puis, étonné, honteux de son généreux blasphème, il craint d'avoir offensé la Muse.

Pardonne, pardonne, j'étais fou de tendresse;

Et je te vis sourire à force de t'aimer!

A son retour d'Italie, Saint-Cyr de Rayssac fréquenta l'atelier d'un artiste lyonnais, bien oublié aujourd'hui, Janmot, qui s'honorait de l'amitié d'Ingres, de Flandrin et de Victor de Laprade.

C'était un peintre mystique d'une grande distinction. Il peignait des anges. Volontiers il leur donnait la figure d'une de ses élèves, âgée de seize ans, pupille de madame Janmot, née de Saint-Paulet. Cette jeune fille royaliste, catholique ardente, étudiait avec zèle la musique et la peinture, dans cet atelier où régnait le calme des sanctuaires. Saint-Cyr de Rayssac, tout plein des images de l'art italien, vit en elle un de ces anges qui, descendus du ciel, ramassaient le pinceau échappé des mains de Fra Angelico et peignaient la fresque pendant le sommeil du bon moine. Il l'aima, l'épousa et l'aima encore.

Tous ceux qui ont connu Madame Saint-Cyr de Rayssac attestent sa rare beauté et son esprit charmant. Son mari l'a peinte en deux vers :

> Française des beaux jours, héroïque et charmante,
> Avec la lèvre humide et le coup d'œil moqueur.

Il dit ailleurs : « On loue votre taille et vos yeux. Rien n'est plus beau ; mais ce qui me charme le plus en vous, c'est votre voix. » Madame de Rayssac avait, en effet, une voix délicieuse. Quelqu'un qui a entendu cette dame a dit : « Quand elle parle, elle chante un peu, comme l'oiseau qui se pose vole encore. » Dès la première jeunesse, au dire du même témoin, elle avait la mémoire ornée et riche. Instruite par son père, qui avait beaucoup vu, et par sa marraine, une des femmes les plus brillantes de la société lyonnaise, elle contait avec beaucoup d'abondance et d'agrément. On lui dit un jour :

— Mais, pour parler ainsi de M. de Villèle et d'Armand Carrel, de M. de Jouy et de Victor Hugo, de madame de Souza et de madame de Girardin, d'Alfred de Musset et de Stendhal, quel âge avez-vous donc ?

Et elle répondit :

— J'ai l'âge de ma marraine, l'âge de mon père et quelquefois le mien.

Les vers d'amour que lui fit Saint-Cyr de Rayssac ont été heureusement conservés. Ils nous apprennent que Berthe (madame de Rayssac se nommait Berthe) était jalouse du passé. C'est un grand malheur auquel les âmes délicates et fières sont sujettes. Elle souffrait cruellement à la pensée que celui qu'elle aimait avait donné jadis à d'autres qu'elle une part du trésor où elle puisait maintenant avec délices. Elle ne put retenir ses plaintes. Le poète lui fit un sonnet pour la consoler.

> Dans ce temps, j'épelais pour mieux savoir te lire,
> Et tous les vieux amours qu'il te plaît de maudire
> Enseignaient à mon cœur quelque chose pour toi.
> . . . .
> Et j'ai mis à tes pieds, virginale maîtresse,
> La brûlante moisson de toute ma jeunesse,
> Le sauvage bouquet fait de toutes mes fleurs.

A son tour, il lui faisait des reproches. Il avait à se plaindre d'elle, puisqu'il l'aimait. Madame de Rayssac était musicienne et peintre avec ardeur. Elle chantait pendant de longues heures et allait dessiner dans son atelier. « Je m'effraye de ces dépenses », disait le poète avec l'accent d'un tendre reproche :

> Ce qu'on donne à la poésie,
> En es-tu sûre, enfant chérie,
> N'est-il pas perdu pour l'amour?

Tels étaient les soucis de ces deux êtres heureux et bons. Mais un jour le poète se réveilla pâle et souffrant. La phtisie l'avait atteint ; elle fit des progrès rapides. Saint-Cyr de Rayssac mourut à Paris le 15 mai 1874, dans sa trente-septième année.

Ses vers furent publiés quatre ans après par les

soins d'Hippolyte Babou. Le public ne les connut pas. Les poètes de métier, je dois le dire, ne les goûtèrent que médiocrement. Saint-Cyr de Rayssac est un poète négligé. Cela ne se pardonnait pas en 1878. Ses sonnets ne sont pas réguliers. Ils sont rimés avec peu d'exactitude. On le vit et l'on ne vit pas que le sentiment en est rare et souvent exquis.

On lui sut mauvais gré d'être de l'école de Musset et de défendre l'auteur des *Nuits*. Musset passait pour léger, on l'en méprisait ; Saint-Cyr ne l'en admirait que plus.

> Oh ! léger ! quelle gloire. — Amis, soyons légers,
> Légers comme le feu, les ailes et la plume,
> Comme tout ce qui monte et tout ce qui parfume,
> Comme l'âme des fleurs dans les bois d'orangers.

Je le reconnais. Saint-Cyr de Rayssac a bien des défauts : chez lui, l'expression est parfois molle et incertaine. Mais il est simple, naturel, harmonieux ; il a le goût excellent, le style pur, le vers facile et chantant. N'est-ce donc rien que cela? Il est profondément, intimement poète. Il a des images neuves. N'eût-il écrit que ces trois vers, sur la *Madeleine* du Corrège, je l'aimerais de tout mon cœur :

> La voilà donc ; pieds nus, la belle pécheresse,
> Pieds nus, cheveux en pleurs, et la tiède paresse
> Gonfle, en les déroulant, les anneaux de sa chair.

Que cela est expressif et senti !

J'ai cité l'autre jour le sonnet *Sur le Génie funèbre*

du Capitole, et la grâce morbide de ces quatorze vers a enchanté l'élite de mes lecteurs. Voici un autre sonnet d'un ton plus grave et non moins touchant :

UNE PIETA

Oh! non, pas un blasphème et pas un désaveu;
Mais je tombe, Seigneur, et je me désespère,
Mais quand ils ont planté le gibet du calvaire,
C'est dans mon cœur ouvert qu'ils enfonçaient le pieu!

Crois-tu que je t'aimais, moi dont le manteau bleu,
T'abrita quatorze ans comme un fils de la terre?
Oh! pourquoi, juste ciel, lui donner une mère?
Qu'en avait-il besoin, puisqu'il était un Dieu?

L'angoisse me dévore; au fond de ma prunelle,
Roule toujours brûlante une larme éternelle
Qui rongera mes yeux sans couler ni tarir.

Seigneur, pardonnez-moi, je suis seule à souffrir.
Ma part dans cette épreuve est bien la plus cruelle,
Et je peux bien pleurer sans vous désobéir.

Je ne sais, mais il me semble que la poésie de Saint-Cyr de Rayssac est originale dans sa simplicité et qu'on y goûte un mélange particulier d'idéalisme et de sensualité. Je me figure que ce poète peut plaire à quelques délicats. Il est tout à fait inconnu. Je serai bien heureux si je l'avais fait goûter de quelques personnes bien douées. Celles-là penseraient de temps en temps à moi et diraient : « Nous lui devons un ami. »

LES TORTS DE L'HISTOIRE[1].

Les philosophes, ont, en général, peu de goût pour l'histoire. Ils lui reprochent volontiers de procéder sans méthode et sans but. Descartes la tenait en mépris. Malebranche disait n'en pas faire plus de cas que des nouvelles de son quartier. Dans sa vieillesse, il distinguait le jeune d'Aguesseau et le favorisait même de quelques entretiens sur la métaphysique; mais un jour, l'ayant surpris un Thucydide à la main, il lui retira son estime : la frivolité de cette lecture le scandalisait. Avant-hier encore, étant assez heureux pour causer avec un philosophe dont l'entretien m'est toujours profitable, M. Darlu, j'eus grand'peine à défendre contre lui l'histoire, qu'il tient pour la moins honorable des œuvres d'imagination.

Aussi n'ai-je pas éprouvé trop de surprise en ouvrant,

---

[1]. *L'Histoire et les Historiens*, essai critique sur l'histoire considérée comme science positive, par Louis Bourdeau. 1 vol. in-8°; Alcan, éditeur.

ce matin, le livre tout à fait solide et puissant dans lequel M. Louis Bourdeau rejette les œuvres des historiens au rang des fables, avec les contes de ma Mère l'oie. D'après M. Bourdeau, comme d'après le moraliste Johnson, l'histoire est un vieil almanach, et les historiens ne peuvent prétendre à une plus haute dignité que celle de faiseurs d'almanachs.

« L'histoire, dit M. Louis Bourdeau, n'est et ne saurait être une science. » Les raisons qu'il en donne ne sont pas sans faire impression sur mon esprit; et il y a, peut-être, quelque raison à cela. Pour tout dire, j'avais essayé de les indiquer avant lui. Je les avais jetées légèrement et par badinage il y a dix ans, dans un petit livre intitulé *le Crime de Sylvestre Bonnard*. Je n'y tenais point. Mais maintenant que je vois qu'elles valent quelque chose, je m'empresse de les reprendre.

« Et d'abord, avais-je dit, dans ce petit livre, qu'est-ce que l'histoire? L'histoire est la représentation écrite des événements passés. Mais qu'est-ce qu'un événement? Est-ce un fait quelconque? Non pas? C'est un fait notable. Or, comment l'historien juge-t-il qu'un fait est notable ou non? Il en juge arbitrairement, selon son goût et son caprice, à son idée, en artiste enfin! car les faits ne se divisent pas, de leur propre nature, en faits historiques et en faits non historiques. Mais un fait est quelque chose d'extrêmement complexe. L'historien représentera-t-il les faits dans leur complexité? Non, cela est impossible. Il les représentera dénués de la plupart des particularités qui les constituent, par conséquent tronqués, mutilés, différents de ce qu'ils furent. Quant aux rapports des faits entre eux, n'en parlons pas. Si un fait dit historique est amené, ce qui est possible, par un ou plusieurs faits non historiques et par cela même inconnus, comment l'historien pourra-t-il marquer la relation de ces faits?

» Et je suppose que l'historien a sous les yeux des témoignages certains, tandis qu'en réalité, il n'accorde sa confiance à tel ou tel témoin que par des raisons d'intérêt ou de sentiment. L'histoire n'est pas une science, c'est un art, et on n'y réussit que par l'imagination. »

Ce sont là, précisément, si je ne me trompe, les idées fondamentales sur lesquelles M. Louis Bourdeau s'appuie pour refuser à l'histoire toute valeur scientifique. Il reproduit cette définition du *Dictionnaire de l'Académie* : « L'histoire est le récit des choses dignes de mémoire. »

Et il ajoute :

« Une définition de ce genre, si elle convient assez aux ouvrages des historiens, ne saurait suffire à l'institution d'une science et, plus on la creuse, moins elle satisfait la raison. Que représentent, dans l'ensemble des développements de la vie humaine, les choses « dignes de mémoire »? Ont-elles une essence propre, des caractères fixes? Nullement. Cette qualification résulte d'une appréciation arbitraire qui échappe à toute règle... Jusqu'où doivent s'étendre, dans le détail, les tenants et aboutissants des choses célèbres? Cela n'est pas indiqué.

La frontière reste indécise. Chacun place des bornes à sa fantaisie. »

Puis, venant à examiner la valeur des témoignages et la créance due à la tradition, M. Bourdeau établit aisément que la constatation des faits par l'historien est toujours une opération malaisée et de succès incertain.

Nous voilà parfaitement d'accord, M. Bourdeau et moi. J'en suis fier, car je tiens l'esprit de M. Bourdeau pour ferme et assuré. Donc il n'y a pas, à proprement parler, de science historique.

Du moins, cette vérité qu'on poursuit en vain quand il s'agit d'établir un événement ancien, pourra-t-on l'atteindre si l'on se borne à constater un fait contemporain? Si le passé nous échappe, pouvons-nous saisir le présent? M. Bourdeau ne le croit pas. Il défend bien aux chroniqueurs et aux mémorialistes de ne point mentir, et il raconte à ce propos l'aventure de Walter Raleigh. Enfermé à la Tour de Londres, cet homme d'État s'occupait à écrire la seconde partie de son *Histoire du monde*. Un jour, il fut interrompu dans ce travail par le bruit d'une querelle qui éclatait sous les fenêtres de sa prison. Il suivit d'un regard attentif les incidents de la rixe et crut s'en être bien rendu compte. Le lendemain, ayant causé de la scène avec un de ses amis qui en avait aussi été témoin et même y avait pris une part active, il fut contredit par lui sur tous les points. Réfléchissant alors à la difficulté de connaître la vérité sur des événements lointains, quand il avait pu se méprendre sur ce qui se passait sous ses yeux, il jeta au feu le manuscrit de son histoire.

Il est à remarquer, toutefois, que cette difficulté de connaître la vérité la plus prochaine a frappé tous les historiens et qu'ils n'ont pas tous brûlé leurs écrits. Entre les esprits pénétrés de l'incertitude universelle, M. Renan se distingue par un sentiment particulier de défiance résignée. Il ne s'est jamais fait d'illusions sur l'irrémédiable incertitude des témoignages historiques :

« Essayons de nos jours, a-t-il dit, avec nos innombrables moyens d'information et de publicité, de savoir exatement comment s'est passé tel grand épisode de l'histoire contemporaine, quels propos s'y sont tenus, quelles étaient les vues et les intentions précises des auteurs ; nous n'y réussirons pas. J'ai souvent essayé, pour ma part, comme expérience de critique historique, de me faire une idée complète d'événements qui se sont passés presque tous sous mes yeux, tels que les journées de Février, de Juin, etc. Je n'ai jamais réussi à me satisfaire. »

Les esprits indulgents prennent leur parti des trahisons de l'histoire. Cette Muse est menteuse, pensent-ils ; mais elle ne nous trompe plus dès que nous savons qu'elle nous trompe. Le doute constant sera notre certitude. Prudemment nous nous acheminerons d'erreurs en erreurs vers une vérité relative. Un mensonge même est une sorte de vérité.

Quant à M. Bourdeau, il ne veut pas être trompé, même sciemment, et il répudie absolument l'histoire.

Il la chasse comme décevante, impudique et dissolue, vendue aux puissants, courtisane aux gages des rois, ennemie des peuples, inique et fausse. Il la remplace par la statistique, qui est proprement « la science des faits sociaux exprimés par des termes numériques ». Plus de beaux récits, plus de narrations émouvantes, seulement des chiffres.

« Les historiens de l'avenir auront surtout pour tâche de recueillir et d'interpréter des données statistiques sur les faits de la vie commune. L'activité de la raison se résout toujours en actes, et l'unique manière de s'en rendre compte est, après les avoir classés par fonctions définies, de les constater au moment où ils s'accomplissent, de les dénombrer dans des conditions déterminées de population, d'époque et de territoire, puis de comparer ces relevés, simultanés ou successifs, de noter les variations de la fonction et d'en tirer les inductions qu'elles comportent. Ainsi seulement on pourra savoir un jour ce que font les multitudes dont l'humanité se compose. »

Désormais, les seuls documents historiques seront les tables de population, les tarifs des douanes, les états de commerce, les bilans des banques, les rapports des chemins de fer. M. Bourdeau se flatte qu'ils tromperont moins que les témoignages invoqués par des historiens tels que Tacite ou Michelet. Il peut avoir raison, bien que la statistique soit elle-même soumise à beaucoup d'incertitudes. Il n'y a pas que les Muses qui mentent..

M. Bourdeau veut que l'histoire, exclusivement consacrée jusqu'ici aux personnages illustres et aux événements extraordinaires, s'attache désormais aux actes journaliers de la vie des peuples. A cet égard, il faut le reconnaître, le prix des fers ou le taux de la rente instruisent mieux que le récit d'une bataille ou de l'entrevue de deux souverains.

M. Bourdeau veut qu'on sache comment ont vécu les millions d'êtres obscurs dont l'énergie harmonieuse fait la vie d'un peuple. Il veut que cette grande activité collective soit décomposée, étudiée pièce à pièce, méthodiquement, notée, chiffrée.

« Voilà, dit-il, l'histoire qu'il faudra faire désormais, non seulement pour les jeunes États qui, comme l'Australie, la Nouvelle-Zélande, le Canada, la Plata, se fondent dans des conditions si nouvelles, mais même pour les vieilles sociétés d'Europe qui aspirent à se régler aussi sur un idéal d'ordre, de travail, de paix et de liberté. Au point où nous sommes parvenus, toute autre manière d'étudier l'histoire est inexacte et puérile. Une réforme s'impose et se fera par les historiens ou contre eux. L'âge de l'historiographie littéraire touche à son terme; celui de l'histoire scientifique va commencer. Quand elle sera capable de nous retracer la vie d'un peuple, dans le sens que nous indiquons, on verra qu'aucun récit ne présente autant d'intérêt, d'enseignement et de grandeur. »

Je n'y contredis point. Créez la science de l'histoire : nous y applaudirons. Mais laissez-nous l'art charmant et magnifique des Thucydide et des Augustin Thierry.

M. Bourdeau sent lui-même qu'il est cruel. Il nous ôte nos belles histoires ; mais il nous les ôte à regret. « Puisqu'il nous faut choisir entre la beauté et la vérité, dit-il, préférons sans hésiter la seconde. » Pour ma part, s'il me fallait choisir entre la beauté et la vérité, je n'hésiterais pas non plus : c'est la beauté que je garderais, certain qu'elle porte en elle une vérité plus haute et plus profonde que la vérité même. J'oserai dire qu'il n'y a de vrai au monde que le beau. Le beau nous apporte la plus haute révélation du divin qu'il nous soit permis de connaître. Mais pourquoi choisir? Pourquoi substituer l'histoire statistique à l'histoire narrative? C'est remplacer une rose par une pomme de terre! Ne pouvons-nous donc avoir ensemble et les fleurs de la poésie et ces « racines nourrissantes qui rendent les âmes savantes », comme disait le bon M. Lancelot. Je sais aussi bien que vous que l'histoire est fausse et que tous les historiens, depuis Hérodote jusqu'à Michelet, sont des conteurs de fables. Mais cela ne me fâche pas. Je veux bien qu'un Hérodote me trompe avec goût; je me laisserai éblouir par le sombre éclat de la pensée aristocratique d'un Tacite; je referai avec délices les rêves de ce grand aveugle qui vit Harold et Frédégonde. Je regretterais même que l'histoire fût plus exacte. Je dirai volontiers avec Voltaire : Réduisez-la à la vérité, vous la perdez, c'est Alcine dépouillée de ses prestiges.

Elle n'est qu'une suite d'images. C'est pour cela que je l'aime; c'est pour cela qu'elle convient aux hommes. L'humanité est encore dans l'enfance. On a déterminé récemment, ou cru détérminer, d'une manière approximative l'âge de la terre. La' terre n'est pas vieille. Elle existe à l'état solide depuis 25 millions d'années au plus et il n'y a guère que 12 millions d'années qu'elle a donné la vie à des herbes marines et à des coquillages. Une lente évolution a produit les plantes et les animaux. L'homme est venu le dernier : il est né d'hier. Il est encore dans le feu de la jeunesse. Il ne faut pas lui demander d'être trop raisonnable. Il a besoin d'être amusé par des contes. Ne lui ôtez pas l'histoire, qui est son plus bel amusement intellectuel. S'il faut des contes à l'humanité, répondra M. Bourdeau, n'avons-nous pas les poètes. Ils sont plus amusants que les historiens et ils ne sont pas beaucoup plus faux. M. Bourdeau, qui est si dur pour les annalistes, les chroniqueurs et généralement pour tous les mémorialistes, garde, au contraire, dans son cœur, des trésors d'indulgence pour les poètes. Comme ils ne tirent point à conséquence, il leur pardonne tout. J'ai remarqué que les philosophes vivaient généralement en bonne intelligence avec les poètes. Les philosophes savent que les poètes ne pensent pas ; cela les désarme, les attendrit et les enchante. Mais ils voient que les historiens pensent, et qu'ils pensent autrement que les philosophes. C'est ce que les philosophes ne pardonnent pas. M. Bourdeau nous renvoie à l'*Iliade* et à *Peau d'Ane*. Ce sont là de beaux contes. Mais nous n'y croyons plus guère. Nous voulons des contes que nous puissions croire, l'histoire de la Révolution française, par exemple. Laissez-nous le roman de l'histoire. S'il n'est pas vrai tout entier, il contient quelque vérité. Je dirai même qu'il renferme des vérités que votre statistique ne contiendra jamais. La vieille histoire est un art; c'est pourquoi elle a, dans sa beauté, une vérité spirituelle et idéale bien supérieure à toutes les vérités matérielles et tangibles des sciences d'observation pure : elle peint l'homme et les passions de l'homme. C'est ce que la statistique ne fera jamais. L'histoire narrative est inexacte par essence. Je l'ai dit et ne m'en dédis pas : mais elle est encore, avec la poésie, la plus fidèle image que l'homme ait tracée de lui-même. Elle est un portrait. Votre histoire statistique ne sera jamais qu'une autopsie.

SUR LE SCEPTICISME [1]

J'ai vécu d'heureuses années sans écrire. Je menais une vie contemplative et solitaire dont le souvenir m'est encore infiniment doux. Alors, comme je n'étudiais rien, j'apprenais beaucoup. En effet, c'est en se promenant qu'on fait les belles découvertes intellectuelles et morales. Au contraire, ce qu'on trouve dans un laboratoire ou dans un cabinet de travail est en général fort peu de chose, et il est à remarquer que les savants de profession sont plus ignorants que la plupart des autres hommes. Or, un matin de ce temps-là, il m'en souvient, je suivais à l'aventure les allées sinueuses du Jardin des Plantes, au milieu des biches et des moutons qui passaient leur tête entre les arbustes pour me demander du pain. Et je songeais que ce vieux jardin, peuplé d'animaux, ressemblait assez au paradis terrestre des anciennes estam-

---

1. *Les Sceptiques grecs*, par M. Victor Brochard. Impr. nat., 1 vol. in-8º.

pes. Tout à coup je vis venir à moi l'abbé L*** qui, son bréviaire à la main, marchait avec la mâle allégresse d'une âme pure. C'était en effet un saint homme, que l'abbé L***; c'était aussi un savant; son cœur était pacifique, mais son esprit disputait sans cesse. Il faut l'avoir connu pour savoir comment l'orgueil d'un prêtre, peut s'unir à la simplicité d'un saint. Sa messe dite, il argumentait tout le jour. Il avait lu tout ce qu'on peut trouver sur les parapets de théologie, de morale et de métaphysique relié en veau, avec des tranches rouges. Les bouquins dont il couvrit les marges de notes et de tabac sont innombrables. Il dépensait en conversations sur les quais et dans les jardins publics l'éloquence d'un incomparable docteur. Au reste, il était assez mal vu à l'évêché. Ses supérieurs estimaient la pureté de ses mœurs, mais ils redoutaient la superbe de son esprit. Peut-être n'avaient-ils pas tout à fait tort. Ce jour-là, l'abbé L*** me parla en ces termes :

« Jean le Diacre rapporte que saint Grégoire ayant pleuré à la pensée que l'empereur Trajan était damné, Dieu, qui se plaît à accorder ce qu'on n'ose lui demander, exempta l'âme de Trajan des peines éternelles. Cette âme demeura en enfer, mais, depuis lors, elle n'y ressentit aucun mal. Il est permis d'imaginer que le fils adoptif de Nerva erre dans ces pâles prairies où Dante vit les héros et les sages de l'antiquité. Leurs regards étaient lents et graves; ils parlaient d'une voix douce. Le Florentin reconnut Anaxagore, Thalès, Empédocle, Héraclite et Zénon. Comment ne vit-il point aussi Pyrrhon parmi ces âmes coupables seulement d'avoir vécu dans l'ignorance de la loi sainte? De tous les philosophes de l'antiquité, Pyrrhon fut le plus sage. Non seulement il pratiqua des vertus que le christianisme a sanctifiées, non seulement il fut humble, patient et résigné, amoureux de la pauvreté, mais encore il professa la doctrine la plus vraie de toute l'antiquité profane, la seule qui s'accorde exactement avec la théologie chrétienne. Né dans les ténèbres du paganisme, il connut qu'il était sans lumière et il faut le louer hautement d'avoir flotté dans l'incertitude. Encore aujourd'hui, si on a le malheur de n'être pas chrétien, la sagesse est d'être pyrrhonien. Que dis-je? En tout ce qui n'est point article de foi, le philosophe chrétien est lui-même un pyrrhonien : il reste en suspens. Tout ce qui n'a pas été révélé est sujet au doute. Ce serait même une question de savoir si la religion chrétienne n'a pas fourni au scepticisme de nouveaux arguments et si la foi aux mystères ainsi qu'aux miracles n'a pas rendu la nature plus incompréhensible et la raison plus incertaine. »

L'abbé s'arrêta un moment devant la maison du zèbre. Il se frappa la poitrine.

« Pour moi, ajouta-t-il, c'est le monde invisible qui me révèle le monde visible. Je ne crois à la réalité de l'homme que parce que je crois à l'existence de Dieu Je sais que j'existe uniquement parce que Dieu me l'a dit. L'Éternel m'a parlé, *locutus est patribus nostris, Abraham et seminis ejus in sæcula.* Et j'ai répondu : Me voici donc puisque vous m'avez parlé. Hors la révélation, tout, au physique comme au moral, est sujet de doute; rien n'est distinct, par conséquent rien n'est intéressant, et la religion seule, me soulevant entre ses mains lumineuses, m'arrache à l'ataraxie pyrrhonienne. Sans l'amour de Dieu, je n'aurais point d'amour; je ne croirais à rien si je ne croyais pas à l'impossible et à l'absurde. C'est pourquoi je tiens Pyrrhon pour le plus sage des païens. »

Ainsi parla l'abbé L***.

Je me rappelle littéralement ses paroles qui firent sur moi une profonde impression. Je n'avais jamais entendu de tels accents dans la bouche d'un prêtre, et je n'en ouïs plus jamais de tels depuis lors. Je crois ne pas me tromper en disant que l'Église se défie des apologistes qui, comme mon abbé L***, poussent en avant avec une excessive logique. Elle se rappelle à temps la mémorable parole du diable : « Et moi aussi, je suis logicien. » Le diable ne se flattait pas en parlant ainsi. Il demeure en définitive le seul docteur qu'on n'ait pas encore réfuté. Pour moi, c'est devant la maison du zèbre, en entendant l'abbé L***, que je commençai à douter de beaucoup de choses qui, jusque-là, m'avaient paru croyables.

Hélas! l'abbé L***, qui mourut curé d'un petit village de la Brie, repose maintenant dans un cimetière inculte et fleuri, à l'ombre d'une svelte église du xiiie siècle. La pierre qui couvre ses restes porte cette inscription en témoignage d'une foi vive : *Speravit anima mea*. En lisant ces mots, je songeai à l'épitaphe en forme de dialogue qu'un spirituel Grec de Byzance composa pour Pyrrhon :

« Es-tu mort, Pyrrhon? — Je ne sais. »

Et je me pris à penser que, sauf un point, le philosophe et le prêtre avaient pourtant pensé de même.

Tous ces souvenirs me sont revenus tantôt à tire-d'aile, tandis que je lisais l'étude que M. Victor Brochard consacre à Pyrrhon dans son excellent livre sur les sceptiques grecs. Rien n'est plus intéressant. Ces Grecs ingénieux ont inventé d'innombrables systèmes philosophiques. Les écoles s'amusent de la brillante vanité des disputes, les esprits sont tiraillés, assourdis; c'est alors que naît le scepticisme. Il paraît au lendemain de la mort d'Alexandre dans cette orgie militaire qui souille de crimes monstrueux la terre classique du beau et du vrai.

Démosthène et Hypéride sont morts. Phocion boit la ciguë.

Il n'y a plus rien à espérer des hommes ni des dieux. C'en est fait de la liberté et des vertus antiques. Il est vrai que l'état politique d'un peuple ne détermine pas nécessairement la condition privée de ses habitants. La vie est quelquefois très supportable au milieu des calamités publiques, mais véritablement les temps de Cassandre et de Démétrius étaient exécrables. D'ailleurs, il faut se rappeler que la tyrannie, même douce, répugna longtemps à l'âme hellénique.

Pyrrhon était d'Élis, en Élide; peintre d'abord et poète, il naquit avec une imagination vive et une âme irritable. Mais il changea tout à fait de caractère par la suite. Ayant embrassé la philosophie, qui était alors en

Grèce une sorte de monachisme, il suivit avec Anaxarque, son maître, l'expédition d'Alexandre. Il vit dans l'Inde les mages que les Grecs ont nommé des gymnosophistes et qui vivaient nus dans des ermitages. Leur mépris du monde et des vaines apparences, leur vie immobile et solitaire, leur soif du néant et de l'oubli, tous ces caractères d'un pessimisme doux et résigné frappèrent le jeune Pyrrhon ; et certains caractères de la doctrine du philosophe d'Élis sont d'origine hindoue.

Après la mort d'Alexandre, Pyrrhon retourna dans sa ville. Là, sur les bords charmants du Pénée, dans cette vallée fleurie où les nymphes viennent le soir danser en chœur, il mena l'existence d'un saint homme. Il vécut pieusement (εὐσεβῶς), dit son biographe. Il tenait ménage avec sa sœur Philista, qui était sage-femme. C'est lui qui portait à vendre la volaille et les cochons de lait au marché de la ville. Il balayait la maison et nettoyait les meubles.

Voilà l'exemple que ce sage donnait à ses disciples. Ainsi sa vie servait de témoignage à sa doctrine du renoncement et de l'indifférence. Il enseignait que les choses sont toutes également incertaines et discutables. Rien, disait-il, n'est intelligible. Nous ne devons nous fier ni aux sens ni à la raison. Il faut douter de tout et être indifférent à tout. Il ne subtilisait pas. Sa doctrine était surtout, dit M. Brochard, une doctrine morale, une règle de vie.

Selon Pyrrhon, « n'avoir d'opinion ni sur le bien ni sur le mal, voilà le moyen d'éviter toutes les caus s de trouble. La plupart du temps, les hommes se rendent malheureux par leur faute; ils souffrent parce qu'ils sont privés de ce qu'ils croient être un bien ou que, le possédant, ils craignent de le perdre, ou parce qu'ils endurent ce qu'ils croient être un mal. Supprimez toute croyance de ce genre, et tous les maux disparaîtront. »

Pour Pyrrhon, comme pour Démocrite, le bien suprême est la bonne humeur, l'absence de crainte, la tranquillité.

« Se replier sur soi-même, dit M. Victor Brochard, afin de donner au malheur le moins de prise possible; vivre simplement et modestement, comme les humbles, sans prétention d'aucune sorte; laisser aller le monde et prendre son parti de maux qu'il n'est au pouvoir de personne d'empêcher; voilà l'idéal du sceptique. » Pyrrhon soutenait qu'il n'importe pas plus de vivre que de mourir ou de mourir que de vivre.

— Pourquoi donc ne mourez-vous pas? lui demanda-t-on.

— C'est à cause de cela même, répondit-il, c'est parce que la vie et la mort sont également indifférentes.

Dans un grand péril de naufrage, il fut le seul que la tempête n'étonna point. Comme il vit les autres passagers saisis de crainte et de tristesse, il les pria d'un air tranquille de regarder un pourceau qui était là et qui mangeait à son ordinaire.

— Voilà, leur dit-il, quelle doit être l'insensibilité du sage.

A merveille. Le pourceau était sage; mais il y avait

peu de mérite. Il est difficile d'être insensible quand on pense vivement, et c'est pour la plupart des hommes un exemple décourageant que la sérénité d'un cochon. Laissez-moi vous redire, à ce sujet, ce qu'un disciple de Lamettrie dit un jour à la belle mistress Elliott, que les patriotes de Versailles avaient mise en prison comme aristocrate. Le geôlier donna pour compagnon de chambre à la jeune Écossaise un vieux médecin de Ville-d'Avray, fort entêté de matérialisme et d'athéisme.

Il pleurait. Les larmes délayaient la poussière dont ses joues étaient couvertes, et le visage du pauvre philosophe en était tout barbouillé.

Madame Elliott prit une éponge, dont elle lava son compagnon en lui murmurant des paroles consolantes :

— Monsieur, lui dit-elle, il est croyable que nous allons mourir tous deux. Mais d'où vient que vous êtes triste quand je suis gaie? Perdez-vous plus que moi en perdant la vie?

— Madame, lui répondit-il, vous êtes jeune, vous êtes riche, vous êtes saine et belle, et vous perdez beaucoup en perdant la vie; mais, comme vous êtes incapable de réflexion, vous ne savez pas ce que vous perdez. Pour moi, je suis pauvre, je suis vieux, je suis malade; et m'ôter la vie, c'est m'ôter peu de chose; mais je suis philosophe et physicien : j'ai la notion de l'existence, que vous n'avez point; et je sais exactement ce que je perds. Voilà, madame, d'où vient que je suis triste quand vous êtes gaie.

Ce vieux médecin de Ville-d'Avray était bien moins

sage que Pyrrhon, mais il était plus touchant. Et, en vérité, ses larmes, encore qu'un peu trop imbéciles, sont plus humaines que l'insensibilité vertueuse du sage d'Élis. On rapporte de cette insensibilité un exemple merveilleux. Ayant vu, dit-on, Anaxarque, son maître, tomber dans un fossé, Pyrrhon passa sans daigner lui tendre la main. Non seulement le maître ne se plaignit point, mais il loua l'indifférence de son disciple. Bayle, qui rapporte ce fait, ajoute : « Que pourrait-on faire de plus surprenant sous la discipline de la Trappe? »

M. Brochard a fort bien appelé Pyrrhon un *ascète grec*. C'est en effet dans les vies des pères du désert qu'on voit les exemples d'un pareil effort pour dépouiller l'homme de toute humanité.

La vie sainte que Pyrrhon menait à Élis le rendit vénérable à ses concitoyens qui l'élevèrent au sacerdoce. Il remplit les fonctions de grand prêtre avec exactitude et décence, comme un homme qui respectait les dieux de la République. En montrant ce respect, il n'abandonnait rien de sa philosophie, car le scepticisme ne nia jamais qu'il ne fallût se conformer aux coutumes et pratiquer les devoirs de la morale. Il prenait parti sur ces choses-là sans attendre la certitude. De même, notre Gassendi put professer la théologie sans croire en Dieu, et c'était un fort honnête homme.

P.-S. — Il n'était et ne pouvait être dans mon dessein de donner au lecteur une idée du livre de M. Victor Brochard. Ce livre a été couronné par l'Académie des sciences morales. On en trouvera une juste appréciation dans le rapport adressé en 1885 par M. Ravaisson à cette Académie. Ma causerie l'effleure à peine. Mais je ne voudrais pas avoir l'air d'ignorer les grands mérites de cet ouvrage, qui allie à la sûreté de la critique l'originalité des vues. Carnéade et Pyrrhon y sont présentés sous un jour nouveau. Il y a dans un petit roman que je viens de publier dans la *Revue des Deux Mondes* une dizaine de pages que je n'aurais jamais écrites si je n'avais pas lu le livre de M. Brochard. C'est là un aveu que M. Brochard n'a nul intérêt à entendre, mais que j'avais le devoir de faire.

EURIPIDE[1]

M. Leconte de Lisle nous donne aujourd'hui un drame lyrique, *l'Apollonide*, qui est une étude d'après l'antique. On sait qu'à l'exemple de Gœthe, l'auteur des *Poèmes antiques* et des *Poèmes barbares* a plusieurs fois transporté dans notre langue, avec un art consommé, les formes de la poésie grecque. Il a donné notamment, il y a douze ans, une tragédie, dont le sentiment et la couleur étaient empruntés à Eschyle.

L'Apollonide, qui paraît aujourd'hui en librairie, est une étude de même nature. Mais le modèle est bien différent. Cette fois, ce n'est plus Eschyle, c'est Euripide. *L'Apollonide*, c'est l'"Ιον du troisième tragique d'Athènes.

M. Leconte de Lisle, qui avait montré tant de vigueur

---

1. *L'Apollonide*, drame lyrique en trois parties et cinq tableaux (d'après l'"Ιον d'Euripide), par M. Leconte de Lisle in-8, Lemerre, éditeur.

en luttant contre le titan du théâtre grec, fait preuve de souplesse quand il lui faut se mesurer avec un génie fluide et caressant comme Euripide. Il a trouvé pour cette rencontre des trésors de douceur, de grâce et de tendresse. Lui, robuste et violent quand il lui plaît, s'est montré ici harmonieux et pur. En vérité, on ne saurait pousser plus avant que n'a fait ce maître l'art prestigieux du vers. Cette nouvelle œuvre, comme les précédentes, étonne par son infaillible perfection.

J'ai dit que la grâce de *l'Apollonide* était une grâce pieuse. Il y a, en effet, dans l'orginal grec un parfum de sanctuaire que le poète français a soigneusement conservé. Le héros est un prêtre adolescent, la scène un temple, chaque chœur une prière, le dénouement un oracle.

Euripide n'était pas religieux. Il était athée. Mais il était tout ensemble athée et mystique. Il excellait à peindre les jeunes religieux qui, comme Ion et Hippolyte, unissent à la beauté de l'éphèbe la pureté de l'ascète.

Au lever du jour, ce jeune Ion, vêtu de blanc et couronné de fleurs, descend les degrés du temple d'Apollon et dit, en cueillant un rameau de laurier symbolique :

O laurier, qui verdis dans les jardins célestes,
Que l'aube ambroisienne arrose de ses pleurs !
Laurier, désir illustre, oubli des jours funestes,
Qui d'un songe immortel sais charmer nos douleurs !
Permets que, par mes mains pieuses, ô bel arbre,
Ton feuillage mystique effleure le parvis,
Afin que la blancheur vénérable du marbre
Éblouisse les yeux ravis !

> O sources, qui jamais ne serez épuisées,
> Qui fluez et chantez harmonieusement
> Dans les mousses, parmi les lis lourds de rosées,
> A la pente du mont solitaire et charmant!
> Eaux vives! sur le seuil et les marches pythiques,
> Épanchez le trésor de vos urnes d'azur,
> Et puisse aussi le flot de mes jours fatidiques
>   Couler comme vous, chaste et pur!

O magie des beaux vers! Nous voilà transportés par enchantement dans la sainte Athènes des poètes, des sculpteurs, des architectes et des philosophes.

Ce petit rocher de Cécrops fut longtemps rude, couvert d'idoles raides et peintes, qui souriaient mystérieusement. Là vivaient des hommes à la fois grossiers et magnifiques, qui portaient des cigales d'or dans leurs longs cheveux nattés et tout un peuple de matelots nourri d'ail et de chansons. Les femmes, encore sauvages, déchiraient sur la place publique les messagers des désastres. Un génie héroïque et barbare dominait la petite cité et pesait sur les formes trapues du vieux Parthénon que les guerres médiques devaient détruire.

La plus belle des choses humaines, le génie attique, éclata soudainement. Marathon et Salamine, la Grèce sauvée par les Athéniens, les trésors conquis sur les Perses, la Victoire ôtant ses sandales dorées pour s'asseoir dans sa cité d'élection; une gloire si prompte et tant de joie transformèrent Athènes, en firent la ville aux blancs frontons, aux colosses d'or et d'ivoire, la protectrice opulente des cités ioniennes, la belle rivale de Sparte, la patrie enfin dont les tragédies de Sophocle reflètent le génie harmonieux. Mais ces heures radieuses dureront peu. Ils passeront vite, les jours de modération dans la puissance, de simplicité dans la richesse, d'obéissance aux dieux, de paix sereine, au cours de cette vie attique, si riche et si rapide. Quand l'harmonie, quand les parfaits accords se seront tus, lorsque les troubles de l'esprit philosophique agiteront les fils des soldats de Marathon, que les droits de la personne seront imprudemment proclamés, que la science ruinera les préjugés utiles, que les dieux de la cité seront attaqués par le raisonnement et vengés par le poison légal, qui sera le poète des jours inquiets? Quelle figure anxieuse et mélancolique exprimera la pensée nouvelle? Euripide.

S'il en faut croire une histoire qui commence comme un conte de nourrice, Mnésarque, fils de Mnésarque, était cabaretier et sa femme Clito était marchande d'herbes dans l'île de Salamine, où ils s'étaient réfugiés devant les Perses de Xerxès. Clito devint mère et les pauvres époux mirent de grandes espérances sur l'enfant attendu. Le bon Mnésarque alla consulter le dieu sur un sujet si cher et le dieu répondit que cette destinée qui allait commencer au cabaret s'achèverait dans les honneurs « avec de douces et saintes couronnes ». L'enfant naquit dans la première année de la soixante-quinzième olympiade, le jour de la glorieuse bataille qui ensanglanta l'Euripe, et il fut nommé Euripide. Pour aider à l'accomplissement de l'oracle, les pauvres parents firent de leur fils un athlète. Les couronnes de l'arène étaient les seules qu'ils pussent imaginer. D'ailleurs, la Grèce honorait les athlètes. Comment la mâle beauté des lutteurs n'eut elle pas été chère à un peuple adorateur de la forme humaine? Seuls, les philosophes estimaient viles les gloires du pugilat, du pentathle et de la course :

— L'athlète, disaient-ils, ne peut nous être comparé, car au-dessus de la force des hommes et des chevaux es notre sagesse.

Euripide était enclin à la philosophie. Pourtant, s'il abandonna l'arène, s'il cessa d'oindre ses membres d'huile, ce fut pour peindre à la cire sur des tablettes de bois et s'appliquer à dessiner, selon le goût hellénique, des formes pures, présentées sans raccourcis et sans perspective. Mais il n'exerça pas longtemps le cestre et les baguettes rougies au feu. Se tournant vers un autre art, il étudia la rhétorique sous Prodicos. Ce maître enseignait que rien n'est absolu, qu'on nomme bon ce qui est agréable et mauvais ce qui déplaît. Négateur des dieux qu'adorait le vulgaire, il paya de sa vie sa sage impiété : Il but la ciguë. En entrant dans la maison de Prodicos, Euripide avait trouvé des esprits amis, des parents intellectuels. L'orgueil de la pensée, l'amour des raisonnements subtils, une impiété douce, sa propre nature enfin lui étaient révélés. Mais le vrai maître d'Euripide fut Anaxagore de Clazomène, qui enseignait à Athènes les doctrines ioniennes. Conformément à l'esprit de ces écoles, il recherchait le principe des choses et il croyait l'avoir trouvé dans ce qu'il appelait νοῦς, c'est-à-dire l'esprit. Les animaux, les plantes, le monde, tout, disait-il, est diversement pénétré de l'esprit. Par lui, les plantes connaissent et désirent : elles se réjouissent de porter des feuilles et s'affligent en les sentant mourir. L'esprit, qui détermine toute forme et toute pensée, a donné l'empire à l'homme en lui donnant deux mains. La contemplation de la nature, une soumission triste et fière aux lois éternelles, le sentiment de la puissance des choses et de la faiblesse de l'homme, voilà ce qu'Euripide jeune était fait pour comprendre à l'école de ce philosophe, profond dans l'observation des phénomènes et grand par la liberté de son esprit. La physique d'Anaxagore était tout à fait rationnelle. Du fils d'Hypérion, de « l'infatigable Hélios qui, traîné par ses chevaux, éclaire les hommes mortels et les dieux immortels », elle faisait un bloc incandescent, plus grand que le Péloponnèse. Pour elle, les vents n'étaient plus divins et résultaient d'une raréfaction soudaine de l'air. Anaxagore révéla la cause des éclipses aux Athéniens qu'il priva ainsi d'une terreur antique et chère. Accusé d'impiété, il fut sauvé de la mort par les larmes de Périclès. Les Athéniens l'exilèrent ou plutôt, comme il le disait, ils s'exilèrent de lui. Il se retira à Lampsaque. Sa dernière pensée fut bienveillante et révèle un vieillard souriant : il demanda que l'anniversaire de sa mort fût un jour de congé pour les écoliers. Il mourut à l'âge de soixante-douze ans, et l'on croit qu'il sortit volontairement de ce monde, où il avait beaucoup pensé.

Son disciple, bien jeune encore, se révéla poète. La première année de la 81ᵉ olympiade, il fit représenter sa première tragédie sur le théâtre de Bacchus, qui, adossé au rocher de Cécrops, était éclairé par de véritables rayons de soleil.

L'élève d'Anaxagore y montra les actions humaines sous un aspect nouveau. Il fit passer dans le drame la philosophie dont il s'était nourri. Le destin pesait jusque-là sur la tragédie et l'enveloppait d'une obscure épouvante. Une puissance insaisissable, inintelligible, extérieure aux hommes, qu'elle livre en proie les uns aux autres ; des héros gigantesques attendant dans une fière immobilité, dans une tranquille horreur, l'heure fatale de tuer ou de périr, des meurtres héréditaires, des égorgements pompeux comme des hécatombes, telles sont les images dont le vieil Eschyle épouvantait les yeux, oppressait les poitrines des spectateurs. Sophocle lui-même, le plus parfait des poètes, le plus pur des tragiques, avait conçu le destin comme une force indépendante de l'homme. Euripide vint et plaça le destin de l'homme dans l'homme même. Il détermina les mobiles des actes. Le premier, il montra tout l'intérêt du travail de la vie, toute la beauté de ces maladies de l'âme, plus chères mille fois et plus précieuses que la santé, je veux dire les passions.

Ayant épousé Chœrina, fille de Mnésiloque, il vivait en bonne intelligence avec son beau-père, qui était un homme excellent et lettré, mais il souffrait cruellement de la mauvaise conduite de sa femme. L'ayant perdue, il en épousa une autre qui le fit souffrir de même. Elle se nommait Melito. Une teinte de tristesse est répandue sur toute la vie d'Euripide. Il allait parfois méditer ses tragédies dans son île natale. On montra depuis, à Salamine, une grotte où le plus ancien des poètes de la mélancolie rêvait dans l'ombre. Un Alexandrin a dit de lui, avec une élégante brièveté :

« Le disciple du noble Anaxagore était d'un commerce peu agréable : il ne riait guère et ne savait pas même plaisanter à table, mais tout ce qu'il a écrit n'est que miel et que chant de sirènes. »

Bien qu'il aimât à converser avec quelques amis, il se plaisait surtout au commerce des livres.

Il possédait une bibliothèque, chose rare et nouvelle à cette époque, où chacun ne prenait guère de poésie, de science ou de philosophie, que ce qui en sonnait dans l'air plein de parfums et d'abeilles. Son goût de la lecture était si vif qu'il comptait pour un des bienfaits de la paix de pouvoir « dérouler ces feuilles qui nous parlent et qui font la gloire des sages ». Son long visage, que nous représentent les bustes antiques, portait les sillons de la fatigue et du chagrin. Un front plus haut que large, des cheveux rares au sommet de la tête et tombant en boucles au-dessous des oreilles, de grands yeux pensifs, les coins de la bouche un peu tombants ; tout était en lui d'un homme doux et triste, que la vie n'a point épargné.

Il était lié d'amitié avec Socrate qui enseignait alors la sagesse dans les boutiques des barbiers. Le fils de Phénarète, qui n'allait guère au théâtre, assistait pourtant à la représentation de toutes les tragédies d'Euripide.

On dit même qu'il participa à la composition de quelques-uns de ces poèmes. On ne saura jamais quelle est la part de collaboration de Socrate dans les drames d'Euripide. Mais il n'est pas impossible de reconnaître, avec M. Henri Weil, les traces de l'enseignement socratique dans plusieurs maximes du poète et notamment dans l'opposition qu'il faisait, dans sa *Médée*, de l'amour physique à cet autre amour bien préférable (disait-il) qu'inspirent les belles âmes et qui est une école de sagesse, de vertu.

On sait qu'Anaxagore fut réclamé plus tard par les sceptiques. Il leur appartenait du moins, en effet, par l'indifférence philosophique avec laquelle il considérait ce que le vulgaire nomme des biens ou des maux. Il mettait la sagesse dans l'impassibilité. Telle était aussi la philosophie d'Euripide. Il tenait la méditation pour le souverain bien.

« Heureux, disait-il, qui possède la science! il ne cherche pas à usurper sur ses concitoyens, il ne médite pas d'action injuste. Contemplant la nature éternelle, l'ordre inaltérable, l'origine et les éléments des choses, son âme n'est ternie d'aucun désir honteux. »

Voilà de belles et nobles maximes. Mais comme Prodicos, comme Anaxagore, comme Socrate, Euripide avait sur les dieux des pensées contraires aux vieilles maximes de la cité. Cet esprit scientifique et moderne constituait aux yeux des observateurs une dangereuse impiété. Tout trahissait en Euripide le mépris des conceptions divines et héroïques de l'Hellade. De là, les haines, les outrages, les périls. Enfin, il fallut ou fuir comme Prodicos, ou mourir comme Anaxagore. Le poète de la philosophie quitta Athènes et alla chercher auprès d'un tyran cette liberté que la démocratie ne lui donnait pas. Il mourut dans la demeure royale d'Archélaos.

Voilà qu'insensiblement j'ai conté la vie d'Euripide. Je ne vous dis pas, comme celui qui montre la lanterne magique, que si c'était à recommencer je vous la conterais de même. Je crois, au contraire, que je la conterais d'une façon un peu différente. Je ne dirais plus qu'Euripide a été athlète et peintre parce qu'en réalité on n'en sait rien. Une pierre antique nous le montre incertain entre deux femmes représentant, l'une la Palestre, l'autre la Tragédie. Mais il faudrait savoir si cette pierre est antique et si elle représente vraiment Euripide, et enfin si le graveur ne s'est point inspiré d'une légende. M. Heuzey, avec sa science sûre et charmante, nous le dirait. Moi je ne saurais. On montrait à Mégare des tableaux peints, disait-on, par Euripide; mais disait-on vrai? Certes, il faut avoir la manie de conter pour conter des histoires aussi incertaines que celle-là. Comme j'aurais bien mieux fait de renvoyer simplement le lecteur à la belle introduction que M. Henri Weil a mise en tête d'un choix de sept tragédies d'Euripide! C'est là que parle la science. Mais à l'exemple des Grecs, j'aime les contes et je me plais à tout ce que disent les poètes et les philosophes. La philosophie et la littérature, ce sont les *Mille et une Nuits* de l'Occident.

LES MARIONNETTES

DE M. SIGNORET

Les marionnettes de M. Signoret jouent Cervantes et Aristophane, et je compte bien qu'elles joueront aussi Shakespeare, Calderon, Plaute et Molière, les marionnettes anglaises ne jouaient-elles pas la tragédie de *Jules César*, au temps de la reine Élisabeth? Et n'est-ce pas en voyant l'histoire véritable du docteur Faust, représentée par des poupées articulées, que Gœthe conçut le grand poème auquel il travailla jusqu'à son dernier jour? Pensiez-vous donc qu'il fût impossible aux marionnettes d'être éloquentes ou poétiques?

Si celles de la galerie Vivienne voulaient m'en croire, elles joueraient encore la *Tentation de saint Antoine*, de Gustave Flaubert, et un abrégé du *Mystère d'Orléans* que M. Joseph Fabre ne manquerait pas de leur accommoder avec amour.

La petite marionnette qui représenterait la Pucelle serait taillée naïvement, comme par un bon imagier du xve siècle, et de la sorte nos yeux verraient Jeanne d'Arc à peu près comme nos cœurs la voient, quand ils sont pieux. Enfin, puisqu'il est dans la nature de l'homme de désirer sans mesure, je forme un dernier souhait. Je dirai donc que j'ai bien envie que les marionnettes nous représentent un de ces drames de Hroswita dans lesquels les vierges du Seigneur parlent avec tant de simplicité. Hroswita était religieuse en Saxe, au temps d'Othon le Grand. C'était une personne fort savante, d'un esprit à la fois subtil et barbare. Elle s'avisa d'écrire dans son couvent des comédies à l'imitation de Térence, et il se trouva que ces comédies ne ressemblent ni à celles de Térence, ni à aucune comédie. Notre abbesse avait la tête pleine de légendes fleuries.

Elle savait par le menu la conversion de Théophile et la pénitence de Marie, nièce d'Abraham, et elle mettait ces jolies choses en vers latins, avec la candeur d'un petit enfant. C'est là le théâtre qu'il me faut. Celui d'aujourd'hui est trop compliqué pour moi. Si vous voulez me faire plaisir, montrez-moi quelque pièce de Hroswita, celle-là, par exemple, où l'on voit un vénérable ermite qui, déguisé en cavalier élégant, entre dans un mauvais lieu pour en tirer une pécheresse prédestinée au salut éternel. L'esprit souffle où il veut. Pour accomplir son dessein, l'ermite feint d'abord d'éprouver des désirs charnels. Mais, — ô candeur immarcessible de la bonne Hroswita! — cette scène est d'une chasteté exemplaire. « Femme, dit l'ermite, je voudrais jouir de ton corps. — O étranger, il sera fait selon ton désir et je vais me livrer à toi. » Alors l'ermite la repousse et s'écrie : « Quoi, tu n'as pas honte... » etc.

Voilà comment l'abbesse de Gandersheim s'entendait à conduire une scène. Elle n'avait pas d'esprit. Elle était innocente comme un poète, c'est pourquoi je l'aime. Si j'obtiens jamais l'honneur d'être présenté à l'actrice qui tient les grands premiers rôles dans le théâtre des Marionnettes, je me mettrai à ses pieds, je lui baiserai les mains, je toucherai ses genoux et je la supplierai de jouer le rôle de Marie dans la comédie de mon abbesse. Je dirai : Marie, nièce de saint Abraham, fut ermite et courtisane. Ce sont là de grandes situations qui s'expriment par un petit nombre de gestes. Une belle marionnette comme vous y surpassera les actrices de chair. Vous êtes toute petite, mais vous paraîtrez grande parce que vous êtes simple. Tandis qu'à votre place une actrice vivante semblerait petite. D'ailleurs il n'y a plus que vous aujourd'hui pour exprimer le sentiment religieux. »

Voilà ce que je lui dirai, et elle sera peut-être persuadée. Une idée véritablement artiste, une pensée élégante et noble, cela doit entrer dans la tête de bois d'une marionnette plus facilement que dans le cerveau d'une actrice à la mode [1].

---

1. Par l'intercession de M. Maurice Bouchor, mon vœu a été exaucé. Les marionnettes de M. Signoret ont joué depuis l'Abraham de Hroswita. Il sera parlé de cette représentation dans la suite de ces causeries.

En attendant, j'ai vu deux fois les marionnettes de la rue Vivienne et j'y ai pris un grand plaisir. Je leur sais un gré infini de remplacer les acteurs vivants. S'il faut dire toute ma pensée, les acteurs me gâtent la comédie. J'entends les bons acteurs. Je m'accommoderais encore des autres! mais ce sont les artistes excellents, comme il s'en trouve à la Comédie-Française, que décidément je ne puis souffrir. Leur talent est trop grand : il couvre tout. Il n'y a qu'eux. Leur personne efface l'œuvre qu'ils représentent. Ils sont considérables. Je voudrais qu'un acteur ne fût considérable que quand il a du génie. Je rêve de chefs-d'œuvre joués à la diable dans des granges par des comédiens nomades. Mais peut-être n'ai-je aucune idée de ce que c'est que le théâtre. Il vaut bien mieux que je laisse à M. Sarcey le soin d'en parler. Je ne veux discourir que de marionnettes. C'est un sujet qui me convient et dans lequel M. Sarcey ne vaudrait rien. Il y mettrait de la raison.

Il y faut un goût vif et même un peu de vénération. La marionnette est auguste : elle sort du sanctuaire. La marionnette ou *mariole* fut originairement une petite vierge Marie, une pieuse image. Et la rue de Paris, où l'on vendait autrefois ces figurines, s'appelait rue des Mariettes et des Marionnettes. C'est Magnin qui le dit, Magnin le savant historien des marionnettes, et il n'est pas tout à fait impossible qu'il dise vrai, bien que ce ne soit pas la coutume des historiens.

Oui, les marionnettes sont sorties du sanctuaire. Dans la vieille Espagne, dans l'ardente patrie des Madones habillées de belles robes semblables à des abat-jour d'or et de perles, les marionnettes jouaient des mystères et représentaient le drame de la Passion. Elles sont clairement désignées par un article du synode d'Orihuela, qui défend d'user, pour les représentations sacrées, de ces petites figures mobiles : *Imajunculis fictilibus, mobili quadam agitatione compositis, quos titeres vulgari sermone appellamus.*

Autrefois, à Jérusalem, dans les grandes féeries religieuses, on faisait danser pieusement des pantins sur le Saint-Sépulcre.

De même, en Grèce et à Rome, les poupées articulées eurent d'abord un rôle dans les cérémonies du culte; puis elles perdirent leur caractère religieux. Au déclin du théâtre, les Athéniens s'éprirent d'un tel goût pour elles, que les archontes autorisèrent de petits acteurs de bois à paraître sur ce théâtre de Bacchus qui avait retenti des lamentations d'Atossa et des fureurs d'Oreste. Le nom de Pothinos, qui installa ses tréteaux sur l'autel de Dionysos, est venu jusqu'à nous. Dans la Gaule chrétienne, Brioché, Nicolet et Fagotin sont restés fameux comme montreurs de marionnettes.

Mais je ne doute pas que les poupées de M. Signoret ne l'emportent, pour le style et la grâce, sur toutes celles de Nicolet, de Fagotin et de Brioché. Elles sont divines, les poupées de M. Signoret, et dignes de donner une forme aux rêves du poète dont l'âme était, dit Platon, « le sanctuaire des Charites ».

Grâce à elles, nous avons un Aristophane en miniature. Lorsque la toile s'est levée sur un paysage aérien et que nous avons vu les deux demi-chœurs des oiseaux prendre place des deux côtés du tymélé, nous nous sommes fait quelque idée du théâtre de Bacchus. La belle représentation ! Un des deux coryphées des oiseaux, se tournant vers les spectateurs, prononce ces paroles :

« Faibles hommes, semblables à la feuille, vaines créatures pétries de limon et privées d'ailes, malheureux mortels condamnés à une vie éphémère et fugitive, ombres, songes légers... »

C'est la première fois, je pense, que des marionnettes parlent avec cette gravité mélancolique.

LA MÈRE ET LA FILLE [1]

MADAME DE SABRAN
ET
MADAME DE CUSTINE

M. Bardoux ne manque guère de se retirer dans le passé chaque fois que les devoirs de la vie publique lui permettent de faire cette agréable retraite. Alors il choisit plus volontiers, pour y promener son esprit, les jardins et les salons de la fin du dernier siècle. Il rêve d'une chambre aux boiseries blanches dans laquelle l'*Orphée* de Gluck est ouvert sur un clavecin, tandis qu'une écharpe de cachemire traîne le long du dossier en forme de lyre d'une chaise d'acajou. Ou bien encore il voit par la pensée un jardin anglais avec un temple grec sur un labyrinthe et un tombeau entre des peupliers. Car c'est là que vivaient les femmes d'autrefois dont le sou-

---

1. *Madame de Custine*, par M. A. Bardoux, Calmann Lévy, éditeur.

venir lui est cher, ces femmes qui, par le sel de leur intelligence et le parfum de leur tendresse, donnèrent à la vie un goût fin qu'on n'y sentait point avant elles; ces belles bourgeoises, ces aristocrates polies qui, nourries dans la douceur du luxe, de l'amour et des arts, affrontèrent les prisons et les échafauds de la Terreur sans rien perdre de leur fierté ni de leur grâce; ces héroïnes pleines de courage et de faiblesses, qui furent d'incomparables amies. Comme M. Bardoux les connaît et les comprend! il les admire; il fait mieux; il les aime. C'est pour être aimées qu'elles furent belles. Il a surpris, il nous a révélé tous les secrets de cette Pauline de Beaumont qui avait l'âme d'un philosophe et le cœur d'une amoureuse. Il a fait tout un volume de l'histoire intime de cette amie de Chateaubriand. Et voici maintenant qu'il étudie Delphine de Sabran, veuve en 1793 du jeune Custine, un héros et un sage de vingt-six ans, condamné à mort par un des jugements les plus iniques du tribunal révolutionnaire. Comme Pauline de Beaumont, Delphine de Custine se reprit à vivre dans les incomparables années du consulat avec la France guérie et victorieuse. Elle était alors dans tout l'éclat de sa blonde jeunesse. Elle aima, et celui qu'elle aima, c'est l'homme, que dis-je! c'est le dieu qu'adorait Pauline de Beaumont, c'est encore cet immortel René. M. Bardoux, qui publie son nouveau travail dans la *Revue des Deux Mondes*, n'en a encore donné que la première partie, laquelle ne dépasse pas l'année 1794; mais il a résumé par avance, en quelques lignes, l'épisode qu'il se propose de retracer amplement d'après des documents inédits, je veux dire la liaison de son héroïne avec Chateaubriand. « Commencée, dit-il, en 1803, alors que René était nommé secrétaire d'ambassade à Rome, elle fut bientôt dans toute sa force et son ivresse. Les lettres de Chateaubriand qui nous ont été obligeamment confiées, en font foi; elles aideront à expliquer encore cette âme orageuse et inquiète. Si vif qu'ait été l'attrait ressenti par lui, le volage ne put longtemps être fixé et retenu. Madame de Custine continua d'être son amie pendant vingt ans, jusqu'à l'heure de sa mort. » Alors encore elle restait amante malgré l'âge et le délaissement, et se montrait plus jalouse de la gloire du grand homme que de la sienne propre. Peu de temps avant sa mort, comme elle faisait voir à un confident une des chambres de son château :

— Voilà, dit-elle, le cabinet où je le recevais.
— C'est donc ici, lui dit-on, qu'il a été à vos genoux!
Elle répondit :
— C'est peut-être moi qui étais aux siens.

Nous ferons notre profit de l'étude sur madame de Custine quand elle sera entièrement publiée. Pour aujourd'hui, puisque M. Bardoux s'attarde agréablement aux premières années de son héroïne et nous montre Delphine près de sa mère, nous aussi, parlons de cette mère digne d'une immortelle louange. Appelons du fond du passé, son ombre charmante. Nulle n'est plus douce à rencontrer. Il n'en est pas d'un plus gracieux entretien,

9.

non pas même ces ombres que le poète florentin vit si légères au vent et à qui il eut grande envie de parler. Il fit part de son désir à son guide, qui lui répondit :

> *Vedrai quando saranno*
> *Piu presso a noi : e tu allor li prega*
> *Par quell'amor che i mena, e quei verranno.*

« Attends un peu qu'elles soient plus près de nous ; prie-les alors par cet amour qui les emporte, et elles viendront. »

C'est aussi au nom de l'amour qu'il faut prier madame de Sabran. Aimer fut, en ce monde, la grande affaire de sa vie, et si elle fait quelque chose aujourd'hui dans l'autre monde, ce doit être exactement ce qu'elle faisait dans celui-ci.

I

Madame de Sabran sans amour ne serait pas madame de Sabran. Elle n'aima qu'une fois sur cette terre, mais ce fut pour la vie. Cela lui arriva en 1777. Elle avait vingt-sept ans alors et était veuve depuis plusieurs années d'un mari qui, de son vivant, avait eu cinquante ans de plus qu'elle. Veuve avec deux enfants, elle ne se croyait plus aimable parce que la fleur de sa beauté s'en était déjà allée. Mais elle était exquise. Les éditeurs de sa correspondance ont donné son portrait d'après une peinture de madame Vigée Le Brun. On ne peut imaginer une plus aimable créature. Elle a des cheveux blonds, tout bouffants, avec d'épais sourcils et des yeux noirs. Le nez un peu gros, est carré du bout. Quant à la bouche, c'est une merveille. L'arc en est à la fois souriant et mélancolique; les lèvres, voluptueuses et fortes, prennent, en remontant vers les coins, une finesse exquise. Un menton gras, un cou frileux, une taille souple dans une robe rayée à la mode du temps, des poignets fins, je ne sais quoi de doux, de caressant, de tiède, de magnétique en toute la personne : elle n'a pas besoin d'être belle pour être adorable.

Elle avait vingt-sept ans, disions-nous, quand elle rencontra le chevalier de Boufflers, qui en avait trente-neuf. C'était un beau militaire, un joli poète, un fort honnête homme et par-dessus tout un très mauvais sujet. Elle voulut lui plaire, elle fut coquette. Une femme de cœur n'est pas coquette impunément. Celle-ci se fit aimer, mais elle aima davantage.

Vingt-cinq ans plus tard, la comtesse de Sabran, devenue marquise de Boufflers, écrivait ce quatrain :

De plaire un jour sans aimer j'eus l'envie;
Je ne cherchais qu'un simple amusement.
L'amusement devint un sentiment;
Ce sentiment, le bonheur de ma vie.

Elle aima le chevalier de tout son cœur et pour la vie. « Après dix ans de tendresse, elle lui écrivait : « Je t'aime follement, malgré la Parque qui file mes jours le temps qui se rit de mes malheurs et les vents qui emportent tous nos souvenirs. »

Et quand elle cherchait les raisons d'un si profond sentiment, elle ne les trouvait point. Elle disait :

« Ce n'est sûrement pas l'effet de mes charmes, qui n'existaient plus lorsque tu m'as connue, qui t'a fixé auprès de moi; ce n'est pas non plus les manières de Huron, ton air distrait et bourru, tes saillies piquantes et vraies, ton grand appétit et ton profond sommeil quand on veut causer avec toi, qui t'ont fait aimer à la folie. »

Aussi l'on n'aime vraiment que lorsqu'on aime sans raisons.

La passion qui lui vint dans l'épanouissement de sa jeunesse lui donna tout le bonheur qu'on peut attendre en ce monde, c'est-à-dire cette angoisse perpétuelle et cette inquiétude infinie qui font qu'on s'oublie, qu'on ne se sent plus exister en soi, et qui rendent la vie tolérable en la faisant oublier.

Une grande passion ne laisse pas un moment de repos, c'est là son bienfait et sa vertu. Tout vaut mieux que de s'écouter vivre. Le chevalier, quand elle commença de l'aimer, était, disons-nous, un très mauvais sujet et un très honnête homme. Elle eut sur lui une excellente influence. Elle lui enseigna à préférer le bonheur au plaisir. C'est sous l'inspiration de madame de Sabran que Boufflers a dit, dans son joli conte d'*Aline* : « Le bonheur, c'est le plaisir fixé. Le plaisir ressemble à la goutte d'eau; le bonheur est pareil au diamant. »

C'est bien le même homme qui écrivait à celle qui avait fixé son cœur :

« Si je veux comparer mon sort avant de te connaître à mon sort depuis que je te connais, je puis déjà voir que j'ai été bien plus heureux après quarante ans qu'auparavant. Ce n'est pourtant pas ordinairement l'âge des plaisirs; mais les vrais plaisirs n'ont point d'âge : ils ressemblent aux anges, qui sont des enfants éternels; ils te ressemblent à toi qui charmeras et aimeras toujours. Ainsi ne nous attristons point ou, si nos réflexions nous affectent malgré nous, tirons-en du moins des réflexions consolantes en pensant que nous n'avons perdu que le faux bonheur, que le véritable nous reste encore, que notre esprit est capable de le connaître et que notre cœur est digne d'en jouir. »

Il y avait chez cet homme en apparence léger et frivole un grand fonds d'énergie et de constance. Boufflers avait l'âme forte et le cœur généreux. Ce n'est pas un voluptueux vulgaire, l'homme qui, partant pour le Sénégal, écrit à madame de Sabran : « Ma gloire, si j'en acquiers jamais, sera ma dot et ta parure... Si j'étais joli, si j'étais jeune, si j'étais riche, si je pouvais t'offrir tout ce qui rend les femmes heureuses à leurs yeux et à ceux des autres, il y a longtemps que nous porterions le même nom et que nous partagerions le même sort. Mais il n'y a qu'un peu d'honneur et de considération qui puisse faire oublier mon âge et ma pauvreté, et m'embellir aux yeux de tout ce qui nous verra comme ta tendresse t'embellit à mes yeux. »

— Orgueilleux! cruel! insensé! lui répondait madame de Sabran, qui s'en tenait à la morale des deux pigeons.

Elle avait raison. Mais il y avait dans les raisons du chevalier une fierté, une noblesse qu'on admire surtout quand on songe qu'il tint parole; que, dans les trois années qu'il passa en Afrique, il fit preuve des qualités les plus sérieuses, et signala son gouvernement par des actes d'énergie, de sagesse et de bonté. C'était un homme excellent. « La base de son caractère, dit le prince de Ligne, qui l'avait beaucoup connu, est une bonté sans mesure. Il ne saurait supporter l'idée d'un être souffrant. Il se priverait de pain pour nourrir même un méchant, surtout son ennemi. Ce pauvre méchant! disait-il. »

Il fut combattu, dans son gouvernement, par un de ces pauvres méchants, dont il eût pu briser d'un trait de plume la carrière et la destinée. Malgré sa colère, il ne voulut pas frapper cet homme. « Quand je pense, disait-il, que je ne puis me venger qu'avec une massue, tout mon ressentiment s'apaise. »

Son journal du Sénégal témoigne autant de son bon cœur que de son joli esprit. Pendant la traversée, il écrivait à madame de Sabran :

« J'aime, au milieu de mon inaction et de l'assoupissement de toutes mes passions violentes, à tourner mes pensées vers cette maison si chère, à t'y voir au milieu de tes occupations et de tes délassements, écrivant, peignant, lisant, dormant, rangeant et dérangeant tout, te démêlant des grandes affaires, t'inquiétant des petites, gâtant tes enfants, gâtée par tes amis, et toujours différente, et toujours la même, et surtout toujours la même pour ce pauvre vieux mari qui t'aime si bien, qui t'aimera aussi longtemps qu'il aura un cœur. »

Il a horreur de l'emphase, et il donne un tour familier aux sentiments les plus délicats :

« Quand je ne t'ai pas auprès de moi, ma pauvre tête est comme un vieux château dont le concierge est absent et où tout est bientôt sens dessus dessous. »

Il garde sa bonne humeur au milieu de toutes les misères physiques et morales :

« Ma vie se passe en privations, en impatiences, en accidents, en inquiétudes; tout cela prouve bien que ton pauvre pigeon est loin de toi. Prépare-toi à le bien consoler quand tu le reverras. J'ai laissé mon bonheur chez toi, comme on laisse son argent chez son notaire. »

M. Bardoux incline à croire qu'un mariage secret l'avait uni à madame de Sabran avant son départ pour le Sénégal. Dans ce cas, le mariage célébré en 1797 à Breslau, pendant l'émigration, ne serait qu'une consécration publique de cette union.

De pareilles âmes à la fois frivoles et fortes, ironiques et tendres, ne pouvaient être produites que par une longue et savante culture. Le vieux catholicisme et la jeune philosophie, la féodalité mourante et la liberté naissante ont contribué à les former avec leurs piquants contrastes et leur riche diversité. Tels qu'ils furent, un Boufflers, une Sabran honorent l'humanité. Ces êtres fiers et charmants ne pouvaient naître qu'en France et au xviii⁰ siècle. Bien des choses sont mortes en eux, bien des choses bonnes et utiles sans doute; ils ont perdu notamment la foi et le respect dans le vieil idéal des hommes. Mais aussi que de choses commencent en eux et par eux, qui nous sont infiniment précieuses, je veux dire l'esprit de tolérance, le sentiment profond des droits de la personne, l'instinct de la liberté humaine.

Ils surent s'affranchir des vaines terreurs; ils eurent l'esprit libre et c'est là une grande vertu. Ils ne connurent ni l'intolérance, ni l'hypocrisie. Ils voulurent du bien à eux et aux autres et conçurent cette idée, étrange et neuve alors, que le bonheur était une chose désirable. Oui, ces doux hérétiques furent les premiers à penser que la souffrance n'est pas bonne et qu'il faut l'épargner autant que possible aux hommes. Qu'un génie féodal et violent, qu'un de Maistre les poursuive de sa haine et de sa colère. Il a raison. Ces aimables dames, ces bons seigneurs ont tué le fanatisme. Mais est-ce à nous de leur en faire un crime, et ne devons-nous pas plutôt sourire à leur indulgente sagesse? Ils savaient que la vie est un rêve, ils voulaient que ce fût un doux rêve. Ils remplacèrent la foi par la tendresse, et l'espérance par la bonté. Ils furent bienveillants. Leur vie fut, en somme, innocente, et leur mémoire est de bon conseil.

II.

M. Bardoux vient de publier en librairie l'étude qu'il a faite de madame de Custine, d'après des documents inédits. « Ces documents qui servent de trame à notre récit, dit-il dans sa préface, intéresseront, nous l'espérons, le lecteur. Ils lui feront certainement connaître et estimer davantage ces âmes de l'ancienne France, à la fois philosophes et amoureuses, qui nous ont enseigné, avec la liberté de l'esprit, les deux vertus dont notre époque a le plus besoin, la tolérance pratique et l'indulgente sagesse. » — Oui, lui répondrai-je, s'il me le permet, comme à un de ses lecteurs les plus attentifs, oui, fidèle et délicat historien des élégances de l'esprit et du cœur, oui, vos livres nous intéressent, non seulement par les documents qu'ils contiennent, mais aussi par l'agrément du récit, la sûreté de la critique et la hauteur du sentiment. Vous aimez votre sujet, et vous nous le gardez aimable. Vous pénétrez tous les contours de votre modèle d'une lumière douce et caressante. Vos portraits sont vrais; ils ont le regard et le sourire, et maintenant que vous m'avez peint cette belle Delphine, je crois l'avoir connue. Je la vois, couronnée de ses beaux cheveux blonds, errer avec une ardente mélancolie dans les allées de Fervacques, sous ces arbres qu'elle aimait tant et auxquels elle donnait les noms de ses amis absents. C'est à vous que je dois cette douce

image. Que de fois n'avez-vous pas eu la même vision !
Et qu'il faut vous envier d'avoir vécu avec des ombres
charmantes ! Vous êtes revenu de ces champs Élysées,
de l'ancienne France, tout pénétré d'une douce sagesse ;
vous plaignez des faiblesses généreuses ; vous estimez
comme les plus chers trésors de la vie le bon goût, le
désintéressement, la liberté de l'esprit, la fierté du cœur
et l'aimable tolérance. Vous pensez que vos livres n'en
feront que mieux aimer la France. Je le pense aussi. Je
pense qu'un pays où se forma la plus belle société du
monde est le plus beau des pays. Je me disais, en lisant
votre livre : La France est en Europe ce que la pêche est
dans une corbeille de fruits : ce qu'il y a de plus fin,
de plus suave, de plus exquis. Quelle merveilleuse culture que celle qui a produit une Delphine de Custine !

Elle fut élevé comme on élevait alors les filles,
sans pédantisme, sobrement, avec mesure. A quinze
ans, elle parut dans le monde. Conduite chez madame
de Polignac une nuit que l'archiduc et l'archiduchesse
d'Autriche y soupaient ainsi que la reine, elle eut
grand'peur, et, séparée un moment de sa mère, ne sut
que devenir. L'archiduc imagina de venir lui parler.
Elle en fut si déconcertée que, n'entendant rien à ce
qu'il lui disait et ne sachant que lui répondre, elle prit
le parti de se sauver à l'autre bout du salon, très rouge
et dans un état affreux. Toute la soirée on s'amusa aux
dépens de la petite sauvage. Mais sa mère, la voyant fort
en beauté, n'était pas en peine.

Cette sauvagerie devait rester attachée jusqu'à la fin

comme un charme à la nature morale de Delphine. Conformément à la destinée des grandes amoureuses, la fille de madame de Sabran était vouée à la solitude.

Delphine épousa, en 1787, le jeune Philippe de Custine, fils du général. Elle avait dix-huit ans. Les noces se firent à la campagne, chez Mgr de Sabran, oncle de la mariée. Il y eut huit jours de fêtes rustiques. Madame de Sabran raconte qu'à une de ces fêtes, « des lampions couverts comme à Trianon donnaient une lumière si douce et des ombres si légères que l'eau, les arbres, les personnes, tout paraissait aérien ». La lune avait voulu être aussi de la fête; elle se réfléchissait dans l'eau et « aurait donné à rêver aux plus indifférents ». Et madame de Sabran ajoute : « De la musique, des chansons, une foule de paysans bien gaie et bien contente suivait nos pas, se répandait çà et là pour le plaisir des yeux. Au fond du bois dans l'endroit le plus solitaire, était une cabane, humble et chaste maison. La curiosité nous y porta, et nous trouvâmes Philémon et Baucis courbés sous le poids des ans et se prêtant encore un appui mutuel pour venir à nous. Ils donnèrent d'excellentes leçons à nos jeunes époux, et la meilleure fut leur exemple. Nous nous assîmes quelque temps avec eux et nous les quittâmes attendris jusqu'aux larmes. »

Il y a là un sentiment nouveau de la nature. Toutes ces belles dames étaient un peu filles de Jean-Jacques. La bergerie à la veille de la Terreur. Trois ans après, le vieux général de Custine était traduit devant le tribunal révolutionnaire. Sa belle-fille, qui pourtant avait eu à se plaindre de lui, l'assista devant les juges et fut, comme on l'a dit, son plus éloquent défenseur. Tous les jours elle était au Palais-de-Justice dès six heures du matin; là, elle attendait que son beau-père sortît de la prison; elle lui sautait au cou, lui donnait des nouvelles de ses amis, de sa famille. Lorsqu'il paraissait devant ses juges, elle le regardait avec des yeux baignés de larmes. Elle s'asseyait en face de lui, sur un escabeau au-dessus du tribunal. Dès que l'interrogatoire était suspendu, elle s'empressait de lui offrir les soins qu'exigeait son état; entre chaque séance, elle employait les heures à solliciter, en secret, les juges et les membres des comités. Sa grâce pouvait toucher les cœurs les plus rudes. L'accusateur public, Fouquier-Tinville, s'en alarma.

A l'une des dernières audiences, il fit exciter contre la jeune femme les septembriseurs attroupés sur le perron du Palais-de-Justice. Le général venait d'être reconduit à la prison; sa belle-fille s'apprêtait à descendre les marches du palais pour regagner le fiacre qui l'attendait dans une rue écartée. Timide, un peu sauvage, elle avait toujours eu la peur instinctive des foules humaines. Effrayée par cette multitude d'hommes à piques et de tricoteuses qui lui montraient le poing en glapissant, elle s'arrête au haut de l'escalier. Une main inconnue lui glisse un billet l'avertissant de redoubler de prudence. Cet avis obscur achève de l'épouvanter; elle craint de tomber évanouie; et elle voit déjà sa tête au bout d'une pique, comme la tête de la malheureuse princesse de Lamballe. Pourtant elle s'avance. A mesure qu'elle descend les degrés, la foule de plus en plus épaisse, la poursuit de ses clameurs.

— C'est la Custine! C'est la fille du traître!

Les sabres nus se levaient déjà sur elle. Une faiblesse, un faux pas et c'en était fait. Elle a raconté depuis qu'elle se mordait la langue jusqu'au sang pour ne point pâlir.

Épiant une chance de salut, elle jette les yeux autour d'elle et voit une femme du peuple qui tenait un petit enfant contre sa poitrine.

— Quel bel enfant vous avez, madame! lui dit-elle.

— Prenez-le, répond la mère.

Madame de Custine prend l'enfant dans ses bras et traverse la cour du palais, au milieu de la foule immobile. L'innocente créature la protégeait. Elle put ainsi atteindre la place Dauphine, où elle rendit l'enfant à la mère qui le lui avait généreusement prêté. Elle était sauvée.

On sait que le général de Custine périt sur l'échafaud et que Philippe de Custine y suivit bientôt son père. Il mourut avec le calme d'un innocent et la constance d'un héros.

Veuve à vingt-trois ans, madame de Custine résolut de quitter la France avec son fils en bas âge, mais elle fut arrêtée comme émigrée d'intention et conduite à la prison des Carmes. Elle y attendit la mort dans cette fierté tranquille que donnent la race et l'exemple. Le

9 Thermidor la sauva. Elle était jeune, elle était mère; elle vécut; elle se reprit aux choses. Le temps est comme un fleuve qui emporte tout. Veuve par la main du bourreau, elle considérait son veuvage comme sacré. Mais toutes les voix de la jeunesse chantaient plaintivement dans son cœur et parfois elle sentait avec amertume le vide de son âme.

En 1797 elle écrivait à sa mère :

Je voudrais trouver un bon mari, raisonnable, sensible, ayant les mêmes goûts que moi et apportant tous les sentiments dont se compose mon existence, un mari qui sente que, pour vivre heureux, il faut être auprès de toi et qui m'y conduisît, qui s'y trouvât heureux et aimât mon fils comme le sien, un mari doux d'opinions comme de caractère, philosophe, instruit, ne craignant pas l'adversité, qui la connaîtrait même, mais qui regarderait comme une compensation à ses maux d'avoir une compagne comme ta Delphine; voilà l'être que je voudrais trouver et que je crains bien de ne rencontrer jamais.

Non, ce rêve d'un bonheur paisible ne devait jamais se réaliser. Delphine de Custine était une tête vouée aux aquilons. Encore quelques années et ses destins seront fixés. Ce n'est pas un mari raisonnable et sensible qu'elle rencontrera, mais un maître impétueux et chagrin, et elle payera du repos de sa vie une joie d'une heure.

C'était en 1803. Elle avait trente-trois ans. Son teint de blonde était resté frais comme au temps où Boufflers l'appelait la reine des roses. La douceur et la fierté se fondaient en séduction sur son fin visage. Elle joignait à la mutinerie de la jeunesse la résignation des êtres qui ont beaucoup vécu. La belle victime vit Chateaubriand. Il était dans tout l'éclat de sa jeune gloire et déjà dévoré d'ennuis. Elle l'aima. Il se laissa aimer. Dans les premières heures il jeta quelque feu. La lettre que voici fut écrite dans la nouveauté du sentiment.

Si vous saviez comme je suis heureux et malheureux depuis hier, vous auriez pitié de moi. Il est cinq heures du matin. Je suis seul dans ma cellule. Ma fenêtre est ouverte sur les jardins qui sont si frais, et je vois l'or d'un beau soleil levant qui s'annonce au-dessus du quartier que vous habitez. Je pense que je ne vous verrai pas aujourd'hui et je suis bien triste. Tout cela ressemble à un roman; mais les romans n'ont-ils pas leurs charmes? Et toute la vie n'est-elle pas un triste roman? Écrivez-moi; que je voie au moins quelque chose qui vienne de vous! Adieu, adieu jusqu'à demain!

Rien de nouveau sur le maudit voyage.

Ce voyage est celui de Rome, où René, nommé secrétaire d'ambassade, devait conduire madame de Beaumont, mourante.

Il partit; aux premiers arbres du chemin, il avait déjà oublié Delphine de Custine. De retour en France, l'année suivante, il lui rapporta un amour distrait, éloquent et maussade. Elle le recevait dans la terre de Fervacques, qu'elle avait récemment achetée et dont le vieux château, égayé par le souvenir de la belle Gabrielle, possédait encore, disait-on, le lit de Henri IV.

C'est après un de ces séjours que Delphine lui écrivit ce billet :

> J'ai reçu votre lettre. J'ai été pénétrée, je vous laisse à penser de quels sentiments. Elle était digne du public de Fervacques, et cependant je me suis gardée d'en donner lecture. J'ai dû être surprise qu'au milieu de votre nombreuse énumération il n'y ait pas eu le plus petit mot pour la grotte et pour le petit cabinet orné de deux myrtes superbes. Il me semble que cela ne devait pas s'oublier si vite.

On sent qu'en écrivant ces lignes, la délicate créature était encore agitée d'un doux frémissement. Elle avait la mémoire du cœur et des sens, cette pauvre femme, condamnée dès ce moment à ne vivre que de souvenirs. Rien ne devait plus effacer dans son âme la grotte et les deux myrtes. Chateaubriand ne lui laissa même pas l'illusion du bonheur. Le 16 mars 1805, elle écrivait à Chênedollé son confident :

> Je ne suis pas heureuse, mais je suis un peu moins malheureuse.

Onze jours après, elle disait :

> Je suis plus folle que jamais; je l'aime plus que jamais, et je suis plus malheureuse que je ne peux dire.

René, qui ne cherchait au monde que des images, préparait alors son voyage en Orient.

Madame de Custine écrivait de Fervacques le 24 juin 1806.

. . . .

Le *Génie* (le Génie, c'était Chateaubriand) est ici depuis quinze jours; il part dans deux mois, et ce n'est pas un départ ordinaire, ce n'est pas pour un voyage ordinaire non plus. Cette chimère de Grèce est enfin réalisée. Il part pour remplir tous ses vœux et pour détruire tous les miens. Il va enfin accomplir ce qu'il désire depuis si longtemps. Il sera de retour au mois de novembre, à ce qu'il assure. Je ne puis le croire; vous savez si j'étais triste, l'année dernière; jugez donc de ce que je serai cette année! J'ai pourtant pour moi l'assurance d'être mieux aimée; la preuve n'en est guère frappante.

. . . .

Tout a été parfait depuis quinze jours, mais, aussi tout est fini.

Tout était fini. Son instinct ne la trompait pas; René, dans ce pèlerinage, allait chercher une autre victime. Madame de Mouchy l'attendait à l'Alhambra.

Madame de Custine se survécut vingt ans. Elle eut le courage de rester l'amie de celui qui ne l'aimait plus. Le monde qu'elle n'avait jamais goûté, lui était devenu odieux. Elle restait enfermée à Fervacques.

M. Bardoux a publié les lettres charmantes qu'elle écrivait, après 1816, à son amie la célèbre Rahel de Varnhagen. Ces lettres laissent voir la limpidité de l'âme de Delphine.

Elle écrit :

J'aime encore les arbres ! Le ciel a eu pitié de moi, en me laissant au moins ce goût. Je fais à tous la meilleure mine que je peux, mais je ne peux pas grand'chose, parce que je souffre dans le fond de mon âme.

Et encore :

Vous dites d'une manière charmante « qu'il ne faudrait pas être seule lorsqu'on n'est plus jeune » ! Au moins faudrait-il être vieille ! mais on est si longtemps à n'être plus jeune sans être vieille, que c'est là ce qu'il y a de plus pénible ; ce qui me console, c'est la rapidité de tout. Le temps passe avec une promptitude effrayante, et, malgré la tristesse des jours, on les voit s'évader comme les eaux d'un torrent.

Elle souffrait depuis longtemps d'une maladie de foie que le chagrin avait développée.

Dans l'été de 1826, elle se rendit à Bex pour respirer l'air des montagnes et aussi pour être plus près de Chateaubriand, qui avait accompagné à Lausanne sa femme souffrante. Là, Delphine de Custine s'éteignit sans agonie le 25 juillet 1826, dans la cinquante-sixième année de son âge. Chateaubriand la veilla à son lit de mort. Il écrivit dans ses *Mémoires* ces lignes froides et brillantes :

J'ai vu celle qui affronta l'échafaud du plus grand courage, je l'ai vue plus blanche qu'une Parque, vêtue de noir, la taille amincie par la mort, la tête ornée de sa seule chevelure de soie, me sourire de ses lèvres pâles et de ses belles dents, lorsqu'elle quittait Sécherons, près Genève, pour expirer à Bex, à l'entrée du Valais.

J'ai entendu son cercueil passer, la nuit, dans les rues solitaires de Lausanne, pour aller prendre sa place éternelle à Fervacques.

Certes, la fille de madame de Sabran avait tout donné et n'avait rien reçu. Qu'importe, puisque le vrai bonheur de ce monde consiste non à recevoir, mais à donner! Elle eut la part de joie dévolue sur la terre aux créatures bien nées, puisqu'elle fit en aimant le rêve de la vie. C'est pour elle et ses pareils qu'il fut écrit : « Heureux ceux qui pleurent! »

P.-S. — En relisant les épreuves de cet article, je suis assailli de doutes et d'inquiétudes : j'entends dire vaguement que M. Bardoux a découvert les papiers de madame de Custine, et que le roman de la vie de cette aimable dame en reçoit quelque dommage. On va jusqu'à chuchoter que Delphine, qui écrivait si bien les lettres d'amour, les faisait resservir plusieurs fois. Je n'en veux rien croire encore. Il est toujours temps d'être désenchanté.

M. JULES LEMAITRE [1]

M. Jules Lemaître vient de publier ses feuilletons dramatiques sous le titre d'*Impressions de théâtre*. On y goûte quelque chose d'ingénu qui vient du cœur et je ne sais quoi d'étrangement expérimenté qui vient de l'esprit. Cela est fort bien ainsi: Il est bon que le cœur soit naïf et que l'esprit ne le soit pas. Les anges, qui sont toute candeur, feraient assurément de la bien mauvaise littérature et l'on n'imagine pas un séraphin en possession de l'ironie philosophique.

Devant les choses humaines, M. Jules Lemaître ne tient pas toujours son sérieux. Mais on lui sait gré de manquer parfois de gravité, tant sa fantaisie est charmante. Ce lettré, qui a pris tous ses grades, jette volontiers en l'air son bonnet de docteur et s'amuse çà et là des espiègleries d'écolier. C'est Fantasio pêchant à la ligne les plus vénérables perruques. Il est piquant et

---

1. Jules Lemaître, *Impressions de théâtre*. Lecène, édit., in-18.

délicieux de voir ainsi quelque gaminerie accompagner tant de docte et poétique talent; nous en jouissons comme d'un spectacle rare. Le pédantisme étant l'habitude ordinaire des gens considérables, nous sommes émerveillés quand un homme de mérite pousse le naturel jusqu'à une certaine effronterie. Quel oubli de soi s'y révèle, quelle simplicité et aussi quelle philosophie! Mais ce qu'il y a peut-être de plus aimable en M. Lemaître, c'est la tristesse soudaine qui lui prend d'avoir été cruel dans son espièglerie, et sans pitié. Ce sont ses brusques attendrissements. Car il y a de tout, et même de la mélancolie, dans cette âme mobile, fluide, légère et charmante comme celle de quelque Puck qui aurait fait ses humanités.

M. Jules Lemaître est un esprit très avisé et très subtil dont l'heureuse perversité consiste à douter sans cesse. C'est l'état où l'a réduit la réflexion. La pensée est une chose effroyable. Il ne faut pas s'étonner que les hommes la craignent naturellement. Elle a conduit Satan lui-même à la révolte. Et pourtant Satan était un fils de Dieu. Elle est l'acide qui dissout l'univers, et, si tous les hommes se mettaient à penser à la fois, le monde cesserait immédiatement d'exister; mais ce malheur n'est pas à craindre. La pensée est la pire des choses. Elle en est aussi la meilleure. S'il est vrai de dire qu'elle détruit tout, on peut dire aussi justement qu'elle a tout créé. Nous ne concevons l'univers que par elle et, quand elle nous démontre qu'il est inconcevable, elle ne fait que crever la bulle de savon qu'elle avait soufflée.

C'est proprement ce à quoi M. Jules Lemaître s'occupe

tous les lundis avec une grâce diabolique. Il dit tout et veut n'avoir rien dit. Son infirmité est de trop comprendre. Quelle autorité n'aurait-il point acquise s'il était de moitié moins intelligent? Mais il voit l'envers des idées. Une telle perspicacité ne se pardonne guère. Il concilie ce qui d'abord ne semblait pas conciliable ; il porte d'instinct, dans son âme charmante et mobile, la riche philosophie d'Hegel : s'il rencontre des idées ennemies, il les réconcilie en les embrassant toutes ensemble. Puis il les envoie promener. C'est là certainement la sagesse : on ne la pardonne pas. En politique comme en littérature, ce que nous estimons le plus chez nos amis, c'est la partialité de leur esprit et l'étroitesse de leurs vues. Quand on est d'un parti, il faut d'abord en partager les préjugés. M. Jules Lemaître n'est d'aucun parti. Il a l'intelligence absolument libre. Je le tiens pour un vrai philosophe qui contemple le monde; et, s'il s'est pris de goût pour le théâtre, c'est sans doute qu'il y a vu une sorte de microcosme. En effet, le théâtre est le monde en miniature. Qu'est-ce qu'une comédie, sinon une suite d'images formées dans le mystère d'une même pensée? Or, cette définition convient également bien à une pièce de théâtre et à l'univers visible. Les images nous frappent; nous ignorons la pensée qui les assemble : il faut qu'on nous la montre. C'est l'emploi du philosophe ou du critique dramatique, selon qu'il s'agit du plan divin ou d'un plan de M. Alexandre Dumas.

M. Jules Lemaître s'occupe même de théâtre dans ses

feuilletons dramatiques et M. Francisque Sarcey lui en a fait tous ses compliments. Mais M. Jules Lemaître s'occupe de bien autre chose dans ces études si diverses et toujours nouvelles, ou plutôt il ne s'y occupe que d'une seule chose, qui est l'âme humaine.

C'est à elle qu'il rapporte tout. De là, l'intérêt de ces pages écrites au jour le jour, et que relie comme un fil d'or le sentiment philosophique.

M. Jules Lemaître n'a point de doctrine, mais il a une philosophie morale. Elle est, cette philosophie, amère et douce, indulgente et cruelle, et bonne par-dessus tout. Sagesse de l'abeille qui fait sentir son aiguillon et qui donne son miel! Je suis bien sûr que, si l'on pouvait aimer sans haïr, M. Jules Lemaître ne haïrait jamais. Mais c'est un voluptueux qui ne pardonne pas à la laideur d'attrister la fête de la vie. Il aime les hommes; il les veut heureux; il croit qu'il y a plus de sortes de vertus qu'on n'en compte généralement dans les manuels de morale. Il est de ces hommes qui ne veulent de mal à personne, qui sont tolérants et bienveillants et qui, n'ayant pas de foi qui leur soit propre, communient avec les croyants. On nomme ces gens-là des sceptiques. Ils ne croient en rien; cela les oblige à ne rien nier. Ils sont, comme les autres, soumis à toutes les illusions du mirage universel; ils sont les jouets des apparences; parfois des formes vaines les font cruellement souffrir. Nous avons beau découvrir le néant de la vie : une fleur suffira parfois à nous le combler. C'est ainsi que M. Jules Lemaître, tantôt sensuel et tantôt ascétique, se joue des jeux de la scène et goûte au théâtre l'illusion d'une illusion. Il nous en rapporte des impressions exquises, qui se répercutent en moi, je vous assure, d'une façon tout à fait délicieuse.

J'aime infiniment le théâtre chaque fois qu'il m'en parle. Il m'a fait goûter Meilhac comme je n'avais pas su le faire tout seul, et il m'aide à trouver aux dialogues de Gyp un sens mystique et surnaturel. Il me sert aussi beaucoup pour l'intelligence de Corneille et de Molière, car personne ne le surpasse en culture classique. Enfin, il m'a révélé des aspects nouveaux du génie de Racine, que pourtant je connais assez bien.

Sans me flatter, je tiens cela pour un mérite. Mais ce que M. Jules Lemaître fait le mieux voir dans sa galerie, c'est lui-même. Il se montre sous des masques divers. Loin de l'en blâmer, je l'en félicite. En somme, la critique ne vaut que par celui qui l'a fait, et la plus personnelle est la plus intéressante.

La critique est, comme la philosophie et l'histoire, une espèce de roman à l'usage des esprits avisés et curieux, et tout roman, à le bien prendre, est une autobiographie. Le bon critique est celui qui raconte les aventures de son âme au milieu des chefs-d'œuvre.

Je crois avoir déjà tenté de le dire, il n'y a pas plus de critique objective qu'il n'y a d'art objectif, et tous ceux qui se flattent de mettre autre chose qu'eux-mêmes dans leur œuvre sont dupes de la plus fallacieuse philosophie. La vérité est qu'on ne sort jamais de soi-même. C'est une de nos plus grandes misères. Que ne donnerions-nous pas pour voir, pendant une minute, le ciel et la terre avec l'œil à facettes d'une mouche, ou, pour comprendre la nature avec le cerveau rude et simple d'un orang-outang? Mais cela nous est bien défendu. Nous ne pouvons pas, comme Tirésias, être homme et nous souvenir d'avoir été femme. Nous sommes enfermés dans notre personne comme dans une prison perpétuelle. Ce que nous avons de mieux à faire, ce me semble, c'est de reconnaître de bonne grâce cette affreuse condition et d'avouer que nous parlons de nous-mêmes, chaque fois que nous n'avons pas la force de nous taire.

La critique est la dernière en date de toutes les formes littéraires; elle finira peut-être par les absorber toutes. Elle convient admirablement à une société très civilisée dont les souvenirs sont riches et les traditions déjà longues. Elle est particulièrement appropriée à une humanité curieuse, savante et polie. Pour prospérer, elle suppose plus de culture que n'en demandent toutes les autres formes littéraires. Elle eut pour créateurs Saint-Évremond, Bayle et Montesquieu. Elle procède à la fois de la philosophie et de l'histoire. Il lui a fallu, pour se développer, une époque d'absolue liberté intellectuelle. Elle remplace la théologie, et, si l'on cherche le docteur universel, le saint Thomas d'Aquin du XIXe siècle, n'est-ce pas à Sainte-Beuve qu'il faut songer?

1814 [1]

Nous avions déjà sur 1814, sans compter d'innombrables ouvrages russes et allemands, l'élégante esquisse du baron Fain, secrétaire de l'empereur, le livre du commandant Koch et le volume de M. Thiers dans lequel la campagne de France est racontée avec une patriotique émotion. M. Henry Houssaye, qui avait jusqu'ici appliqué plus particulièrement à la Grèce ancienne ses remarquables facultés d'historien, nous retrace aujourd'hui les événements civils et militaires de 1814 avec plus de précision et d'étendue que n'avaient fait ses prédécesseurs. Il s'est servi exclusivement des documents originaux : lettres, ordres, protocoles, situations, rapports de généraux et de préfets, bulletins de police, journaux du temps, mémoires : cent mille pièces et cinq cents volumes. Il a étudié sur place les principales affaires de la campagne. Il a conféré soigneu-

---

1. 1814, par Henry Houssaye. Didier, édit., 1 vol. in-8.

sement pour chaque combat les témoignages des deux adversaires. Il a donné le premier les effectifs exacts des forces engagées de part et d'autre, ainsi que le nombre des soldats tués ou blessés. Ses récits de bataille sont nouveaux sur beaucoup de points. De plus, ils sont clairs et animés : M. Henry Houssaye a le sens militaire. Il sait préciser les « moments » décisifs des actions et suivre les masses en mouvement; il entre dans l'esprit du soldat. Mais il ne s'est pas borné à l'exposé des faits de guerre; il a étudié la situation politique de la France et esquissé l'état de l'esprit public, et cette partie de son livre, tout à fait nouvelle, offre un grand intérêt. Jamais on n'avait peint avec une si âpre vérité les misères de la France dans cette année maudite : le blocus continental, les champs en friche, les fabriques fermées, l'arrêt complet des affaires et des travaux publics, la retenue de 25 pour 100 sur les traitements et les pensions non militaires, l'énorme augmentation des impôts, la rente tombée de 87 francs à 50^{fr},50; les actions de la Banque, cotées naguère 430 francs, valant 715 francs, le change sur les billets monté à 12 pour 1000 en argent, à 50 pour 1000 en or, le numéraire si rare, qu'on avait dû tolérer l'usure et suspendre jusqu'au 1er janvier 1815 la loi qui fixait l'intérêt à 5 et 6 pour 100.

Des colonnes mobiles fouillaient les bois à la recherche des réfractaires; les garnisaires s'installaient au foyer de la mère de l'insoumis. Dans certaines contrées, c'étaient les femmes et les enfants qui labouraient. Bientôt le ministre de l'intérieur devait mettre à l'ordre du pays;

par la voie des journaux, que les femmes et les enfants pouvaient utilement remplacer les hommes dans les travaux des champs, et que le labour à la bêche devait suppléer au labour à la charrue, devenu impossible à cause du manque de chevaux.

Le tableau que trace M. Henry Houssaye est effroyable; on n'en peut nier l'exactitude, puisque chaque trait est tiré d'un document authentique. Il est à remarquer pourtant que le rappel des classes an XI et suivantes, la levée de 1815, l'appel des gardes nationales mobiles ne portèrent que sur les hommes de dix-neuf à quarante ans.

Le travail à la fois impartial et généreux de M. Henry Houssaye nous montre côte à côte l'héroïsme et l'infamie. En cette cruelle année la France se couvrit de gloire et de honte. Les soldats paysans furent sublimes. Les royalistes furent abominables. Ces gens-là ne voyaient jamais Bonaparte entreprendre une guerre sans espérer la défaite. Ils appelaient l'étranger. L'invasion les remplit d'espérance. « Les Cosaques, disaient-ils, ne sont méchants que dans les gazettes. » Plus de vingt émissaires quittèrent Paris pour aller renseigner les états-majors ennemis. Le chevalier de Maison-Rouge et tant d'autres guidèrent les colonnes russes et prussiennes contre l'armée française. A l'entrée des alliés à Paris, les royalistes firent éclater une joie impie et « changèrent ce jour de deuil en un jour de honte ».

Dans le faubourg Saint-Martin, où la colonne des alliés s'engagea d'abord, les hommes du peuple, dis-

séminés et silencieux, regardaient d'un œil farouche.
A la porte Saint-Denis, où la foule était épaisse, il
s'éleva quelques cris isolés de : « Vive l'empereur
Alexandre! Vivent les alliés! » Bientôt les royalistes,
qui se portaient en foule à la tête des chevaux, mê-
lèrent à ces vivats les cris de : « Vivent les Bourbons!
A bas le tyran! »

A mesure que les souverains s'avançaient vers les
quartiers riches, les boulevards prenaient l'aspect d'une
voie triomphale. Les acclamations croissaient en nombre
et en force. Aux fenêtres, aux balcons, d'où pendaient des
bannières blanches faites avec des nappes et des draps de
lit, des femmes élégantes agitaient leurs mouchoirs. De
beaux messieurs, portant des cocardes blanches, ravis
d'aise, pâmés d'admiration, s'écriaient : « Que l'empereur
Alexandre est beau! Comme il salue gracieusement! »

Arrivés aux Champs-Élysées, où la revue d'honneur
devait avoir lieu, les souverains et le prince de Schwarzenberg se placèrent du côté droit de l'avenue, à la
hauteur de l'Élysée. Les troupes défilèrent devant eux,
tandis que la foule accourue des boulevards prolongeait
ses vivats. Pour mieux voir le défilé, les femmes de
l'aristocratie demandèrent à des officiers d'état-major de
leur prêter un moment leurs chevaux. D'autres montè-
rent en croupe derrière les cosaques rouges de la garde.

> J'ai vu, jeunes Français, ignobles libertines,
> Nos femmes, belles d'impudeur,
> Aux regards d'un Cosaque étaler leurs poitrines
> Et s'enivrer de son odeur.

Pour terminer dignement ce jour de fête, le vicomte Sosthène de La Rochefoucauld, le marquis de Maubreuil et quelques gentilshommes pensèrent à jeter bas au pied de l'ennemi vainqueur l'image glorieuse qui surmontait la colonne de la Grande-Armée. Des ouvriers, recrutés dans les cabarets, passèrent au cou et au torse de la statue des cordes que tirèrent, sur la place, leurs camarades avinés. La Victoire de bronze que l'empereur tenait dans sa main lui fut arrachée. Mais Napoléon resta debout. Alors un misérable se hissa sur les épaules du colosse et souffleta deux fois le visage de bronze.

Voilà la honte ineffaçable, l'opprobre dont nous rougissons encore. Voici maintenant la gloire la plus pure et la plus consolante. Pour défendre son sol envahi, la France épuisée donne ses derniers enfants, de pauvres paysans très jeunes, presque tous mariés, arrachés douloureusement à leur maison, à leur femme, à l'humble douceur du champ natal. On les appelait des Maries-Louises. Les Maries-Louises furent sublimes. Ils ne savaient pas monter à cheval et le général Delort disait d'eux : « Je crois qu'on perd la tête de me faire charger avec de la cavalerie pareille. » Pourtant ils traversèrent Montereau comme une trombe en culbutant les bataillons autrichiens massés dans les rues. Ils savaient à peine charger un fusil; mais, à Bar-sur-Aube, ils défendirent, un contre quatre, les bois de Lévigny, seulement avec la baïonnette; mais, à Craonne, ils se maintinrent trois heures sur la crête du plateau, à petite portée des batteries ennemies dont la mitraille faucha six cent cinquante hommes sur neuf cent vingt. Sans capote, par 8 degrés de froid, ils marchaient dans la neige avec de mauvais souliers, combattaient chaque jour, manquaient de pain et restaient joyeux.

Les gardes nationales ont aussi leurs pages glorieuses dans ce livre de sang. Les Spartiates aux Thermopyles, les grenadiers à Waterloo ne furent pas plus intrépides que les gardes nationales, en sabots et en chapeaux ronds, à la Fère-Champenoise. M. Henry Houssaye a tracé un tableau enflammé de cette bataille, d'après la relation inédite d'un des généraux. Les gardes nationales étaient 4000 ; ils convoyaient 200 voitures de munitions. D'abord attaqués par 6000 cavaliers, ils percèrent ces masses et marchèrent en avant. L'ennemi reçut des renforts ; 4000 Prussiens, puis toutes les cavaleries des deux grandes armées : 20 000 cavaliers enveloppaient les Français, réduits à moins de 2000 et formés en trois carrés. Les gardes nationales refusaient de se rendre. Ayant épuisé leurs cartouches, ils recevaient les charges sur la pointe de leurs baïonnettes tordues par tant de chocs. Enfin, une nouvelle décharge de 72 pièces de canon ouvrit une brèche dans ces murailles vivantes. Les cavaliers s'y engouffrèrent. A peine si cinq cents de ces héros échappèrent. Le tsar était profondément ému de cette résistance sans espoir. Plus tard, quand Talleyrand lui parlait du vœu des Français pour les Bourbons, le souverain russe rappelait les gardes nationales de la Fère-Champenoise tombées sous la mitraille en criant : « Vive l'empereur ! »

La vieille garde fut admirable de constance et de fermeté. Ces vétérans, qui avaient vu Marengo et Hohenlinden, « grognaient et le suivaient toujours ». Ceux-là n'abandonnèrent pas leur empereur.

Après la capitulation de Paris, le 3 avril, à Fontainebleau, Napoléon se plaça au milieu de la cour et fit appeler les officiers et les sous-officiers de la division Friant. Lorsqu'ils eurent formé le cercle, il dit d'une voix haute : « Officiers, sous-officiers et soldats de ma vieille garde, l'ennemi nous a dérobé trois marches. Il est entré dans Paris. J'ai fait offrir à l'empereur Alexandre une paix achetée par de grands sacrifices : la France avec ses anciennes limites, en renonçant à nos conquêtes, en perdant tout ce que nous avons gagné depuis la Révolution. Non seulement il a refusé ; il a fait plus encore : par les suggestions perfides de ces émigrés auxquels j'ai accordé la vie et que j'ai comblés de bienfaits, il les autorise à porter la cocarde blanche, et bientôt il voudra la substituer à notre cocarde nationale. Dans peu de jours, j'irai l'attaquer à Paris. Je compte sur vous. » L'empereur s'attendait à une acclamation. Mais les grognards gardaient le silence. Surpris, inquiet, il leur demanda :

« Ai-je raison? » A ce mot, ils crièrent tous d'une seule voix : « Vive l'empereur! A Paris! à Paris! » — « On s'était tu, dit le général Pelet avec une simplicité héroïque, parce que l'on croyait inutile de répondre. »

M. Henry Houssaye a écrit là, d'un style sobre, une histoire impartiale. Pas de phrases, point de paroles vaines et ornées ; partout la vérité des faits et l'éloquence des choses. Pour donner une idée de sa manière, je citerai une page entre autres, le tableau de la capitale pendant la bataille de Paris.:

L'appréhension du danger causa plus de trouble et d'effroi que le danger même. La population parisienne, qui s'épouvantait dès les premiers jours de février au seul nom des Cosaques, et qui tremblait les 27, 28 et 29 mars à l'idée du pillage et de l'incendie, recouvra son sang-froid quand elle entendit le canon. Pendant la bataille, les grands boulevards avaient leur aspect accoutumé, à cette différence que la plupart des boutiques étaient fermées et qu'il passait peu de voitures. Mais la foule était plus nombreuse, plus animée, plus remuante que d'ordinaire. C'était le boulevard aux jours de fête et de changement de gouvernement : un flux et un reflux de promeneurs, de groupes stationnant et discutant, toutes les chaises occupées, tous les cafés remplis. Le temps était couvert et doux. A Tortoni, les élégants dégustaient des glaces et buvaient du punch en regardant trottiner les grisettes et défiler sur la chaussée quelques prisonniers qu'escortaient des gendarmes, et d'innombrables blessés, transportés sur des civières et des prolonges et dans des fiacres mis en réquisition. La foule ne paraissait nullement consternée. Chez quelques-uns il y avait de l'inquiétude, chez d'autres de la curiosité ; chez la plupart la tranquillité et même l'indifférence dominaient. L'amour-propre national aidant — à mieux dire peut-être la vanité parisienne — on regardait le combat livré à Romainville comme une affaire sans importance et dont l'issue d'ailleurs n'était point douteuse. Si l'on faisait remarquer que le bruit du canon se rapprochait, ce qui semblait indiquer les progrès de l'ennemi, il ne manquait pas de gens pour répliquer d'un air entendu : « C'est une manœuvre; les Russes jouissent de leur reste. » La quiétude générale fut cependant troublée entre deux et trois heures. Un lancier ivre descendit au grand galop le faubourg Saint-Martin en criant : « Sauve qui peut! » Une panique se produisit. Chacun s'enfuit en courant. Les ondulations de la foule s'étendirent jusqu'au Pont-Neuf et aux Champs-Élysées. Mais cette fausse terreur fut passagère, les boulevards se remplirent de nouveau.

Au jugement des connaisseurs, les deux chefs-d'œuvre militaires de Napoléon, ce sont les campagnes de 1796 et de 1814. Ces deux campagnes, fort dissemblables quant au résultat définitif, présentent cette analogie que Napoléon, disposant de forces militaires très restreintes, eut à combattre un ennemi quadruple sinon quintuple en nombre et employa dans les deux cas la même tactique.

M. Henri Houssaye a établi, il est vrai, que, dans plusieurs batailles de la campagne de France, la disproportion des forces a été exagérée. Il n'en reste pas moins vrai que l'empereur opérait avec une petite armée. Les écrivains militaires ont pu discuter certaines campagnes, celles de 1812, par exemple, et de 1813. Ils ont pu contester la bonne conduite des batailles d'Eylau, de la Moskova, de Leipzig, mais personne, à l'étranger du moins, n'a osé contester la campagne de 1814. Il est remarquable que Napoléon trouve d'autant plus de ressources stratégiques qu'il a moins d'hommes à conduire. Son génie aime les petites armées. Dans la campagne de France, il n'eut jamais plus de trente mille hommes concentrés dans sa main. Mais par sa divination des plans de l'ennemi et par la rapidité foudroyante de ses marches, il réussit souvent à atteindre et à combattre l'ennemi à forces presques égales. D'ailleurs, les grands capitaines semblent avoir préféré les petites armées aux grandes. Turenne et Frédéric n'ont jamais été de si excellents artistes que quand ils avaient peu d'hommes en main et il faut se rappeler le mot fameux du maréchal de Saxe : « Au delà de quarante mille hommes, je n'y comprends rien. » La guerre moderne peut avoir d'autres exigences ; pourtant ce mot du maréchal de Saxe donne beaucoup à penser.

Au début de la campagne de 1814, Napoléon, qui n'avait pas encore concentré toutes ses forces, dut combattre à la Rothière contre les deux armées réunies. Il battit en retraite sur Troyes, puis sur Nogent. Les alliés crurent alors qu'ils n'avaient plus qu'à marcher sur Paris. Pour faciliter leur marche, ils se divisèrent en deux grandes colonnes dont l'une suivit la Marne, l'autre l'Aube, puis la Seine. Afin de favoriser la faute qu'ils vont commettre, Napoléon se tient coi pendant quatre jours, puis, quand la séparation est opérée, il se porte avec sa petite armée entre les deux colonnes ennemis, fond sur Blücher, surprend ses quatre corps échelonnés sur la Marne et les détruit en quatre batailles, en quatre jours. Puis il se rabat sur la colonne de gauche, celle de Schwarzenberg, lui inflige trois défaites successives et la force à battre en retraite.

Tout ce que peut le génie Napoléon le fit. Mais le génie

a dans ce monde un adversaire à sa taille : le hasard. Le hasard, la fatalité se mit dans plusieurs circonstances décisives du côté des alliés. Du moins le grand capitaine espéra jusqu'au bout et ne négligea rien pour rappeler la fortune.

La troisième partie de la campagne, le grand mouvement sur la Lorraine, est d'une hardiesse inouïe. Napoléon, découvrant audacieusement Paris, se jetait sur les derrières des armées alliées; il rappelait à lui les garnisons françaises du Rhin, puis avec son armée ainsi doublée, il coupait l'ennemi de ses bases d'opérations. Un moment les états-majors des alliés se crurent perdus.

Au conseil de guerre de Pougy, le 23 mars, il fut question de battre en retraite. « Le mouvement général de Napoléon sur Saint-Dizier, dit très bien M. Henry Houssaye, admirable dans la conception, est justifié dans la pratique par cela seul qu'il inspira un instant aux alliés l'idée d'une retraite sur le Rhin. » Cette admirable manœuvre allait réussir, c'était la victoire, c'était le salut, quand les alliés apprirent par des courriers tombés entre leurs mains et par des émissaires de Talleyrand que la trahison les attendait, les appelait à Paris. Ils y marchèrent. Mais avec quelles craintes! Depuis leur entrée sur la terre de France, ils n'avaient pas cessé de trembler et leur peur augmentait avec leurs progrès sur le sol défendu par Napoléon et les paysans. Le 3 avril, quand l'empereur, à Fontainebleau, n'avait plus qu'un tronçon d'épée et une poignée d'hommes, ils tremblaient encore : « Ce terrible Napoléon, dit l'émigré

Faugeron dans ses *Mémoires* cités par M. Houssaye, nous croyions le voir partout. Il nous avait tous battus les uns après les autres. Nous craignions toujours l'audace de ses entreprises, la rapidité de ses marches et ses combinaisons savantes. A peine avait-on conçu un plan, qu'il était déjoué par lui. »

Nous avons revu, il y a dix-huit ans, les Allemands en France, nous avons vu tomber nos places de guerre et Paris, affamé, ouvrir ses portes à l'ennemi victorieux. Alors, nous n'avons pas retrouvé Napoléon. Nous n'avons pas vu se lever sur nos routes sanglantes, à l'appel d'un grand capitaine, ces victoires blessées à mort, dont parle l'éloquent Lacordaire. Mais si un grand capitaine a manqué à la France, la France ne s'est pas manqué à elle-même. Grâce à Dieu, les hontes de 1814 ont été épargnées à la France de 1870. Nous n'avons pas vu des Français dans les rangs de l'ennemi. Le patriotisme, né avec la démocratie, est aujourd'hui plus pur, plus fier, plus délicat, plus exquis que jamais; il est dans toute la fleur de son sentiment.

Comparez l'entrée des alliés à Paris en 1814 et l'entrée des Prussiens en 1871. En 1814, la foule des curieux afflue sur le passage des vainqueurs. Les boulevards prennent un air de fête. La ville entière se donne le spectacle des Cosaques, acclamés par une poignée de royalistes. En 1814, comme l'a dit M. Henry Houssaye, « Paris ne comprit pas la dignité des rues désertes et des fenêtres closes ».

DEMAIN

> L'avenir est sur les genoux de Zeus.
> HOMÈRE.

Je reçois la lettre suivante :

Monsieur,

Pour un livre que je prépare, et qui paraîtra en novembre chez l'éditeur, M. Perrin, je désirerais vivement avoir une réponse de vous aux questions que voici :

« Que pensez-vous que doive être la littérature de demain, celle qui n'est qu'en germe encore dans les essais des jeunes gens de vingt à trente ans? Où va-t-elle sous les influences contraires qui se la partagent (idéalisme — positivisme, patriotisme esthétique et philosophique — lettres et doctrines étrangères, objectivisme — subjectivisme, doctrine de l'exception — triomphe de la démocratie, etc.)? Est-ce un bien ou un mal, ce manque de groupement qui la caractérise? N'y a-t-il pas une scission profonde entre les traditions dont la littérature a vécu jusqu'ici et les symptômes nouveaux qu'on pressent plutôt qu'on ne pourrait les définir?

Voyez-vous un bon ou un mauvais signe en cette maîtrise de tous les arts, y compris celui d'écrire, par la critique moderne? Enfin, où est l'avenir? »

« Agréez, monsieur, etc.
CHARLES MORICE.

Une semblable lettre est faite pour me flatter et surtout pour m'embarrasser. Mais, à vrai dire, les questions que me pose M. Charles Morice, chacun des lecteurs de *la Vie littéraire* a le droit de me les poser. C'est pourquoi je vais répondre de mon mieux et publiquement :

A monsieur Charles Morice.

« Monsieur,

» Vous êtes esthète et vous voulez bien me croire esthète. C'est me flatter. Je vous avouerai, et mes lecteurs le savent, que j'ai peu de goût à disputer sur la nature du beau. Je n'ai qu'une confiance médiocre dans les formules métaphysiques. Je crois que nous ne saurons jamais exactement pourquoi une chose est belle.

» Et je m'en console. J'aime mieux sentir que comprendre. Peut-être y a-t-il là quelque paresse de ma part. Mais la paresse conduit à la contemplation, la contemplation mène à la béatitude. Et la béatitude est la récompense des élus. Je n'ai pas le talent de démonter les chefs-d'œuvre, comme le faisait excellemment sur cette terre notre regretté confrère M. Maxime Gaucher. Je vous fais cet aveu, monsieur, pour que vous ne soyez pas désagréablement surpris si mes réponses manquent tout à fait d'esprit de système. Vous me demandez mon avis sur la jeune littérature. Je voudrais, en vous répondant, prononcer des paroles souriantes et de bon augure. Je voudrais détourner les présages de malheur. Je ne puis, et je suis contraint d'avouer que je n'attends rien de bon du prochain avenir.

» Cet aveu me coûte. Car rien n'est doux comme d'aimer la jeunesse et d'en être aimé. C'est la récompense et la consolation suprême. Les jeunes gens vantent si sincèrement ceux qui les louent! Ils admirent et ils aiment comme il faut qu'on admire et qu'on aime : trop. Il n'y a qu'eux pour jeter généreusement des couronnes. Oh! que je voudrais être en communion avec la littérature nouvelle, en sympathie avec les œuvres futures! Je voudrais pouvoir célébrer les vers et les « proses » des décadents. Je voudrais me joindre aux plus hardis impressionnistes, combattre avec eux et pour eux. Mais ce serait combattre dans les ténèbres, car je ne vois goutte à ces vers et à ces proses-là, et vous savez qu'Ajax lui-même, le plus brave des Grecs qui furent devant Troie, demandait à Zeus de combattre et de périr en plein jour.

Ἐν δὲ φάει καὶ ὄλεσσον...

» J'en souffre, mais je ne me sens attaché aux jeunes décadents par aucun lien. Ils seraient Cynghalais ou Lapons, qu'ils ne me sembleraient pas plus étranges

» Cela est à la lettre. Tenez : on vend pour un sou, tout

le long des boulevards, une notice sur les Hottentots du Jardin d'acclimatation. Je n'ai pas manqué de l'acheter, parce que je suis badaud et museur de ma nature. Semblablement au temps de la Ligue, un autre Parisien, pour lequel j'ai beaucoup de sympathie, Pierre de l'Estoile, achetait tous les libelles qui se criaient sous ses fenêtres, dans la vieille rue de Saint-André-des-Arcs. J'ai lu cette notice avec assez de plaisir, et j'y ai trouvé une chanson à la lune, qu'un poète, Namaqua ou Korana, a composée il y a dix ans ou mille ans, je ne sais, et qui se chante, dit-on, dans les kraals, sous la hutte d'écorce, au son des guitares sauvages.

» Voici cette chanson :

« Sois la bien-venue, chère lune ! Nous avions le
» regret de ta belle lumière. Tu es une amie fidèle. Pour
» toi ce tendre agneau et ce tabac excellent. Mais si tu ne
» reçois point nos offrandes, nous mangerons et nous
» fumerons pour toi, chère lune. »

» Ce n'est pas là une chanson bien poétique. Les Hottentots n'ont ni dieu ni poésie ; ou du moins ils pensent que Dieu ne s'occupe pas des affaires humaines ; en quoi, je le dis en passant, ils pensent comme plusieurs de nos grands philosophes. Les Hottentots n'ont point d'idéal. Et pourtant leur petite chanson à la lune me touche. Je la comprends quand on me la traduit. Et MM. José-Maria de Hérédia et Catulle Mendès ont beau me traduire à l'envi des sonnets de la nouvelle école, je n'y entends absolument rien. Je le répète, je me trouve plus voisin d'un pauvre sauvage que d'un décadent. Je ne puis concevoir ce que c'est que l'impressionnisme. Le symbolisme m'étonne. Vous me direz, monsieur, qu'il n'est fait que pour cela. Je crois que non, et que c'est une maladie. Je crois même qu'on en meurt. Car je n'entends plus guère parler des sonnets de M. Ghil. Il y a deux ans, je recevais des journaux décadents et des revues symbolistes; le bon et fidèle éditeur de la nouvelle pléiade, M. Léon Vannier, m'envoyait des plaquettes étranges qui m'amusaient infiniment, à mes heures de perversité; même il venait me voir. Il m'a beaucoup plu. C'est un homme doux et joyeux. Le soir, sur le pas de sa porte, il contemple les grandes formes d'ombre des tours de Notre-Dame et songe qu'il berce l'enfance d'un nouvel Hugo. Aujourd'hui je ne vois plus rien venir, et je crains que la race des symbolistes ne soit aux trois quarts éteinte. Les destins, comme dit le poète, n'ont fait que la montrer à la terre.

» Ils étaient singuliers, ces jeunes poètes et ces jeunes prosateurs! On n'avait encore rien vu de pareil en France, et il serait curieux de rechercher les causes qui les ont produits et déterminés. Je ne veux pas m'enfoncer trop avant dans cette recherche. Je ne remonterai pas jusqu'à la nébuleuse primitive. Ce serait aller trop loin et ne pas aller assez loin; car enfin il y avait quelque chose avant la nébuleuse primitive. Je remonterai seulement au naturalisme, qui commença à envahir la littérature au milieu du second empire. Il débuta avec éclat et produisit du premier coup un chef-d'œuvre:

Madame Bovary. Et, qu'on ne s'y trompe pas, le naturalisme était excellent à bien des égards. Il marquait un retour à la nature, que le romantisme avait méprisé follement. Il était la revanche de la raison. Le malheur voulut que bientôt le naturalisme subit l'empire d'un talent vigoureux, mais étroit, brutal, grossier, sans goût, et ignorant de la mesure, qui est tout l'art. Je crois avoir assez bien défini le nouveau candidat à l'Académie française, celui-là même qui disait tantôt, avec autant d'élégance que d'exactitude : « J'ai divisé mes visites en trois groupes. »

» Avec lui, le naturalisme tomba tout de suite dans l'ignoble. Descendu au dernier degré de la platitude, de la vulgarité, destitué de toute beauté intellectuelle et plastique, laid et bête, il dégoûta les délicats. Vous savez qu'il n'y a pas de réactions raisonnables. Les plus nécessaires sont peut-être les plus furieuses. L'école de Médan suscita le symbolisme. De même, dans l'empire romain, si l'on peut comparer les petites choses aux grandes, un sensualisme grossier produisit l'ascétisme.

» A les bien prendre, nos jeunes poètes sont des mystiques. Je rencontrais tantôt cette phrase dans la vie d'un des Pères de la Thébaïde : « Il lisait les Écritures pour
» y trouver des allégories. » Il faut aux disciples de M. Mallarmé des allégories et tout l'ésotérisme des antiques théurgies. Point de poésie sans un sens caché. On dit même que le maître veut qu'un livre excellent présente trois sens superposés Le premier sens, tout lit-

téral et grossier, sera compris de l'homme oisif qui, s'arrêtant sous les galeries de l'Odéon et aux étalages des libraires, parcourt les livres sans en couper les feuillets. Le second sens, plus spirituel, apparaîtra au lecteur qui fera usage du couteau à papier. Le troisième sens, infiniment subtil et pourtant voluptueux, sera la récompense de l'initié qui saura lire les lignes dans un ordre savant et secret. Quel est cet ordre? Peut-être 3, 6, 5, qui correspond à l'œil nocturne d'Osiris. Mais ce n'est là qu'une conjecture. Je crains que le troisième sens ne m'échappe à jamais.

» Je ne sais pas bien exactement ce que pouvait être pour un contemporain de Ptolémée Philadelphe le poème de Lycophron. Mais il me semble que certains raffinés d'Alexandrie devaient avoir le cerveau fait un peu comme celui de M. Mallarmé et de ses disciples.

» Je vois à côté d'eux une nuée de jeunes romanciers, fort raisonnables et point symbolistes du tout. Il en est qui continuent M. Émile Zola. Vous savez, monsieur, que les romans de M. Zola sont aisément imitables. Le procédé y est toujours visible, l'effet toujours outré, la philosophie toujours puérile. La simplicité extrême de la construction les rend aussi faciles à copier que les vierges byzantines, j'aurais dû dire, peut-être, les figures d'Épinal. D'autres aussi jeunes et déjà plus originaux, expriment leur propre idéal. Malheureusement, ils sont, pour la plupart, bien durs et bien tendus ; ils visent trop à l'effet et veulent trop montrer leur force. C'est encore une des disgrâces de l'art contemporain. Il est brutal. Il ne craint ni de choquer, ni de déplaire. On croit qu'on a tout fait quand on a offensé les mœurs et choqué les convenances. C'est une grande erreur. Elle est excusable et presque touchante chez les très jeunes gens, parce qu'il s'y mêle une infinie candeur. Ils ne savent pas que dans une société polie la volupté est aussi intéressée que la vertu à la conservation de la morale et au respect des convenances. Ils ne savent pas que tous les instincts trouvent en définitive leur compte dans les belles mœurs du monde. Mais on voudrait que le sentiment du respect fût moins étranger au cœur de nos jeunes romanciers.

« Ce qu'il y a de tout à fait louable en eux, c'est la connaissance qu'ils ont de la technique de leur art. S'ils composent mal, c'est moins par ignorance que par dédain : car vous savez qu'un livre bien composé est par cela même, selon le préjugé qui règne, un livre méprisable. Il suffit que M. Octave Feuillet compose en maître pour qu'on le mésestime. Le morceau est tout pour nos jeunes gens, et ils l'enlèvent avec une adresse remarquable. Ce sont d'excellents ouvriers et qui savent leur métier sur le bout du doigt. J'en connais de fort instruits, de savants même, bien armés pour écrire et qui donnent de solides espérances.

Et quand on songe qu'un homme très jeune éprouve de grandes difficultés à se montrer avantageusement dans un genre qui, comme le roman, exige une certaine expérience de la vie et du monde, on ne désespère pas de l'avenir de cette forme littéraire que la France a tant de fois et si heureusement renouvelée depuis le xv⁰ siècle.

« Pourtant, je vous l'avoue, monsieur, c'est avec quelque défiance et un peu de tristesse que je vois s'amasser sur ma table ces piles de livres jaunes. On publie deux ou trois romans par jour. Combien, dans le nombre, doivent survivre? Le xviii⁰ siècle n'en a pas laissé dix, et c'est un des beaux siècles de la fiction en prose. Nous avons trop de romans, et de trop gros. Il faudrait laisser les gros livres aux savants. Les contes les plus aimables ne sont-ils pas les plus courts? Ce qu'on lit toujours, c'est *Daphnis et Chloé*, c'est *la Princesse de Clèves*, *Candide*, *Manon Lescaut*, qui sont épais chacun comme le petit doigt. Il faut être léger pour voler à travers les âges. Le vrai génie français est prompt et concis. Il était incomparable dans la nouvelle. Je voudrais qu'on fît encore la belle nouvelle française; je voudrais qu'on fût élégant et facile, rapide aussi. C'est là, n'est-il pas vrai? la parfaite politesse d'un écrivain.

« On peut beaucoup dire en un petit nombre de pages. Un roman devrait se lire d'une haleine. J'admire que ceux qu'on fait aujourd'hui aient tous également trois cent cinquante pages. Cela convient à l'éditeur. Mais cela n'est pas toujours convenable au sujet.

« Souffrez, monsieur, que je n'entre pas, pour le moment, dans le détail des classifications de la « littérature de tout à l'heure », telles que vous les avez établies vous-même. L'examen des tendances de la jeunesse

intellectuelle nous entraînerait beaucoup trop loin. Vous
constatez que ces tendances sont très divergentes. En
effet, il est de plus en plus difficile de distinguer des
groupes nettement définis. Il n'y a plus d'écoles, plus de
traditions, plus de discipline. Il était sans doute nécessaire d'arriver à cet excès d'individualisme. Vous me
demandez si c'est un bien ou un mal d'y être arrivé. Je
vous répondrai que l'excès est toujours un mal. Voyez
comment naissent les littératures et comment elles meu-
rent. A l'origine, elles ne produisent que des œuvres
collectives. Il n'y a pas l'ombre d'une tendance individuelle dans l'*Iliade* et dans l'*Odyssée*; plusieurs mains
ont travaillé à ces grands monuments sans y laisser une
empreinte distincte. Aux œuvres collectives succèdent
des œuvres individuelles; d'abord, l'auteur semble craindre encore de trop paraître. C'est un Sophocle; mais peu
à peu la personnalité s'étale davantage; elle s'irrite,
elle se tourmente, elle s'exaspère. Déjà Euripide ne peut
se tenir de figurer à côté des dieux et des héros. Il faut
que nous sachions ce qu'il pense des femmes et quelle
est sa philosophie. Tel qu'il est, malgré son indiscrétion,
à cause peut-être de son indiscrétion même, il m'intéresse infiniment. Pourtant, il marque la décadence,
l'irréparable et rapide décadence. Les belles époques de
l'art ont été des époques d'harmonie et de tradition. Elles
ont été organiques. Tout n'y était pas laissé à l'individu.
C'est peu de chose qu'un homme et même qu'un grand
homme, quand il est tout seul. On ne prend pas assez
garde qu'un écrivain, fût-il très original, emprunte

plus qu'il n'invente. La langue qu'il parle ne lui appartient pas ; la forme dans laquelle il coule sa pensée, ode, comédie, conte, n'a pas été créée par lui ; il ne possède en propre ni sa syntaxe ni sa prosodie. Sa pensée même lui est soufflée de toutes parts. Il a reçu les couleurs ; il n'apporte que les nuances, qui parfois, je le sais, sont infiniment précieuses. Soyons assez sages pour le reconnaître : nos œuvres sont loin d'être toutes à nous. Elles croissent en nous, mais leurs racines sont partout dans le sol nourricier. Avouons donc que nous devons beaucoup à tout le monde et que le public est notre collaborateur.

« Ne nous efforçons pas de rompre les liens qui nous attachent à ce public ; multiplions-les, au contraire. Ne nous faisons ni trop rares ni trop singuliers. Soyons naturels, soyons vrais. Effaçons-nous, afin qu'on voie en nous non pas un homme, mais tout l'homme. Ne nous torturons pas : les belles choses naissent facilement. Oublions-nous : nous n'avons d'ennemi que nous-même. Soyons modestes. C'est l'orgueil qui précipite la décadence des lettres. Claudien mourut plus satisfait que Virgile. Soyons simples, enfin. Disons-nous que nous parlons pour être entendus ; pensons que nous ne serons vraiment grands et bons que si nous nous adressons, je ne dis pas à tous, mais à beaucoup.

« Voilà, monsieur, les conseils que j'oserais donner à nos jeunes gens. Mais je crains qu'il ne faille une expérience déjà longue pour en découvrir le sens profond. Heureusement qu'ils sont bien inutiles à ceux qui naissent avec un beau génie. Ceux-là, dès le berceau, sont nos maîtres, et la critique, loin de leur rien apprendre, doit tout apprendre d'eux.

Vous me demandez, monsieur, « si je vois un bon ou un mauvais signe en cette maîtrise de tous les arts, y compris celui d'écrire, par la critique ». J'ai déjà dit quelques mots sur l'excellence de la critique au sujet d'un livre de M. Jules Lemaître. Je crois que la critique ou plutôt l'essai littéraire, est une forme exquise de l'histoire. Je dis plus : elle est la vraie histoire, celle de l'esprit humain. Elle exige, pour être bien traitée, des facultés rares et une culture savante. Elle suppose un affinement intellectuel que de longs siècles d'art ont pu seuls produire. C'est pourquoi elle ne se montre que dans les sociétés déjà vieilles, à l'heure exquise des premiers déclins. Elle survivra à toutes les autres formes de l'art si, comme dit une scolie de Virgile que j'ai trouvée quelque part citée par M. Littré, « on se lasse de tout, excepté de comprendre ». Mais je crois plutôt que les hommes ne se lasseront jamais d'aimer et qu'il leur faudra toujours des poètes pour leur donner des sérénades.

» — Où en est l'avenir? demandez-vous, monsieur, en terminant votre lettre.

» L'avenir est dans le présent, il est dans le passé. C'est nous qui le faisons ; s'il est mauvais, ce sera de notre faute. Mais je n'en désespère pas.

» Je m'aperçois que je n'ai pas dit la centième partie de ce que je voulais dire. Je voulais, par exemple, essayer d'indiquer les conditions nouvelles que la démocratie et l'industrie feront à l'art demain. Je me figure que ces conditions seront très supportables. Ce sera le sujet d'une prochaine lettre.

« Veuillez agréer, etc. »

M. CHARLES MORICE

M. Charles Morice m'a fait l'honneur de répondre publiquement, à ma réponse [1], sous forme d'une brochure éditée par la Librairie académique.

M. Charles Morice est très jeune, il appartient lui-même à la littérature de demain. C'est un poète plein de de promesses, d'un talent déjà docte et rare. C'est aussi un esprit méditatif, habile aux spéculations intellectuelles. Comment désespérerait-il d'un avenir auquel il travaille ardemment? Pourquoi n'appellerait-il pas de ses vœux le triomphe d'un art qui est le sien? Il a hâte de voir de nouvelles écritures. Celles d'aujourd'hui ne lui disent plus rien.

Sa parfaite courtoisie n'en laisse rien voir; mais je devine qu'il trouve que nous durons trop. J'ai quelque raison de ne pas partager son impatience. Il est sage

---

1. *Réponse à M. Anatole France.* Didier, éditeur, 1 vol. in-18.

d'être toujours prêt à partir, et je me flatte d'être sage. Pourtant, si nous pouvons, mes amis et moi, atteindre, en prolongeant nos paisibles entretiens, les derniers ormeaux qui bordent le chemin de la vie, j'en remercierai la divine ou naturelle providence qui conduit les choses. Je ne crois point que la génération à laquelle j'appartiens ait fait une œuvre mauvaise. Il me semble qu'elle n'a manqué ni d'art, ni de raison, ni de sentiment.

Il me semble que depuis les premiers poèmes de M. Sully Prudhomme, depuis les *Intimités*, de M. François Coppée, jusqu'aux *Essais psychologiques* de M. Paul Bourget et aux *Voyages intellectuels*, du vicomte Eugène Melchior de Vogüé, il s'est écoulé vingt belles années de poésie et d'étude. Ces vingt années-là, pour ma part, je les ai vécues avec délices. J'ai estimé plusieurs de mes contemporains, j'en ai aimé et admiré quelques-uns; je puis me dire heureux. Rendons-nous témoignage : nous avons cultivé l'art et étudié la nature. Nous nous sommes approchés de la vérité autant que nous l'avons pu ; nous avons découvert une petite parcelle de beauté qui dormait encore sans forme et sans couleur dans la terre avare. Nous n'avons jamais déclamé, nous avons été des artistes consciencieux et des poètes vrais. Nous avons voulu beaucoup apprendre sans espérer beaucoup savoir. Nous avons gardé le culte des maîtres; nous avons manqué, sans doute, de grand souffle, d'audace et de génie aventureux; mais nous avons possédé, je crois, le sens de l'exquis et de l'achevé.

Je le dis bien haut : O vous, nés avec moi, mes compagnons de travail, vous avez bien mérité des lettres, et vos livres, publiés depuis dix-neuf années, comptent pour quelque chose dans les consolations et dans les justes fiertés de la patrie !

Il y a une œuvre, entre autres, dont je sais infiniment de gré à mes contemporains. C'est d'avoir déployé cette intelligence heureuse qui pardonne et réconcilie. Ils ont terminé les querelles littéraires que le romantisme avait furieusement allumées. Grâce à nos maîtres Sainte-Beuve et Taine, grâce à nous aussi, il est permis aujourd'hui d'admirer toutes les formes du beau. Les vieux préjugés d'école n'existent plus. On peut aimer en même temps Racine et Shakespeare. J'ai traversé le champ des lettres avec des hommes de bonne volonté qui cherchaient à tout comprendre. La route m'a été douce et m'a semblé courte. Qu'on nous soit reconnaissant, du moins, d'avoir affermi la liberté des sentiments et la paix littéraire dont on jouit à cette heure. Il est possible que l'indifférence publique nous ait aidés dans cette tâche. Toutes les réconciliations sont faites de lassitude. Enfin, à tort ou à raison, on est fatigué des querelles de mots. Le fanatisme littéraire ne réveillerait plus d'échos. Les révolutions que fera la jeune école passeront à peu près inaperçues. Personne ne s'étonne plus de rien. Pour ma part, je ne blâmerai pas le public de son scepticisme à l'égard des nouvelles formes de l'art. « Un peuple n'est jamais coupable », disait le vieux roi Louis-Philippe à Claremont. Voilà une sage parole. Il est imprudent et vain de donner tort à tout le monde. Et puis, je ne crois pas aux nouveautés préméditées. La meilleure manière d'être novateur, c'est de l'être malgré soi et de l'être le moins possible. Les conditions de l'art ont peu changé depuis Homère. Je ne puis me figurer qu'elles changeront beaucoup d'ici à l'Exposition universelle. L'humanité elle-même se modifie très lentement. Quelle que soit l'impatience des jeunes poètes, pour donner des sensations nouvelles à l'homme, il leur faut attendre que l'homme ait acquis des sens nouveaux. Or, de telles acquisitions se font avec une infinie lenteur. M. Jules Soury croit, après le docteur Magnus, que les Grecs d'Homère ne voyaient point les couleurs; que, pour eux, le ciel n'était point bleu, les arbres n'étaient point verts, les roses n'étaient point roses, et que l'univers se reflétait dans leurs yeux barbares comme une immense grisaille. M. Gladstone le croit aussi. Mais ni M. Gladstone, ni M. Jules Soury, ni le docteur Magnus n'en sont bien sûrs; et si j'étais sûr de quelque chose, ce serait précisément du contraire.

Il est très probable que les premiers Hellènes voyaient la nature à peu près comme nous la voyons aujourd'hui, et qu'il se passera des milliers de siècles avant que l'œil humain se perfectionne au point de percevoir des nuances nouvelles. Il en faut dire autant de l'ouïe et même de l'odorat. Les artistes de demain semblent croire que d'ici à peu nous distinguerons l'ultraviolet. C'est l'ultraviolet qu'ils s'obstinent à nous montrer. Et quand nous disons que nous ne pouvons le voir, ils répondent que nous y mettons de la mauvaise volonté.

Ils nous flattent en nous supposant des sens exquis ; nos sens sont aussi grossiers, peu s'en faut, que ceux de nos pères. Tels qu'ils sont, ils nous procurent bien des joies et bien des douleurs. Mais ils ne suffisent point à percevoir les délicatesses de l'art nouveau. Je ne pardonne point aux symbolistes leur obscurité profonde. « Tu parles par énigmes » est un reproche que les guerriers et les rois s'adressent fréquemment dans les tragédies de Sophocle. Les Grecs étaient subtils ; pourtant, ils voulaient qu'on s'exprimât clairement. Je trouve qu'ils avaient bien raison. J'ai passé l'âge heureux où l'on admire ce qu'on ne comprend pas. J'aime la lumière. M. Charles Morice ne m'en promet pas assez pour mon goût. Je veux comprendre tout de suite, et c'est là une exigence qui lui paraît insoutenable.

Vous êtes bien bien pressé! semble-t-il dire. Seriez-vous de ces esprits légers qui ne peuvent rien supporter de grave? Que ne méditez-vous les écrits de la jeune école? que ne les creusez-vous? que ne les approfondissez-vous? Et il ajoute en propres termes : « La licence peut être prise par l'artiste d'exiger du lecteur bénévole une sérieuse, une patiente attention. » Je répondrai en toute franchise que voilà, si je ne me trompe, une fâcheuse maxime et un précepte dangereux qui suffiraient à me brouiller avec toute la poétique nouvelle et à m'ôter l'envie de voir s'accomplir les prophéties littéraires de M. Charles Morice.

Plus je vis, plus je sens qu'il n'y a de beau que ce qui est facile.

Je suis bien revenu de la beauté des grimoires. A mon sens, le poète ou le conteur, pour être tout à fait galant homme, évitera de causer la moindre peine, de créer la moindre difficulté à son lecteur. Pour faire sagement, il n'exigera point l'attention; il la surprendra. Il craindra d'exercer la patience des lettrés et croira n'être pas lisible s'il ne peut être lu aisément.

La science a le droit d'exiger de nous un esprit appliqué, une pensée attentive. L'art n'a pas ce droit. Il est, par nature, inutile et charmant. Sa fonction est de plaire; il n'en a point d'autre. Il faut qu'il soit aimable sans conditions. Je sais bien qu'on a tout brouillé en ce temps-ci et qu'on a voulu appliquer à la production littéraire les méthodes du travail scientifique. M. Zola, qui ne craint point le ridicule, a dit quelque part : « Nous autres savants ! » Il subsiste pourtant quelque différence entre une chanson et un traité de géométrie descriptive. Les plaisirs que l'art procure ne doivent jamais coûter la moindre fatigue.

M. Charles Morice nous laisse entendre, il est vrai, que l'art nouveau est obscur, pénible, malgré soi, contre son gré, et à cause seulement de l'extrême difficulté qu'il éprouve à réaliser son idéal. Il se propose, cet art, des choses très difficiles, tandis que l'art ancien s'en tenait aux choses faciles. J'entends cela avec quelque surprise. Je ne croyais point que tout ce qui a été fait jusqu'ici dans les lettres eût été si commode à faire. Mais sachons quelle fonction s'est donné l'art de l'avenir. Il veut s'attacher non plus seulement à l'esprit comme les classiques, non plus seulement à la matière, comme les naturalistes (ce n'est pas moi qui le dis), mais à l'être humain tout entier. Il veut faire la synthèse des littératures; il veut, selon la formule de M. Charles Morice, « suggérer tout l'homme par tout l'art ».

C'est là une nouveauté. Et, comme toutes les nouveautés, elle est aussi vieille que le monde. De tout temps, l'art a voulu représenter l'homme, et l'homme tout entier. On ne l'a pas dit de tout temps, parce qu'il y eut d'abord des âges de simplicité dans lesquels on ne disputait pas sur la nature du beau ; mais de tout temps on l'a pensé, car c'est la chose la plus naturelle. Les savants prétendent que *le Petit Poucet* est plus vieux que *l'Iliade* ; ce n'est pas impossible. Eh bien, les vieilles femmes qui contaient *le Petit Poucet* aux enfants du Sapta Sindhou avaient aussi l'idée de représenter à leur manière tout « l'homme par tout l'art », comme dit Charles Morice. C'est pareillement, n'en doutez point, ce que se proposait le poète villageois de la vieille France qui fit cette chanson, bien connue de La Fontaine :

> Adieu, cruelle Jeanne.
> Puisque tu n'aimes pas,
> Je remonte mon âne
> Pour galoper au trépas.
> — Vous y perdrez vos pas,
> Nicolas !

Voilà, sans obscurité aucune, corps et âme, tout

12.

l'homme et toute la femme. Il y a beau temps que les lauriers sont coupés dans les bois du Parnasse. Ils repoussent, mais toujours sur les mêmes souches. Sans nous embarrasser dans tant de systèmes, reconnaissons-le naïvement : anciens et modernes, classiques, romantiques, naturalistes, ont représenté, chacun à sa façon, l'homme et tout l'homme.

Ce qu'il y a de plus neuf dans la formule de M. Charles Morice, c'est le mot « suggérer ». Cela, je l'avoue, est terriblement moderne, et même moderniste. J'en sens tout le prix. La suggestion est quelque chose de nouveau, de mystérieux encore et de mal défini. La suggestion est à la mode. Le poète, aujourd'hui, doit être suggestif. Il suggère. Quoi? Ce qui ne peut être exprimé. Il est le Bernheim de l'inouï, le Charcot de l'ineffable. Non plus exprimer, mais suggérer! Au fond, c'est là toute la poétique nouvelle. Elle interdit de représenter des idées, comme on faisait autrefois; elle ordonne d'éveiller des sensations.

Il fut des temps barbares et gothiques où les mots avaient un sens; alors les écrivains exprimaient des pensées. Désormais, pour la jeune école, les mots n'ont plus aucune signification propre, aucune relation nécessaire entre eux. Ils sont vidés de leurs sens et déliés de toute syntaxe. Ils subsistent pourtant, à l'état de phénomènes sonores et graphiques; leur fonction nouvelle est de suggérer des images au hasard de la forme des lettres et du son des syllabes. Leur rôle, dans la poésie de l'avenir, est exactement celui des petites bouteilles que le docteur Luys glisse dans le cou de la jeune Esther et qui provoquent chez le sujet l'extase, le rire ou les larmes, mais qui semblent, ce qu'elles sont en effet, des fioles vides à tous les spectateurs insoumis à l'hypnose. Ce seul mot *suggérer* m'en dit bien long sur les tendances de M. Charles Morice.

Voulez-vous, à ce propos, un exemple du style suggestif? Voici un sonnet sur Edgar Poë :

> Tel qu'en lui-même enfin l'éternité le change
> Le poète suscite avec un glaive nu
> Son siècle épouvanté de n'avoir pas connu
> Que la mort triomphait dans cette voix étrange
>
> Eux comme un vil sursaut d'hydre oyant jadis l'ange
> Donner un sens plus pur aux mots de la tribu
> Proclamèrent très haut le sortilège bu
> Dans le flot sans honneur de quelque noir mélange
>
> Du sol et de la nue hostiles ô grief
> Si notre idée avec ne sculpte un bas relief
> Dont la tombe de Poe éblouissante s'orne
>
> Calme bloc ici-bas chu d'un désastre obscur
> Que ce granit du moins montre à jamais sa borne
> Aux noirs vols du Blasphème épars dans le futur

Il y a, dans ces quatorze vers non ponctués du maître de l'école une source abondante de sensations ; ce sonnet est suggestif au premier chef; il affecte délicieusement les sujets sensibles. Mais il ne fait pas plus d'effet sur le lecteur éveillé que les flacons vides du docteur Luys. C'est l'art nouveau. Le malheur est que, tout le monde ne peut pas lire endormi.

M. Charles Morice reconnaît que dans les voies où

elle s'engage, la poésie ne manquera pas de tourner le dos à la foule. Il estime cette séparation nécessaire et croit qu'il faut tirer chacun de son côté. « Le public, dit-il, et les poètes ne suivent guère le même chemin. De lui à nous, l'écart s'accentue sans cesse; et, veuillez le remarquer, notre langue même, si nous la gardons pure, l'éloigne de nous, car il a peu à peu perverti l'instrument merveilleux et ne sait plus guère se repaître que des termes impropres et de métaphores mal faites, des choses sans nom. »

A la place de M. Charles Morice, j'en prendrais mon parti moins aisément. Il n'est pas bon pour un poète de vivre seul. Les poètes sont vains et tendres : ils ont besoin d'être admirés et aimés. Leur orgueil s'exaspère dans la solitude, et, quand on ne les écoute pas, ils chantent faux. Le dédain est très séant aux philosophes et aux savants; chez les artistes, il n'est qu'une grimace. Et pourquoi le poète ne se plairait-il pas à être écouté de beaucoup? Il parle au sentiment, et le sentiment est plus répandu que l'intelligence.

Je sais bien qu'il n'y a pas de sentiments exquis sans une certaine culture intellectuelle. Il faut une préparation morale pour goûter la poésie. Mais les âmes ainsi préparées sont plus nombreuses qu'on ne croit; elles forment le public des poètes. Quand on est poète, on ne doit pas les dédaigner.

M. Charles Morice nous répondra que c'est le grand public qu'il méprise, la foule, le vulgaire profane. Il est certain qu'en art celui-là ne compte pas. Il nous ignore et nous l'ignorons. Il a ses auteurs, qui travaillent pour lui dans la perfection. Il ne nous demande rien. Il ne fait point de mal, puisqu'il ne pense point. Est-il vrai qu'il « pervertisse l'instrument merveilleux »? Je crois bien qu'en effet il use la langue, puisqu'il s'en sert. Mais, après tout, il en a bien le droit : la langue est faite pour lui comme pour nous. J'ajouterai même qu'elle est faite par lui. Oui, « l'instrument merveilleux » est l'œuvre de la foule ignorante. Les lettrés y ont travaillé pour une assez petite part, et cette part n'est pas la meilleure. Voilà le grand point. La langue n'appartient pas en propre aux lettrés. Ce n'est pas un bien dont ils puissent user à leur guise. La langue est à tout le monde. L'artiste le plus savant est tenu de lui garder son caractère national et populaire; il doit parler le langage public. S'il veut se tailler un idiome particulier dans l'idiome de ses concitoyens; s'il croit qu'il peut changer à son gré le sens et les rapports des mots, il sera puni de son orgueil et de son impiété : comme les ouvriers de Babel, ce mauvais artisan du parler maternel ne sera entendu de personne, et il ne sortira de ses lèvres qu'un inintelligible murmure.

Gardons-nous d'écrire trop bien. C'est la pire manière qu'il y ait d'écrire. Les langues sont des créations spontanées; elles sont l'œuvre des peuples. Il ne faut pas les employer avec trop de raffinement. Elles ont par elles-mêmes un goût robuste de terroir : on ne gagne rien à les musquer.

Il est mauvais aussi d'employer trop de termes anciens

et d'affecter l'archaïsme. J'ai vu, il y a deux ans, M. Jean Moréas composer un lexique à son usage avec des termes tombés en désuétude depuis la reine Claude et la duchesse Marguerite. C'est écrire à plaisir dans une langue morte, quand il y a tant de joie à parler toute vive notre aimable langue française. Elle est si douce et si fraîche, si heureuse, si alerte! elle est si complaisante, quand on ne la violente pas! Je ne croirai jamais au succès d'une école littéraire qui exprime des pensées difficiles dans une langue obscure.

Ne tourmentons ni les phrases ni les pensées. Ne nous imaginons pas que les temps sont venus, que les vieilles littératures vont tomber en poudre au son des trompettes angéliques, et qu'il faut de nouveaux éblouissements à l'inquiet univers. Les formes d'art qu'on fabrique de toutes pièces dans les écoles sont généralement des machines compliquées et inutiles. Surtout ne proclamons pas trop haut l'excellence de nos procédés. Il n'y a d'art véritable que celui qui se cache.

LE
GRAND SAINT ANTOINE

M. Henri Rivière vient de réunir en album les aquarelles de cette *Tentation de saint Antoine* dont il fit, cet hiver, au Chat-Noir, on s'en souvient, un spectacle fort goûté. Il y a un art chatnoiresque. Cet art est à la fois mystique et impie, ironique et triste, naïf et profond, jamais respectueux. Il est épique et narquois avec l'exact Caran d'Ache; il est suavement et mélancoliquement vicieux avec ce Willette qui est comme le fra Angelico des cabarets de nuit. Il est symbolique et naturaliste avec le très habile Henri Rivière. Pour moi, je suis émerveillé des quarante scènes de *la Tentation*. Elles sont d'une couleur vive, d'un goût hardi, d'un bel

1. *La Tentation de saint Antoine*, féerie à grand spectacle, en deux actes et quarante tableaux, par Henri Rivière. Plon et Nourrit, éditeurs.

effet et d'un grand sens. Je mets cela bien au-dessus des diablotins du sec Callot. M. Henri Rivière a voulu que le grand saint Antoine fût assailli, dans sa Thébaïde, de tentations prophétiques par rapport à lui, et contemporaines par rapport à nous. Il a fait sagement, à l'exemple des vieux maîtres, car de la sorte le bon ermite nous intéresse plus vivement; nous comprenons mieux la grandeur de sa vertu. A cet égard, du moins, l'album de M. Henri Rivière est une œuvre de haute édification. Moderniser les mérites du père des anachorètes n'était pas, sans doute, une œuvre indifférente : le maître du Chat-Noir l'a accomplie avec une heureuse audace. Il a conçu le diable en habit noir, montrant au saint homme notre Paris nocturne et le transportant dans les Halles, qui regorgent de volailles truffées, de galantines, de melons, de chasselas de Fontainebleau et de pêches de Montreuil. Mais ce n'est là que le premier assaut du Maudit. Bientôt, il se fait croupier et pousse Antoine dans un tripot où se taille un bac surnaturel avec des cartes vivantes; il se change en banquier israélite et traîne Antoine à la Bourse, devant la statue du Veau d'or. Je n'en aurais jamais fini de décrire tous les pièges modernes que l'ennemi du genre humain tend au serviteur de Dieu. Il prend successivement pour engins les applications stupéfiantes de la vapeur et de l'électricité, le spectacle du ciel, qui, depuis Galilée, n'a plus l'air chrétien, ainsi que le dit M. Sully Prudhomme; la reine de Saba, qui représente apparemment les dangers de l'imagination; un ballet et la mythologie comparée.

Dans une de ces dernières épreuves, l'ascète se trouve en face du Bouddha. Il serait curieux d'entendre leur conversation. Car tous deux, le fils du roi de Capilavistu comme le pauvre Égyptien menèrent, de leur gré et par choix, la même vie de renoncement, de misère et de pauvreté. Mais s'ils se conduisaient de semblable manière, c'était pour des fins différentes et même contraires. L'un y voulait gagner la vie éternelle, l'autre le néant absolu. Je suis bien fâché qu'on n'ait pas recueilli leur entretien.

L'hagiographie et la légende ont immortalisé saint Antoine. Il est intéressant de rechercher ce qu'était en réalité ce personnage fameux, et s'il mérite sa gloire en quelque manière. C'est, si vous voulez, ce que nous allons faire tout de suite. Le véritable saint Antoine n'est pas tout à fait inconnu. Sa biographie fut écrite par saint Athanase, qui avait vécu près de lui. Malheureusement, ce petit ouvrage du grand docteur accorde plus à l'édification qu'à la curiosité. Mais le personnage d'Antoine est si étrange, si curieux et, par un certain côté, si grand, qu'il se dessine de lui-même. Je vais tâcher de le montrer au naturel, sans me flatter toutefois d'atteindre autre chose que des vraisemblances. Si j'y arrive, ce sera déjà fort beau.

Saint Antoine se retira au désert vers l'an 271, sous le règne d'Aurélien, à la veille des grandes crises qui précédèrent le triomphe définitif de la religion chrétienne. Il avait alors vingt et un ans, étant né en 251, proche Héraclée d'Égypte, dans un village nommé Coman. Cette date est donnée pour certaine. Mais elle peut ne l'être pas, et, à tout bien considérer, il serait merveilleux qu'elle le fût. Ses parents étaient de riches laboureurs qui vivaient des bienfaits du Nil. Ils ne devaient pas être très différents de ces laboureurs qui ensemençaient les mêmes champs quatre mille ans plus tôt et que nous voyons représentés demi-nus, les cheveux épais et noirs, le corps rouge comme la brique, les épaules larges, la taille mince, dans les hypogées de l'ancien empire. C'étaient de bonnes gens, ignorants et fidèles. Ils étaient chrétiens, comme tous les paysans de la Thébaïde. L'Évangile fructifiait parmi ces âmes simples et résignées; le doux Égyptien avait passé insensiblement du culte d'Ammon, dieu unique en trois personnes, à la religion de Jésus-Christ. La culture grecque avait sans doute pénétré dans les petites villes voisines d'Arsinoé, d'Aphrodite et d'Héraclée; mais les plus riches paysans, les anciens des villages, comme étaient les parents d'Antoine, se montraient rebelles à l'esprit hellénique. L'église où, sous le nom de Jésus, ils retrouvaient le vieux dieu de leurs pères, satisfaisait complètement à leur besoin d'idéal. Antoine, en bon petit copte qu'il était, ne voulut point apprendre les lettres humaines dans les écoles. Contemplatif et sauvage, il restait volontiers enfermé dans la maison. On peut se figurer cette maison comme un petit dé blanc que reflète le Nil à côté d'un maigre bouquet de palmiers. L'intérieur de la demeure est nu, frais et sombre. C'est là que, tout le jour, le petit Antoine se tient accroupi, sur une natte.

A quoi songeait-il? A Dieu, qu'il se représentait avec une extrême naïveté. Déjà il devait avoir des visions; mais ces visions étaient très simples, très sèches. Il n'existait pas alors, pour les fleurir, un assez épais rameau de légendes chrétiennes. L'imagination d'Antoine, bien qu'exaltée par la solitude, devait garder à jamais l'aridité du désert. Hors le culte et quelques lambeaux des Écritures, il ne savait rien. Tout l'univers se résumait pour lui en quelques contes de voleurs et de souterrains, tels qu'il en courait en Égypte depuis des milliers d'années et fort semblables, sans doute, à ceux qu'Hérodote s'est donné le plaisir de conter.

Il n'avait pas vingt ans quand ses parents, étant morts, lui laissèrent leurs champs fécondés par les larmes de cette vieille Isis que la sainte Vierge avait chassée. Mais Antoine n'aimait pas la terre; il n'avait pas les goûts d'un paysan. C'était, dès l'adolescence, un religieux; il avait le don des choses divines; il était marqué du signe des voyants; son tempérament le destinait à la sainteté. Chez ces Orientaux, certaines facultés physiques, soit naturelles, soit acquises, désignaient l'homme divin à la vénération publique. Antoine possédait ces facultés au plus haut degré. Il pouvait demeurer longtemps immobile et à jeun. C'était le grand point. Il avait aussi beaucoup d'intelligence et, dans son ignorance, une grande finesse, une indomptable énergie, un pouvoir irrésistible sur les âmes.

On raconte que, six mois après avoir perdu ses parents, il entra dans l'église au moment où le diacre lisait ce verset de l'Évangile : « Si vous voulez être parfait, allez, vendez ce que vous avez, donnez-en l'argent aux pauvres et me suivez. » Ces paroles firent sur lui une impression profonde, ou plutôt elles exprimaient ce qu'il sentait intérieurement. Elles étaient la voix de son cœur. Il y obéit d'autant plus facilement, que c'était obéir à soi-même. Il vendit ses terres à ses voisins et en distribua l'argent en aumônes, ne se réservant que ce qu'il lui fallait pour lui et pour sa jeune sœur. Mais, ayant entendu réciter une autre fois cette parole de Jésus : « Ne soyez pas en peine du lendemain », il se débarrassa du peu qui lui restait et mit sa sœur dans un couvent de vierges. Un sacrifice si religieux avait sans doute coûté fort peu à cette âme exempte de tout attachement. Pourtant il eut, par la suite, quelque inquiétude sur le sort de la pauvre enfant, puisqu'il entendit des voix lui reprocher de l'avoir abandonnée. C'est sa conscience qui lui parlait ainsi, mais il se persuada que c'était un diable, et il cessa de se tourmenter.

Il y avait déjà des ermites en Thébaïde. De tout temps, le sable brûlant du désert a mûri des fakirs, des derviches et des marabouts. Paul était alors le plus célèbre des fakirs chrétiens. Il possédait avec plusieurs autres le grand secret du jeûne et de l'immobilité, et renouvelait au bord du Nil les prodiges des gymnosophistes du Gange. C'est le modèle que se proposa Antoine. En véritable Copte, il n'inventait rien. Il se retira dans le désert tout proche Héraclée et mena la vie d'un saint homme.

Il se nourrissait seulement de pain et de sel, avec un peu d'eau. Il ne mangeait qu'une fois le jour après le soleil couché et restait quelquefois deux ou trois journées sans prendre aucun aliment. Il passait souvent la nuit sans dormir, et, s'il se reposait, c'était ou sur la terre nue, ou sur des joncs, ou sur un cilice. C'est là qu'il commença à être tenté. La reine de Saba ne vint point le visiter avec un nombreux cortège. Il n'imaginait rien de semblable, et ses tentations étaient naturellement proportionnées à son esprit. Les démons qui tentent les jeunes paysans sont empreints eux-mêmes de jeunesse rustique. Nous ne savons rien de précis sur les femmes que vit Antoine dans le désert; mais il est infiniment probable que, vêtues d'une chemise bleue, fendue sur la poitrine, elles portaient, comme les fellahines, une cruche sur la tête. Ces femmes le jetaient dans un grand trouble. Tout ce qui nous est rapporté des tentations du saint homme est d'une simplicité enfantine. Les démons l'abordaient de nuit avec une grande lumière. « Nous venons pour t'éclairer », disaient-ils, et ils ébranlaient la cellule de l'ermite. Puis ils prenaient la fuite et revenaient soudain en battant des mains, en sifflant, en sautant.

Pour le tenter, l'un d'eux lui présenta un pain; un autre, de l'or. Au nom de Jésus-Christ, ces malins esprits, saisis de fureur, s'entre-frappaient les uns les autres. Un d'eux, comme le génie qui apparaît au pêcheur des *Mille et une Nuits,* se présenta sous la forme d'un géant dont le front touchait le ciel. Mais Antoine lui cracha au visage, et le géant s'évanouit. Ces hallucinations le fatiguaient beaucoup; il redoublait d'abstinence pour les combattre, ne se doutant pas que les jeûnes prolongés en fussent la seule cause. Au reste, il ne pouvait être ni très surpris ni même très fâché de vivre dans cette sorte de diablerie. C'était la condition nécessaire du fakirisme, tel qu'on le concevait alors.

Pour s'engager d'un degré de plus dans la perfection, il alla se cacher dans un sépulcre. Le choix d'une telle demeure n'a rien qui doive nous surprendre outre mesure, Antoine avait remarqué sans doute, en s'enfonçant dans le désert, un édicule en forme de cône tronqué, et il avait reconnu un de ces hypogées où les anciens Égyptiens portaient leurs morts illustres. Ce tombeau avait été sans doute violé par quelques-uns de ces brigands nomades contre lesquels la pieuse Égypte avait grand'peine, depuis des siècles, à défendre ses momies. La porte était brisée, et le bon Antoine entra sans difficulté dans la chapelle funéraire. Peut-être était-elle spacieuse et magnifiquement ornée comme celle que le scribe Mirri fit construire pour le roi Ousirtesen Ier. Mirri l'a décrite lui-même dans un texte conservé au Louvre et traduit par M. G. Maspero. « Mon maître, dit le scribe, m'envoya en mission pour lui préparer une grande demeure éternelle. Les couloirs de la chambre intérieure étaient en maçonnerie et renouvelaient les merveilles de construction des dieux. Il y eut en elle des colonnes sculptées, belles comme le ciel, un bassin creusé qui communiquait avec le Nil, des portes, des obélisques, une façade en pierre blanche de Roou; aussi Osiris, seigneur de l'Amenti, s'est-il réjoui des monuments de mon seigneur, et moi-même, j'ai été dans le transport et l'allégresse en voyant le résultat de mon travail. »

Il est infiniment probable que le tombeau où s'en alla vivre Antoine était composé, comme les autres, de la chapelle dont nous parlons, d'un puits et d'un souterrain où reposait le mort. On ne nous dit pas si Antoine descendit par le puits jusque dans ce souterrain et vint troubler le sommeil du vieil Égyptien embaumé. Il est plus probable qu'il s'installa dans la chapelle, et il n'est pas impossible qu'il y ait vu des peintures représentant des scènes de voyage et de vie rustique. Il s'y établit à peu de frais, après avoir dépossédé une nichée de chacals. Les diables l'y poursuivirent, et il y fut encore plus tourmenté qu'auparavant. Sa jeunesse était loin d'être éteinte, et les démons en prenaient avantage sur lui. Si l'on avait un journal du séjour d'Antoine dans l'hypogée, un élève de M. Charcot ne manquerait pas de constater chez le saint homme une suite logique de désordres nerveux. Mais les documents qui nous ont été transmis sont des plus vagues. Nous voyons seulement qu'à l'hallucination chronique s'ajoutait parfois l'état cataleptique. Car, un matin, l'homme qui lui portait à manger le trouva immobile, ne donnant pas signe de vie. Il le traîna dans l'église du plus proche village. Antoine y recouvra peu à peu l'usage de ses sens. Revenu à lui, il conta que des diables l'avaient battu toute la nuit et demanda qu'on le remit tout de suite dans son sépulcre.

Il y demeura jusqu'à l'âge de trente-cinq ans ; après quoi, il s'enfonça dans les montagnes qui ferment, du côté de l'Orient, l'étroite vallée du Nil. Ayant rencontré un château en ruine que les Égyptiens avaient construit autrefois pour se défendre contre les incursions des nomades, il s'y établit dans une telle solitude, qu'il ne souffrait même pas la vue de ceux qui lui apportaient à manger. Il exigeait que son pain lui fût jeté par-dessus le toit. On pense bien que les diables le suivirent dans cette citadelle. Ils persistèrent à se conduire comme des rustres, croyant l'étonner par des bousculades et des vociférations.

Ils lui firent pourtant, un jour, une réflexion assez juste. « Ce château, lui dirent-ils, n'est pas à toi. » Mais Antoine ne fut pas sensible à cette remontrance. Il méprisait trop les biens de ce monde pour avoir le sentiment exact de la propriété.

Les démons lui apparaissaient sous des figures de lions, de tigres, de bêtes affreuses qui menaçaient de le dévorer. Il ne les craignait point. Pourtant il souffrait souvent de cruelles blessures qu'il attribuait de bonne foi à la dent et aux griffes de ces démons. On peut supposer sans invraisemblance qu'il se blessait ainsi en tombant foudroyé par les accès de la terrible maladie que les médecins du vieil empire memphite nommaient la maladie divine et qu'on appelle aujourd'hui l'épilepsie. Mais il était payé largement de ses misères et de ses épouvantes.

Il avait des extases ; tout à coup, le comble de l'édifice s'ouvrait, une clarté céleste environnait le saint homme.

« A cette lumière, dit son biographe, il reconnaissait la présence de son Sauveur. » Alors il s'écriait, avec la tendresse exquise, la familiarité naïve et les doux reproches des mystiques qui parlent à leur dieu : « Où étiez-vous, mon bon Jésus? où étiez-vous? Pourquoi n'êtes-vous pas venu plus tôt guérir mes plaies? »

Sous les aspects que je viens d'indiquer, Antoine ne se distingue pas bien nettement des autres solitaires de la Thébaïde, comme lui végétariens et visionnaires. Le fakirisme chrétien devait faire, à quelques années de là, des tours de force beaucoup plus merveilleux. Qu'est-ce que les pratiques d'Antoine auprès de celles de saint Siméon Stylite, qui passa la plus grande partie de sa vie sur une colonne et égala en immobilité les religieux contemplatifs de l'Inde?

Saint Antoine n'était pas un contemplatif pur. Il travaillait et priait tour à tour, il faisait des nattes de feuilles de palmier. Ses austérités étaient tempérées. Quand il fut vieux, ses disciples obtinrent qu'il leur permît de lui apporter tous les mois des olives, des légumes et de l'huile.

Ce qui fait l'originalité et la grandeur de sa vie, c'est qu'on y rencontre un extraordinaire mélange d'extatisme et d'activité; contraste qui se retrouve, à treize siècles de distance chez sainte Thérèse. Le vieil ermite inerte, le visionnaire étranger au monde, est en même temps le plus actif, le plus pratique, le plus entreprenant des hommes. Il mène à la fois la double vie du mystique et de l'homme d'affaires. C'est un grand organisateur et un administrateur excellent. Il fonde, il dirige des monastères innombrables et déploie le prompt et clair génie d'un grand conducteur d'hommes. Ce même vieillard qu'on croit occupé tout entier à lutter avec des diablotins stupides, fonde par toute la Thébaïde de vastes établissements et peuple le désert. Il établit à Pispir, sur la rive droite du Nil, cinq mille moines. C'est le moindre des couvents qu'il ait fondés. Ceux de Memphis, ses fils aînés, renferment plus de vingt mille religieux. Cet homme seul commande une innombrable armée, une armée obéissante, ignorante et féroce, trois fois invincible. Son coup d'œil embrasse les vastes ensembles et pénètre les moindres détails. Cet extatique sait le prix du temps aussi bien qu'un bon fonctionnaire romain. Il donne audience à tout le monde; mais il a soin de se faire renseigner d'avance sur les affaires des solliciteurs. Ses disciples sont dressés comme des commis, et l'aident à éconduire les importuns. Ils lui disent : Ce visiteur est un Égyptien ; on l'expédie lestement. Cet autre est un Iérosolymitain, alors on l'écoute. « Iérosolymitain », c'était le mot de passe. Ce solitaire est un politique. Du fond de sa retraite il tient les fils de toutes les grandes affaires ecclésiastiques, correspond avec les évêques et les docteurs, reçoit des lettres de l'empereur Constantin et de ses fils, conduit, règle tout dans la catholicité. Nu sur une natte, dans sa montagne sauvage, ce paysan illettré est le chef vénéré de l'Église.

C'est le Mâhdi des chrétiens. Son activité est prodigieuse : deux fois il fond à Alexandrie comme l'aigle, pour soutenir les fidèles persécutés et pour combattre l'hérésie arienne. Vivant, il est déjà le grand saint Antoine. Et il mérite ce nom. C'est par le caractère qu'il est grand. La fermeté du cœur lui tient lieu de science et de talent. Il est de fer, mais son énergie est enveloppée de douceur et d'aménité. Tous ceux qui l'approchent admirent sa sérénité, sa grâce, sa patience. Il garde dans l'extrême vieillesse la gaieté des petits enfants. Il est joyeux et recommande l'allégresse comme une vertu. « L'arc trop tendu se rompt, » dit-il. Tel est le vrai saint Antoine : un des hommes les plus extraordinaires que le monde ait jamais vus. « Il rendit son esprit à Dieu, dit son pieux biographe, le 17 janvier de l'an de Jésus-Christ 356 et de son âge le cent cinquième. »

ANTHOLOGIE[1]

Si, prenant la voix de l'élégant Méléagre, nous demandons à notre tour : « Chère Muse, qui donc tressa cette couronne de poésie? » la Muse répondra : « C'est Alphonse Lemerre et ses amis qui l'ont composée. »

L'éditeur du passage Choiseul pouvait seul former un si riche florilège de rimes contemporaines. Ne sait-on pas que les plantes dont il nous offre quelques fleurs ont été cultivées, en grande partie, par le Bêcheur qui prit pour devise *Fac et spera*? Ne se rappelle-t-on point les gerbes du *Parnasse*? Muguet des poètes intimes, orchidées bizarres des ciseleurs et des impassibles, je vous vis éclore voilà vingt ans!

L'*Anthologie des poètes du XIX*ᵉ *siècle* s'ouvre sur un poète du xviiiᵉ, André Chénier. M. André Lemoyne,

---

[1]. *Anthologie des poètes français du XIX*ᵉ *siècle*. Alphonse Lemerre, éditeur, 3 vol. in-8°. — *Poésies d'André Chénier*, avec quinze compositions de Bida. Charpentier, éditeur, 1 vol. in-4°.

dans la première des notices qui précèdent les morceaux choisis, s'est chargé de donner les raisons pour lesquelles le fils de la Grecque est représenté en tête d'un recueil réservé aux ouvrages d'un âge qu'il n'a point vu. La première raison est d'ordre chronologique. Les œuvres d'André Chénier, dit M. André Lemoyne, sont posthumes et furent publiées dans notre siècle. En effet, Latouche en donna l'édition originale en 1819. Cette raison peut paraître suffisante. On se demandera seulement si, d'après le même principe, certaines poésies de Parny, de Ducis, de l'abbé Delille, du chevalier de Boufflers, etc., publiées postérieurement à l'an 1801, ne devaient pas apporter leur contribution au nouveau recueil. Tout au moins aurait-on pu admettre un fragment de *la Pitié*, par exemple, le passage relatif à la captivité du petit Louis XVII au Temple. Outre que le morceau ne manque pas d'intérêt, on aurait découvert, en le lisant, une des sources où puisait le jeune Victor-Marie Hugo quand il composait ses premières odes. Mais je n'insiste pas. Il suffit qu'on n'ait rien omis d'essentiel.

La seconde raison de M. Lemoyne est d'ordre esthétique et vaut qu'on s'y arrête. La voici dans toute sa force : « André Chénier est le vrai rénovateur de la poésie française. » D'abord, il faut rendre justice à M. Lemoyne. Cette maxime ne lui appartient pas en propre : elle est courante parmi les poètes. En y réfléchissant, on est surpris qu'une idée aussi peu soutenable ait pu s'accréditer même chez des artistes étrangers à la critique et à l'histoire littéraire. La vérité est que, loin d'être un initiateur, André Chénier est la dernière expression d'un art expirant.

C'est à lui qu'aboutissent le goût, l'idéal, la pensée du XVIII° siècle. Il résume le style Louis XVI et l'esprit encyclopédique. Il est la fin d'un monde. Voilà précisément pourquoi il est exquis, pourquoi il est parfait. Certes, il est achevé. Il achève un art et n'en commence aucun autre. Il ferme un cycle. Il n'a rien semé; il a tout moissonné. C'est pour lui que l'abbé Barthélemy fit aimer la Grèce antique aux marquises poudrées et donna aux filles de l'Opéra l'envie d'imiter Laïs et Phryné en nouant leurs cheveux avec des bandeaux de laine. C'est pour lui que madame de Pompadour voulut que le ciel des boudoirs fût soutenu par des colonnes corinthiennes, que les chambres à coucher ressemblassent à des temples, que le dossier des chaises fût en forme de lyre et que des urnes funéraires s'élevassent sur les cheminées. C'est pour lui qu'un ciseau et des tenailles à la main, M. de Caylus, en veste, la chemise ouverte, déballait, rouge de fatigue et de joie, des bronzes antiques, des marbres grecs et des vases qu'il croyait étrusques. C'est pour lui que M. de Choiseul-Gouffier fouilla l'hippodrome d'Olympie. C'est pour lui que le peintre David peignait Léonidas et la mort de Socrate. C'est pour lui que l'architecte Ledoux faisait courir sur les barrières de Paris des frises de Vierges portant des panonceaux. C'est pour lui que les princes et les chanteuses faisaient élever dans leurs parcs des fausses ruines, des tombeaux vides et des autels à l'Amitié. C'est pour lui que l'abbé

Raynal composait avec émotion l'*Histoire philosophique des sauvages américains*. C'est pour lui que Cook et Bougainville firent connaître des hommes jaunes pleins de simplicité et des jeunes filles vêtues de fleurs à un monde très civilisé qui, par raffinement, s'éprenait de la nature. C'est pour lui que les femmes sensibles rêvaient dans des jardins anglais de Paméla, de Clarisse et de Julie. C'est pour lui que les grands seigneurs étaient anglomanes, philanthropes et licencieux. C'est pour lui que pensaient, observaient, travaillaient Buffon, d'Alembert, Diderot et les encyclopédistes ; pour lui que Voltaire exalta la tolérance, Rousseau la nature, d'Holbach l'athéisme, Mirabeau la liberté. Il fut tout ce qu'était son temps : néo-grec, didactique, encyclopédiste, érotique, romanesque, sensible, sentimental, tolérant, athée, feuillant. C'est dans les jardins anglais qu'il vit la nature ; son goût de l'antique ne fut en réalité que le goût Louis XVI. Je l'en loue, d'ailleurs, et l'en admire. Il eût fait du pastiche s'il n'eût fait du Louis XVI. Il aime, il comprend, il embrasse le xviiie siècle.

Il ne devine, il ne pressent rien du nôtre. Novateur ! personne ne le fut moins. Il est étranger à tout ce que l'avenir prépare. Rien de ce qui va fleurir n'est en germe en lui. C'est un vrai contemporain de Suard et de Morellet. Il n'a soupçonné ni le spiritualisme, ni la mélancolie de René, ni l'ennui d'Obermann, ni les ardeurs romanesques de Corinne. Il n'a prévu ni les curiosités métaphysiques ni les inquiétudes littéraires qui entraînaient madame de Staël et Benjamin Constant vers l'Allemagne. Il a vu jouer Shakespeare à Londres et il y a moins compris que n'avaient fait Voltaire, Letourneur et Ducis. Le feu qui court dans ses veines n'est pas la flamme subtile qui dévora Werther. Il ne porte pas en lui le grand vague, le malaise infini des temps nouveaux. Il n'est point épris de cette folie de gloire et d'amour qui va saisir les enfants de la Révolution. Il n'a aucune des aspirations de l'esprit moderne. On citerait sans peine des vers de Lemierre, de Millevoye, de Fontanes, de Chênedollé, qui nous touchent de plus près que les siens par le ton, l'accent et le sentiment. Il est le moins romantique des poètes. Lamartine l'a bien senti, malgré son peu de critique et d'étude. En cette jeune victime de la Terreur il a flairé, avec la certitude de l'instinct, l'adepte, le séide de ce xviiie siècle abhorré, l'ennemi. C'est là, sans aucun doute, la cause secrète et profonde d'une antipathie qui s'exprime avec une aveugle injustice dans le *Cours familier de littérature*. Imaginez, en effet, qu'André, échappé aux bourreaux, ait vécu sous le consulat. Nul doute qu'il n'eût fréquenté la société de Suard et de Morellet. Il aurait été du groupe des philosophes, épousant les passions et les préjugés de ses amis; il aurait difficilement compris l'état d'âme auquel répondit le concordat en politique et le *Génie du Christianisme* dans les lettres. Le voyez-vous publiant son *Hermès*, travaillant dans le didactique, traitant *Atala* de triste capucinade, raillant les nouveaux barbares stupidement épris de l'architecture des Goths, et déplorant le retour du fanatisme?

Tout ce que la jeunesse aimait alors, tout ce qu'exaltait l'art renaissant lui eût fait horreur, le son des cloches, les cathédrales, les cimetières, les batailles et les *Te Deum*. De tout ce qui excitait alors les imaginations, je ne vois guère qu'Ossian et Malvina dont il eût pu s'accommoder; pour tout le reste, l'esprit le plus dépaysé, le plus étranger, le plus malheureux.

Mais je crois voir venir un de mes amis du *Parnasse*, je dis des plus fameux, M. Catulle Mendès ou M. Armand Silvestre; je le sens qui me tire par la manche, je l'entends qui me dit :

— A propos de poète, vous me parlez de religions, et de philosophies, et de mœurs publiques, et de goûts, et de sentiments. Qu'est-ce que cela en poésie? Il importe peu qu'André Chénier ait eu les idées de ses contemporains, et même qu'il ait eu des idées quelconques. Cela ne compte pas. Ce qui compte c'est la forme pure, c'est la coupe, le rythme, un certain pli du vers. Et par là, par quelques césures, Chénier est moderne. Il est l'initiateur, il est le maître.

J'estime infiniment, pour ma part, les vers bien faits. Je ne crois pas qu'il y ait de poésie sans art ni d'art sans métier. Mais je soutiens que, même pour la forme du vers, André Chénier est un pur classique du XVIIIe siècle. Sans doute il a un délicieux tour qui lui est propre. Son vers, ferme et flexible à la fois, est d'une harmonie audacieuse et charmante; il est de beaucoup le premier des versificateurs comme le premier des poètes de son temps. Mais son art n'est point essentiellement différent du leur. Ses rejets, ses coupes, n'étaient pas sans précédent quand il les employa. On en trouverait des exemples dans Bertin, dans Parny, surtout dans les *Géorgiques* de Delille, si on lisait encore Delille et Bertin, qui, en effet, ne sont guère lisibles, et Parny, qui est exquis.

Néanmoins l'idée que Chénier a ouvert de nouvelles sources à la poésie, tandis qu'en réalité il a épuisé les anciennes, est reçue sans examen par les poètes. L'éditeur regretté d'André, le savant et délicat Becq de Fouquières, pensait comme eux, à à ce sujet. Une nouvelle édition des poésies d'André Chénier vient de paraître à la librairie Charpentier, édition somptueuse et magnifique, monument de typographie et d'art, orné de quinze dessins de Bida. Ce bel in-quarto contient une préface nouvelle du meilleur des éditeurs, où je trouve cette phrase : « Pour peu qu'on étudie avec quelque attention notre poésie contemporaine, on sera frappé de l'influence pénétrante que l'art d'André Chénier n'a cessé d'exercer sur elle. » On voit que M. Becq de Fouquières affirme nettement l'influence des œuvres de son poète sur l'école moderne. Mais quand il s'agit de l'établir, il ne laisse pas d'être embarrassé. Il sent bien qu'il ne peut constater cette influence ni chez Victor Hugo, ni chez Musset; encore moins chez Lamartine. Il était trop habile homme pour la rechercher dans les *Poèmes antiques* d'Alfred de Vigny. En effet, si l'on peut croire, à première vue, que trois ou quatre pièces de ce recueil, telles que *Symetha* et *la Dryade*, procèdent des élégies et des églogues d'André, c'est un fait que *Symetha* fut composée en 1817 et *la Dryade* en 1815, deux ans, quatre ans avant la première édition des œuvres de Chénier. En dernière analyse, c'est dans les *Poèmes antiques* de M. Leconte de Lisle et dans les sonnets de M. José-Maria de Heredia, qu'au sentiment de M. Becq de Fouquières se résume l'action de Chénier sur la poésie moderne. Pour ma part, je ne découvre aucune ressemblance entre la muse hispano-latine de M. de Heredia et les nymphes de Luciennes qu'évoquait l'amant de Fanny. Quant à M. Leconte de Lisle, on sait que plusieurs de ses premiers poèmes sont des études d'après l'antique. Il s'abreuva aux sources; c'est dans Homère, dans Hésiode, dans Théocrite, et non dans André Chénier, qu'il cherchait des formes et des images.

Je dirai plus généralement que l'influence d'André Chénier n'est sensible chez aucun des poètes de ce siècle, et c'est par pure fantaisie que les éditeurs de la nouvelle *Anthologie* ont placé *l'Aveugle* et *la Jeune Captive* en tête du recueil, comme un portique Louis XVI à l'entrée d'un édifice moderne.

D'ailleurs, le divin André n'en mérite pas moins d'immortels honneurs. Il n'a rien à craindre d'une critique rationnelle et fondée sur l'histoire. Au contraire, plus on l'étudie et mieux on l'admire. Rendu à son temps, replacé dans son milieu, remis dans son vrai cadre, il n'apparaît plus seulement comme un délicieux artisan de petits tableaux et de figurines pseudo-grecques et néo-romaines, une sorte de peintre à la cire et de coroplaste tout riant des souvenirs de Pompéi; c'est une âme ardente et vertueuse, c'est un mâle génie où souffle l'esprit d'un siècle. Et quel siècle! le plus hardi, le plus aimable, le plus grand! Voyons-le donc, notre André, tel qu'il fut en pleine vie, au milieu des choses. Voyons-le mêlé au peuple et aux héros de 1789, partageant leur puissant idéal et leurs nobles illusions. Regardez cet homme au large front, plein de pensées et d'images, au cou d'athlète, petit, bilieux, qui, l'œil en feu, s'est jeté dans la mêlée des partis, et qui consacra à la liberté son cœur, son génie, sa vie; c'est lui, c'est le généreux André. Il unit à la sagesse d'un politique la candeur d'un héros. Il veut bien être dupe, si la vertu est trompée avec lui. Ce n'est pas seulement un artiste ingénieux, c'est un bon citoyen, c'est un homme, c'est un grand homme. Courageux, éloquent, fidèle, sage avec énergie, pur au milieu des crimes, étranger à la violence parce qu'il ignore la peur, il a le droit de dire :

Toi, Vertu! pleure si je meurs.

Sa vie est courte, mais elle est remplie. Non, ce n'est pas un chanteur insoucieux que les proscripteurs ont fauché par hasard. André Chénier était désigné aux bourreaux par son courage, par son amour de la liberté, par son respect des lois. Il a vraiment mérité sa mort. Il était digne du martyre politique. C'est une grande victime à qui nous devons un monument expiatoire.

LA SAGESSE DE GYP

I. — LES SÉDUCTEURS[1]

Je tiens Gyp pour un grand philosophe. Et, si l'on me demande comment je l'entends, je répondrai que je l'entends comme il faut. Je serais désolé que cela eût l'air d'un paradoxe. Je me garde bien de hasarder des paradoxes : il faut, pour les soutenir, un esprit que je n'ai pas. La naïveté me convient mieux. Et c'est en toute innocence que je déclare que Gyp est un grand philosophe. Mais distinguons. Il y a philosophe et philosophe. Est dit philosophe, celui qui recherche les principes et les causes. Ce n'est point proprement la manière de Gyp. En fait de causes, Gyp n'en connaît guère qu'une seule ; il est vrai qu'elle est suffisante : c'est celle qu'on appelle poliment l'amour. Les philosophes qui recher-

---

1. *Les Séducteurs.* — *Loulou.* Calmann Lévy, édit., 2 vol. in-18.

chent les principes et les causes ressemblent, a-t-on dit, aux éléphants qui, en marchant, ne posent jamais le second pied à terre que le premier n'y soit bien affermi. Oh! que telle n'est point l'allure de Gyp! Mais on donne aussi le nom de philosophe à qui s'applique à l'étude de l'homme et de la société. La Bruyère a dit : « Le philosophe consume sa vie à observer les hommes, et il use ses esprits à en démêler les vices et les ridicules. » A ce titre, bien que je ne me figure point Gyp consumée et usée par la méditation, il n'est point de philosophe qui ait plus philosophé que Gyp, et l'on ne peut douter que les petits livres de Gyp ne soient de grands manuels de philosophie. *Autour du mariage, le Petit Bob, Dans l'train, Pour ne pas l'être, Plume et Poil, Le plus heureux de tous, les Séducteurs* doivent être rangés parmi les recueils moraux où fleurit la sagesse.

C'est sans doute une exquise discrétion que de ne point révéler le secret de Polichinelle. Mais il y aurait peut-être aussi quelque affectation à ne point dire, après tant d'autres, que le pseudonyme de Gyp cache une gracieuse femme, l'arrière-petite-fille de Mirabeau-Tonneau, dont elle rappelle l'esprit prompt, indocile et mordant. Je puis dire encore qu'on peut voir en ce moment le portrait de cette dame à l'Exposition des Trente-Trois, rue de Sèze. L'œil est vif, la bouche moqueuse, la physionomie charmante. On devine, à voir seulement ce portrait, que la porteuse de ce joli visage loge en sa petite personne une âme ironique.

Et il est de fait que c'est une terrible railleuse. Elle

fait parler, dans une infinité de spirituels dialogues, tout un monde de viveurs et d'oisifs, et il ressort de tant de légers discours que l'homme est, à l'état civilisé, un vain, grossier et ridicule animal. C'est cette idée, profondément sincère, qui fait de Gyp un philosophe et un moraliste. Il a été de mode, pendant quelque temps, d'accuser d'immoralité les jolies fantaisies que notre auteur semait d'une main négligente dans la *Vie parisienne*. Je n'ai jamais compris, pour ma part, cette sévérité. Je n'ai jamais découvert dans les dialogues de Gyp la moindre excitation au vice. Il m'a semblé tout au contraire que le plaisir y était représenté généralement comme un travail très compliqué, très fatigant et tout à fait stérile. Pour ma part, chaque fois que Gyp m'a montré les riches et les heureux faisant la fête, comme on dit, j'ai senti redoubler en moi le désir de vivre dans l'humilité magnifique de la science, *in angello cum libello*. Oui, je n'ai pu voir les beaux amis de Paulette faire des bulles de savon et verser du champagne dans le piano, pour se distraire, sans songer que l'humble érudit qui compose patiemment une métrique grecque dans un faubourg de petite ville n'a pas choisi, à tout prendre, la plus mauvaise part des choses de la vie. Tantôt encore, en faisant le compte des heures vides que Gérard a tuées péniblement à son cercle, chez Blanche d'Ivry et chez madame de Fryleuse, ne me suis-je pas surpris tout à coup songeant — excusez l'étrangeté de ma rêverie — à la vie simple et remplie de quelque homme de bien, d'un vieux prêtre, par exemple, occupé d'études et se réveillant dans les nuits d'avril à la pensée qu'il gèle et que ses pommiers sont en fleur. Le trait est de Rollin. Ce bon homme n'entretenait pas d'autre inquiétude dans son âme pure comme celle d'un enfant. Je vous dis en vérité que Gyp m'a appris à estimer le bon Rollin. Elle nous enseigne que les heureux de ce monde ne sont point dignes d'envie, qu'ils sont misérables dans leurs joies et ridicules dans leurs élégances. Je m'en doutais bien. Mais tout le monde ne le sait pas. Gyp semble nous dire : ce n'est ni dans la beauté des attelages ni dans le luxe des femmes que réside le souverain bien, et l'on peut passer toutes ses matinées de printemps dans l'allée des Poteaux sans y trouver la joie du cœur. Je me figure que, si saint Antoine avait lu Gyp dans le désert, il aurait retrouvé un peu de tranquillité à la pensée que le monde ne vaut pas qu'on le regrette. Il se serait dit que sa tête de mort et son écuelle de bois valaient bien après tout les bulles de savon du petit de Tremble et les coupes de champagne de Joyeuse. Et puis il n'aurait pu s'empêcher de rire, et un saint qui rit est bien près de devenir un sage; il est sauvé. Plus j'y songe, plus je suis tenté de recommander les œuvres de Gyp aux personnes qui professent l'ascétisme.

Gyp a pénétré philosophiquement la vanité des habits de coupe anglaise. Je soupçonne de mon côté qu'il y a quelque vanité dans l'étude de la prosodie grecque et des mosaïques bysantines. Mais, s'il faut choisir entre les vanités, nous préférerons celles qui font oublier, qui consolent, qui donnent à l'existence la paix avec la dignité. Voilà ce qu'enseigne Gyp en souriant. C'est pourquoi je la tiens pour un écrivain des plus moraux. Si j'étais de M. Camille Doucet, je n'aurais point de cesse que *Dans l'train* et *les Séducteurs* n'eussent reçu de l'Académie française un prix Montyon.

Je sais bien que les femmes de Gyp sont ravissantes et qu'elles ont autant d'esprit que leurs adorateurs en ont peu. Je sais que Paulette est exquise, je sais que madame de Flirt et madame d'Houbly sont faites pour nous donner quelque trouble. Mais que voulez-vous? Il faut bien que la philosophie s'accommode du charme des femmes. Il n'y a pas de sagesse capable de supprimer la beauté vivante. Ce serait d'ailleurs une effroyable sagesse. C'est un fait qu'il y a de jolies femmes sur la terre. Les livres ne le diraient pas, qu'on le verrait bien tout de même. Gyp ne craint pas de nous montrer de ravissantes créatures; mais, en même temps, elle nous fait comprendre qu'il est ardu et décevant de vouloir les aimer de trop près, et c'est là justement qu'elle se révèle moraliste consommé.

Je vous en ferai juge et je prendrai mon exemple dans le dernier livre de mon auteur. Il s'appelle *les Séducteurs!* et il est dédié à M. Jules Lemaître. Un livre placé sous un tel vocable ne peut offenser aucune des Muses. Aussi bien est-ce chose légère et douce. Je choisirai sans crainte le dialogue le plus intime de tout le livre, parce qu'à le bien entendre il est aussi le plus philosophique. La scène se passe dans un petit rez-de-chaussée de l'avenue Marceau. Une douce obscurité baigne la chambre close.

Madame d'Houbly. — Quelle heure est-il?

Fryleuse. — Je ne sais pas... Ne t'occupe donc pas de l'heure... Que t'importe?...

Madame d'Houbly, *à part*. — Il me tutoie déjà..

Fryleuse. — Vous ne savez pas à quel point je suis heureux!

Madame d'Houbly. — Mais si... je m'en doute..

. . . .

Il doit être extrêmement tard...

Fryleuse, *regardant la pendule*. — A peine cinq heures et demie...

Madame d'Houbly, *bondissant*. — Miséricorde! Alors il y a deux heures que nous sommes enfermés là dedans!...

Fryleuse, *mélancolique*. — Le temps vous a donc paru bien long?

Madame d'Houbly. — Non... mais...

Fryleuse. — Si... Je le vois bien, allez! Vous regrettez de m'avoir accordé... ces deux heures...

Madame d'Houbly. — Mais non... D'abord, je ne regrette jamais rien!... Regretter, c'est inutile!...

. . . .

Fryleuse. — Je vois bien qu'il y a quelque chose qui ne va pas...

Madame d'Houbly. — Mais du tout!... (*Un temps.*) Je ne peux pas mettre ce bouton de bottine sans crochet! ... Voulez-vous me donner un crochet?...

Fryleuse. — Un crochet? Ah! mon Dieu! mais je n'en ai pas! Je n'ai pas songé... pas prévu...

Madame d'Houbly. — Pas prévu?... Ah bien, par

exemple!... Si j'avais su que vous ne prévoyiez pas, je...
Enfin je n'aurais pas besoin d'un crochet à boutons, là!

FRYLEUSE, *désolé.* — Oh!!!

MADAME D'HOUBLY, *s'acharnant contre son bouton.* —
Ah! je ne peux pas! il n'y a pas moyen!...

FRYLEUSE, *craintif.* — Si vous vouliez me permettre...

MADAME D'HOUBLY. — Oh! je ne demande pas mieux!
... J'en ai assez!...

FRYLEUSE, *prenant dans sa main le pied de madame
d'Houbly et le regardant avec admiration.* — Quel pied!
... C'est une merveille!...

MADAME D'HOUBLY, *agacée.* — Oh! si c'est pour ça
que...?

FRYLEUSE. — Non... pardon. (*Il entreprend vainement
de faire passer le bouton dans la boutonnière.*)

. . . .

Si vous essayiez avec une épingle à cheveux?...

MADAME D'HOUBLY. — Une épingle à cheveux! Je ne
mets pas de ces saletés-là, moi!

FRYLEUSE. — Mais vos cheveux sont relevés cependant, et...

MADAME D'HOUBLY. — Oui... avec un peigne... (*Énervée*). Voulez-vous que je boutonne mes bottines avec
un peigne?

. . . .

Et le plus beau jour de Fryleuse n'aura pas de lendemain. Gyp n'est pas tendre pour les pauvres séducteurs. Elle raille leur prudence et leurs artifices; elle
méprise leurs travaux; elle est sans pitié pour leurs
peines et leurs misères. Elle tient la vieille habileté de
M. d'Oronge pour aussi ridicule que la jeune inexpérience de Fryleuse. Elle oppose victorieusement aux

désirs du petit de Tremble les cinquante-deux boutons de la robe de madame de Flirt, « cinquante-deux boutons, sans compter les tresses et les olives d'argent qui croisent dessus... Il faut vingt minutes pour les mettre. » Enfin elle est ravie de montrer qu'une égoïste sensualité jointe à un sot amour-propre fait de l'homme une fâcheuse bête. Gyp a raison, tout cela est ridicule. Ces hommes et ces femmes sont d'une misérable petitesse. Pourtant donnez-leur une seule chose qui leur manque, ils deviendront beaux et touchants. Qu'ils aient la passion, que ce soit un sentiment vrai, une émotion profonde qui les jette dans les bras l'un de l'autre, et ils cesseront aussitôt de paraître ridicules et mesquins ; au contraire, ils nous inspireront de douces sympathies, et nous dirons en les voyant passer : « Ceux-là sont heureux ! Ils ont fait descendre le ciel sur la terre. Ils sont l'un pour l'autre un vivant idéal. Ils mettent l'infini dans une heure et ils réalisent Dieu en ce monde. Il nous faut envier jusqu'à leurs douleurs. Car elles contiennent plus de joies que la félicité des autres hommes. »

Voilà encore une inspiration sublime que nous devons à l'auteur de *Plume et Poil*. J'affirme qu'il y a peu d'écrivains qui aident comme Gyp à la culture et à l'amendement de la personne morale.

II. — LOULOU

Je lis *Loulou*, en chemin de fer, dans le rapide, au grondement des roues sur les rails, au sifflet des machines. Loulou et la vapeur, ce sont là des harmonies.

Loulou aussi est « dans le train », comme dit Gyp. Je crois même l'avoir rencontrée tout à l'heure, au buffet, quand poudreux, somnolents et affairés, noirs comme des ombres, nous goûtions autour de la table la douceur d'un potage chaud et de vingt minutes de liberté. Chapeau mou défoncé sur la tête, les hommes s'abandonnaient; mais les femmes disputaient encore à la fatigue et aux brutalités du voyage des restes de grâce et d'élégance. Parmi elles, une petite personne de quinze ans, les coudes sur la table, mordait à belles dents la chair d'une pêche et riait à grands yeux de ses voisins embarrassés ou prétentieux. Elle avait l'air spirituel, effronté, bon enfant. Elle était parfaitement mal élevée. C'était Loulou, ou quelqu'une qui lui ressemblait fort.

D'ailleurs, où ne rencontre-t-on pas Loulou? Loulou, c'est la petite fille moderne; Loulou, c'est la nouveauté vivante du jour. Loulou, c'est la fleur et le fruit de nos inquiétudes et de nos folies. Voulez-vous son portrait? Gyp l'a enlevé en deux ou trois coups de son crayon de poche. « Une toison frisée couleur d'acajou, le teint éblouissant, des yeux verts tout pailletés d'or, de petites dents de chien dans une bouche trop grande. » Point belle, à peine jolie, mais expressive et mordante. Elle est au goût du jour et ne manquera pas de faire, après son mariage, « sensation » dans le monde. Elle sera la femme moderne, le nouvel idéal. Son nez, sa bouche, c'est précisément le nez, la bouche que nous attendions. Elle a du « chien », comme on dit, et point de ligne, rien de classique. Qu'elle soit la bienvenue !

Les femmes majestueuses, d'une beauté de déesse, que le xviie siècle a célébrées, ennuieraient aujourd'hui nos mondains, qui ne comptent pour rien le plaisir d'admirer. Les ingénues à la Greuze nous sembleraient elles-mêmes un peu fades, malgré leur candeur déjà rougissante. Il nous faut mieux que la cruche cassée, mieux que le pot au lait renversé d'Aline. Il nous faut Loulou, avec son petit nez insolent et sa bouche de gamin de Paris, Loulou, qui ressemble vaguement à Gavroche.

Elle est le vin bleu, fait pour agacer un instant les palais usés et brûlés. Et, comme ce vin bleu se déguste dans un fin cristal, la saveur en devient, par le contraste, plus forte et plus piquante.

Ne nous y trompons pas : Gyp est un grand ironique, un ironique sans colère et sans amertume, avec un naturel qui va parfois jusqu'à l'inconscience. Le beau monde qui se mire dans les fins portraits de Gyp, en souriant de s'y trouver tant d'élégance, ne soupçonne pas, je suis sûr, ce qu'il y a de raillerie plus ou moins volontaire dans le choix que l'artiste sut faire des attitudes, des expressions et des mouvements de ses figures. Certes, je ne voudrais, pour rien au monde, mettre en défiance les simples lecteurs de ces dialogues d'un nouveau Lucien, moins précieux et plus naturel que l'autre; mais, sans vouloir chercher de quelle perfidie charmante est capable l'esprit qui créa Bob, Paulette et Loulou, je me demande, non sans inquiétude, si la postérité malveillante, quand elle voudra se représenter notre société, ne sera pas tentée d'emprunter quelques traits aux légères esquisses des conteurs de la *Vie parisienne*. Nous nous permettons bien, nous, de chercher dans Restif de la Bretonne, qui pourtant n'avait, lui, ni finesse ni grâce, quelques-uns des secrets de nos trisaïeules.

Ceux qui jugeront nos filles d'après Loulou diront que ces enfants-là ne manquaient ni d'esprit ni de sens, ni d'une sorte de facilité aimable; qu'ils n'étaient point méchants, mais qu'ils étaient aussi mal élevés que possible.

Ils ne se tromperont pas tout à fait. L'éducation en France a perdu de sa force et de sa fermeté. Jadis elle florissait vigoureusement sur cette terre antique de la politesse. Elle y a produit la plus belle société du monde. Maintenant la famille bourgeoise a cessé d'être l'excellente éducatrice qui jadis formait dès l'enfance des hommes capables de tous les emplois et de toutes les charges. C'est par ces travaux domestiques que la bourgeoisie éleva ses fils au-dessus des nobles et s'empara du gouvernement. Hélas! nous n'avons pas gardé le secret de ce que nos pères appelaient « les fortes nourritures ». Nous n'élevons plus très bien nos enfants. On en sera moins surpris qu'affligé, si l'on songe que l'éducation est faite en grande partie de contrainte, qu'il y faut de la fermeté et que c'est ce que nous avons surtout perdu. Nous sommes doux, affectueux, tolérants, mais nous ne savons plus ni imposer ni subir l'obéissance.

Nous renversons tous les jougs. Le mot de discipline, qui s'appliquait autrefois à la direction de toute la vie, n'est plus aujourd'hui un mot civil. Dans cet état d'indépendance morale, il est impossible que le développement des facultés de nos enfants soit dirigé avec suite.

Quand on étudie (comme l'a fait M. Gréard dans un livre plein de sagesse et d'expérience) l'éducation des filles sous l'ancien régime, on reconnaît que les plus douces institutrices d'autrefois ne se contentaient pas de se faire aimer et qu'elles voulaient encore être respectées et même parfois redoutées. Les parents s'efforçaient alors de cacher leur tendresse. Ils eussent craint d'amollir leurs enfants en les caressant. L'éducation, selon leur sentiment, était un corset de fer qu'on laçait prudemment, mais de force. Dans les maisons de ces gentilshommes pauvres qui disaient fièrement avoir tout donné au roi, les vertus domestiques étaient encore des vertus militaires. Ils élevaient leurs filles comme des soldats, pour le service de Dieu ou de la famille. Le couvent ou une alliance honorable et profitable, tel était l'avenir. Rien ou presque rien n'était laissé au sentiment de l'enfant :

Le devoir d'une fille est dans l'obéissance.

Ces hommes d'épée avaient des idées simples, étroites et fortes. Ils y pliaient tout.

Aujourd'hui, nous sommes plus intelligents et plus instruits, nous avons plus de tendresse et de bienveillance. Nous comprenons, nous aimons, nous doutons davantage. Ce qui nous manque, c'est surtout la tradition et l'habitude. En perdant l'antique foi, nous nous sommes déshabitués de ce long regard en arrière qu'on appelle le respect. Or, il n'y a pas d'éducation sans respect.

Nos convictions sont parfois opiniâtres, mais en même temps incertaines et neuves. En morale, en religion, en politique, tout est contestable, puisque tout est contesté. Nous avons détruit beaucoup de préjugés et, il faut bien le reconnaître, les préjugés — j'entends de nobles et universels préjugés — sont les seules bases de l'éducation. On ne s'entend que sur des préjugés ; tout ce qui n'est pas admis sans examen peut être rejeté.

Les parents de Loulou ne savent pas comment élever leur fille, parce qu'ils ne savent pas pourquoi ils l'élèvent. Et comment le sauraient-ils? Tout autour d'eux est incertain et mouvant. Ils appartiennent à ces classes dirigeantes qui ne dirigent plus et que leur incapacité et leur égoïsme ont frappées de déchéance. Ils font partie d'une aristocratie qui tombe et s'élève selon qu'elle

perd ou gagne l'argent qui est sa seule raison d'être.
Ils n'ont d'idée sur rien. Ils sont eux-mêmes flottants et
abandonnés. Loulou pousse comme une herbe folle.

Est-ce à dire qu'il faille regretter les anciennes disciplines et les vieilles maisons, l'institut des demoiselles de Saint-Cyr, les couvents où Loulou aurait appris la politesse et le respect qu'elle ignorera toujours? Non, certes. L'éducation de l'ancien régime, étroite et forte, ne vaudrait rien pour la société moderne. Nos aspirations se sont élargies avec nos horizons. La démocratie et la science nous entraînent vers de nouvelles destinées que nous pressentons vaguement.

Loulou est instruite, et fort instruite. Elle apprend beaucoup d'histoire, de chronologie et de géographie. Elle passe tous ses examens. C'est le préjugé de notre temps de donner beaucoup à l'instruction. Au xviiie siècle, on n'instruisait guère les filles que dans l'ignorance et dans la religion. Aujourd'hui on veut tout leur apprendre, et il y a peut-être dans ce zèle trop bouillant un instinct obscur des conditions nouvelles de la vie. En effet, si les aristocraties peuvent vivre longtemps sur des préceptes, des maximes et des usages, les démocraties ne subsistent que par les connaissances usuelles, la pratique des arts et l'application des sciences. Il faudrait seulement savoir ce que c'est que la science véritable et ne pas enseigner à Loulou que d'inutiles nomenclatures.

Gardons-nous des mots. On en meurt. Soyons savants et rendons Loulou savante; mais attachons-nous à l'esprit et non point à la lettre. Que notre enseignement soit plein d'idées. Jusqu'ici il n'est bourré que de faits. Les instituteurs d'autrefois voulaient, avec raison, qu'on ménageât la mémoire des enfants. L'un d'eux disait : « Dans un réservoir si petit et si précieux on ne doit verser que des choses exquises. » Bien éloignés de cette prudence, nous ne craignons pas d'y entasser des pavés. Je n'ai pas vu Loulou seulement au buffet et mangeant des pêches. Je l'ai vue encore courbée sur son pupitre, pâle, myope et bossue, écrasée de ces noms propres qui sont les vanités des vanités.

Loulou subit en grognant cette incompréhensible fatalité. Résignez-vous, Loulou. Cette nouvelle barbarie est passagère. Il fallait qu'il en fût d'abord ainsi. La plupart de nos sciences sont neuves, inachevées, énormes, comme des mondes en formation.

Elles grossissent sans cesse et nous débordent. En dépit de tous nos efforts, nous ne les embrassons pas; nous ne pouvons les dominer, les réduire, les abréger. Nous n'en possédons pas la loi générale et la philosophie. C'est pourquoi nous les faisons entrer dans l'enseignement sous une forme obscure et lourde. Quand nous saurons dégager l'esprit des sciences, nous en présenterons la quintessence à la jeunesse. En attendant, nous y déchargeons des dictionnaires. Voilà pourquoi, Loulou, la chimie qu'on vous apprend est si ennuyeuse.

ANTHOLOGIE

Ce matin un gras soleil boit la rosée des prés, dore les pampres sur les coteaux et pénètre de ses flammes subtiles les raisins déjà mûrs. L'air léger vibre à l'horizon. Assis devant ma table de travail, que j'ai poussée au bord de ma fenêtre, je vois, en me penchant un peu, la grange où les ouvriers dépiquent le blé. Ils prennent de la peine, mais la belle lumière du jour les baigne et les pénètre. Attelés au manège qui met en mouvement la machine à battre, deux chevaux robustes, las et patients, la tête dans un sac, tournent incessamment et font ronfler les roues et siffler les courroies. Un enfant agite son fouet pour les exciter et pour chasser les mouches avides de leur sueur. Des hommes, coiffés de ce béret bleu venu des Pyrénées en Gironde, apportent sur leur dos les lourdes gerbes que les femmes, en grand chapeau de paille, pieds nus sur la toile grise de l'aire, donnent à mâcher par poignée à la batteuse, qui bourdonne comme une ruche. Un maigre et vigoureux garçon enlève, du bout de sa fourche, la paille découronnée et mutilée, tandis que les grains de blé, versés dans une vanneuse à manivelle, abandonnent aux souffles de l'air les débris de leurs tuniques légères. Bêtes et gens agissent de concert avec la lenteur obstinée des âmes rustiques. Mais, derrière les gerbes, à l'ombre de la grange, des petits enfants, dont on ne voit que les yeux grands ouverts et les joues barbouillées, rient dans les chariots de foin. Ces femmes, ces hommes hâlés, le regard pâle, la bouche lourde, le corps appesanti, ne sont pas sans beauté. La franchise de leur costume rustique traduit avec exactitude tous les mouvements de leurs corps et ces mouvements, appris des aïeux depuis un temps immémorial, sont d'une simplicité solennelle. Leur visage, qui n'est empreint d'aucune pensée distincte, réfléchit seulement l'âme de la glèbe. On les dirait nés du sillon comme le blé qu'ils ont semé et dont ils mâchent le pain avec une lenteur respectueuse. Ils ont la beauté profonde qui vient de l'harmonie. Leur chair hâlée sous la poussière qui la couvre, cette poussière des champs qui ne souille pas, prend dans la lumière je ne sais quoi de fauve, d'ardent et de riche. L'or des gerbes les environne, une poussière blonde flotte autour d'eux, comme la gloire de cette antique Cérès éparse encore dans nos champs et dans nos granges.

Et voici que, laissant livres, plume et papiers, je regarde avec envie ces batteurs de blé, ces simples artisans de l'œuvre par excellence. Qu'est-ce que ma tâche à côté de la leur? Et combien je me sens humble et petit devant eux! Ce qu'ils font est nécessaire. Et nous, frivoles jongleurs, vains joueurs de flûte, pouvons-nous nous flatter de faire quelque chose qui soit, je ne dis pas utile, mais seulement innocent? Heureux l'homme et le bœuf qui tracent leur droit sillon! Tout le reste est délire, ou, du moins, incertitude, cause de trouble et de soucis. Les ouvriers que je vois de ma fenêtre battront aujourd'hui trois cents bottes de blé, puis ils se coucheront fatigués et contents, sans douter de la bonté de leur œuvre. Oh! la joie d'accomplir une tâche exacte et régulière! Mais moi, saurai-je ce soir, mes dix pages écrites, si j'ai bien rempli ma journée et gagné le sommeil? Saurai-je si, dans ma grange, j'ai porté le bon grain? Saurai-je si mes paroles sont le pain qui entretient la vie? Saurai-je si j'ai bien dit? Sachons, du moins, quelle que soit notre tâche, l'accomplir d'un cœur simple, avec bonne volonté. Voilà déjà deux ans que j'entretiens des choses de l'esprit un public d'élite, et je peux me rendre ce témoignage que je n'ai jamais obscurci devant lui la candeur de ma pensée. On m'a vu souvent incertain, mais toujours sincère. J'ai été vrai, et par là, du moins, j'ai gardé le droit de parler aux hommes. Je n'y ai d'ailleurs aucun mérite. Il faut, pour bien mentir, une rhétorique dont je ne sais pas le premier mot. J'ignore les artifices du langage et ne sais parler que pour exprimer ma pensée.

Sur cette côte, parmi les vignes dont les ceps se tordent au ras d'une terre brûlante, aucun livre nouveau n'est venu solliciter ma critique paresseuse. Je rouvre l'*Anthologie des poètes du XIXe siècle*. En 1820, quand Lamartine publiait les *Méditations* et faisait jaillir une nouvelle source de poésie, un jeune officier de l'oisive armée de la Restauration, gentilhomme pauvre, également étranger au royalisme servile des fils d'émigrés et à la violence criminelle des affiliés de la charbonnerie, occupait ses loisirs de garnison en composant pour lui-même de petits poèmes élégants et purs, d'un sentiment nouveau; scènes antiques animées, vivifiées par une âme moderne, souvenirs émus de la vieille France, dont bientôt la poésie allait pieusement recueillir les traditions dédaignées et déchirées. C'était Millevoye encore, Millevoye qu'il faut bien, malgré notre orgueil, retrouver à la source cachée du romantisme, car il y chantait, avec les nymphes enfiévrées, toutes ces figures, encore indistinctes, de nos légendes nationales. Mais c'était Millevoye plus large et plus pur, dégagé des haillons d'une Muse surannée. Ou plutôt ce n'était plus Millevoye, c'était déjà Alfred de Vigny. Ses *Poèmes* furent publiés en 1822. Moins abondant, moins largement inspiré que Lamartine, il l'emportait dès le début sur le poète des *Méditations* par la fermeté du langage et par la science du vers. Plus tard, il porta plus haut qu'aucun poète de son temps l'audace lumineuse de la pensée. Sa destinée est singulière. Deux recueils seulement de poésies marquent sa vie assez longue. Le premier est un livre de jeunesse; le second un livre posthume. L'intervalle de cette studieuse existence est rempli par des œuvres de roman et de théâtre dont une, tout au moins, *Servitude et Grandeur militaires* est un pur chef-d'œuvre. Alfred de Vigny fut un initiateur. Il donna, avant les débuts de Victor Hugo, plus jeune que lui de cinq ans, le type du vers sonore et plein qui devait prévaloir. Mais sa pensée harmonieuse formait lentement, comme le cristal, ses prismes de lumière. Son existence entière égoutta un petit nombre de vers.

Est-ce pour cela qu'un poète si rare et du plus intelligent génie eut peu d'action, en somme, sur ses contemporains? Sans doute son trop long silence le fit oublier de la foule; il faut donner incessamment de l'aliment à la renommée pour la rendre robuste. C'est ce que fit Victor Hugo, le plus vaillant des ouvriers poètes et c'est ce qu'Alfred de Vigny ne fit pas.

Mais n'y avait-il point, dans sa distinction même, un obstacle qui l'écartait de la popularité littéraire? Cette tour d'ivoire où l'on dit qu'il se retirait, qu'était-ce, sinon son talent même, son esprit haut et solitaire? Alfred de Vigny eut de bonne heure le sentiment de son isolement. Il concevait le poète comme un nouveau Moïse sur le Sinaï des âmes. Il fut calme et dédaigneux. Il n'eut pas le bonheur de Lamartine et d'Hugo; il ne communia pas avec la foule et ne vécut pas en sympathie avec le sentiment public. Le romantisme, sorti de la Révolution pêle-mêle avec l'éloquence parlementaire, l'exaltation patriotique et les ardeurs libérales, était, dans son essence, une aveugle et violente réaction contre l'esprit du xviiie siècle. Ce fut une fusée religieuse. Les lyriques de 1820 à 1830 chantent tous le cantique d'un christianisme éthéré et pittoresque. Alfred de Vigny entrait mal dans le concert : il n'avait pas le sentiment néo-chrétien. Il n'était même pas spiritualiste. A la fin de sa vie il inclinait vers une sorte d'athéisme stoïque : on connaît le beau poème symbolique dans lequel il montre Jésus suant la sueur de sang sur le mont des Oliviers et appelant en vain son père céleste. Les nuées restent sourdes et le poète s'écrie :

>   S'il est vrai qu'au jardin sacré des Écritures
>   Le Fils de l'Homme ait dit ce qu'on voit rapporté,
>   Muet, aveugle et sourd au cri des créatures,
>   Si Dieu nous rejeta comme un monde avorté,
>   Le sage opposera le dédain à l'absence
>   Et ne répondra plus que par un froid silence
>   Au silence éternel de la divinité.

On ne trouvera pas ces sombres vers des *Destinées* dans la nouvelle *Anthologie*. On y rencontrera, par compensation, cette *Maison du berger* qui, comme le dit si bien un poète, M. André Lemoyne, « est un des plus beaux poèmes d'amour de tous les âges ». C'est aussi l'expression d'une philosophie sombre et pathétique dont rien ne surpasse l'éloquence douloureuse :

>   . . . .
>   Sur mon cœur déchiré viens poser ta main pure,
>   Ne me laisse jamais seul avec la nature,
>   Car je la connais trop pour n'en pas avoir peur.
>   Elle me dit : . . . .
>   Je roule avec dédain, sans voir et sans entendre,
>   A côté des fourmis les populations ;
>   Je ne distingue pas leur terrier de leur cendre,

J'ignore en les portant les noms des nations.
On me dit une mère et je suis une tombe.
Mon hiver prend vos morts comme son hécatombe,
Mon printemps n'entend pas vos adorations.

Avant vous j'étais belle et toujours parfumée,
J'abandonnais au vent mes cheveux tout entiers,
Je suivais dans les cieux ma route accoutumée,
Sur l'axe harmonieux des divins balanciers.
Après vous, traversant l'espace où tout s'élance,
J'irai seule et sereine, en un chaste silence;
Je fendrai l'air du front et de mes seins altiers.

Cette tristesse philosophique est singulière et d'un accent inouï dans le romantisme. Car il n'y faut pas comparer le *Désespoir* de Lamartine. Lamartine blasphémait alors, et le blasphème n'est possible qu'au croyant. D'ailleurs le *Désespoir* est suivi, dans les *Méditations*, d'une apologie en règle de la Providence. Quant à Victor Hugo, il naquit et mourut enfant de chœur. En toutes choses, il changeait d'idées à mesure que les idées changeaient autour de lui. Son déisme seul resta fixe dans cette perpétuelle transformation. A quatre-vingts ans, ses croyances n'avaient pas une ride; sa foi en Dieu était celle d'un petit enfant. Un soir, ayant entendu un de ses hôtes nier chez lui la Providence, il se mit à pleurer.

Le romantisme de 1820 fut moral et religieux; celui de 1830 fut pittoresque. Le premier était un sentiment, le second un goût. Et quel goût! Chevaliers, pages, varlets, châtelaine accoudée, pâle et mélancolique, à la fenêtre de son castel, ribauds et ribaudes, pendus, taverniers d'enfer, une multitude incroyable de cabaretiers, enfin, tout un moyen âge vu, dans l'ombre, à travers un feu de Bengale vert et rouge ; puis toutes les fiancées des ballades allemandes, des elfes, des follets, des gnomes, des fantômes, des squelettes et des têtes de mort. Les *Ballades*, de Victor Hugo, sont le témoignage littéraire le plus complet de ce goût puéril, dont les esquisses de Boulanger et les lithographies de Nanteuil nous offrent la représentation plastique. L'*Anthologie*, qui me sert de guide, a conservé très discrètement la trace de cette mode innocente jusque dans sa fureur. On en retrouve les formes et les couleurs dans une « ballade » de ce Louis Bertrand qui signait, en bon romantique, Aloïsius Bertrand.

O Dijon, la fille
Des glorieux ducs,
Qui portes béquille
Dans tes ans caducs...

La grise bastille
Aux gris tiercelets
Troua ta mantille
De trente boulets.

Le reître, qui pille
Nippes au bahut,
Nonnes sous leur grille,
Te cassa ton luth.

. . . .

Cela ne vous semble-t-il pas assez *moyen âge*? Mais le chef-d'œuvre de ce goût est assurément le prologue de *Madame Putiphar*.

Il y a là trois cavaliers symboliques, superbement enluminés :

> Le premier cavalier est jeune, frais, alerte;
> Il porte élégamment un corselet d'acier,
> Scintillant à travers une résille verte
> Comme à travers des pins les cristaux d'un glacier.
> Son œil est amoureux; sa belle tête blonde
> A pour coiffure un casque, orné de lambrequins,
> Dont le cimier touffu l'enveloppe, l'inonde
> Comme fait le lampas autour des palanquins.
>
> . . . .
>
> Le second cavalier, ainsi qu'un reliquaire,
> Est juché gravement sur le dos d'un mulet
> Qui ferait le bonheur d'un gothique antiquaire;
> Car sur son râble osseux, anguleux chapelet,
> Avec soin est jetée une housse fanée,
> Housse ayant affublé quelque vieil escabeau,
> Ou carapaçonné la blanche haquenée
> Sur laquelle arriva de Bavière Isabeau.
> Il est gros, gras, poussif...

Ce second cavalier marque bien, ce me semble, le temps où l'hôtel de Cluny fut meublé des débris du moyen âge et devint un musée. Mais c'est le troisième cavalier... excusez-moi, le « tiers cavalier » qui révèle tout un idéal. Contemplez, je vous prie, ce tiers cavalier :

> Pour le tiers cavalier, c'est un homme de pierre,
> Semblant le Commandeur, horrible et ténébreux;
> Un hyperboréen, un gnome sans paupière,
> Sans prunelle et sans front, qui résonne le creux
> Comme un tombeau vidé lorsqu'une arme le frappe.
> Il porte à la main gauche une faux dont l'acier
> Pleure à grands flots le sang, puis une chausse-trape
> En croupe où se faisande un pendu grimacier.
>
> . . . .

Voilà la cavalerie macabre dont le bon Pétrus entendait le galop dans son cœur ! Rêve naïf de ces jeunes gens lettrés et sédentaires qui, tout en menant la vie la plus paisible, donnaient à croire au bourgeois qu'ils buvaient toute la nuit les flammes du punch dans le crâne de leur maîtresse! En ce temps-là un Jeune-France n'allait pas au bureau où il était expéditionnaire sans s'écrier avec un rire sarcastique : « Je suis damné! »

Ce n'est pas que tout soit ridicule dans ce second mouvement romantique dont Victor Hugo fut l'expression la plus éclatante. Les Jeunes-France jetés avec beaucoup de frénésie et encore plus d'ignorance dans l'exotisme et dans l'archaïsme ne suivaient pas moins deux routes fortunées. Conquérants de cette Germanie poétique découverte par madame de Staël, ils en rapportaient lieds et ballades et la coupe précieuse du roi de Thulé. Ils faisaient passer ainsi dans la littérature française, naturellement raisonnable et raisonneuse, un peu du vague heureux qui fait que la poésie des races germaniques retentit indéfiniment dans les âmes. Par contre, en étudiant le moyen âge, dont ils se faisaient d'ailleurs une bizarre idée, ils réveillaient, à l'exemple du grand Augustin Thierry, les souvenirs antiques de la patrie et découvraient les véritables sources d'inspiration auxquelles une poésie nationale dût s'abreuver et se rafraîchir. Ils ne comprenaient pas grand'chose, étant fort peu philosophes; mais ils avaient de l'instinct : c'étaient des artistes.

Un des plus beaux poèmes de cette période, *Roland*, est signé du nom obscur de Napol le Pyrénéen. C'est là le

15.

pseudonyme de M. Napoléon Peyrat, né en 1809 au Mas-d'Azil, dans l'Ariège, près du torrent de l'Arise, et mort depuis peu, pasteur à Saint-Germain-en-Laye. Ce *Roland*, une ode dans une épître, est le joyau du romantisme. On le trouvera tout entier aux pages 258-263 de l'*Anthologie Lemerre*. Je n'en puis citer que deux ou trois strophes. Je le ferai sans analyse préalable et sans commentaire, me fiant en cette idée que souvent un fragment d'une belle œuvre d'art fait deviner la splendeur de l'ensemble :

> L'Arabie, en nos champs, des rochers espagnols
> S'abattit; le printemps a moins de rossignols
>   Et l'été moins d'épis de seigle.
> Blonds étaient les chevaux dont le vent soulevait
> La crinière argentée, et leur pied grêle avait
>   Des poils comme des plumes d'aigle.
>
> Ces Mores mécréants, ces maudits Sarrasins
> Buvaient l'eau de nos puits et mangeaient nos raisins
>   Et nos figues, et nos grenades,
> Suivaient dans les vallons les vierges à l'œil noir
> Et leur parlaient d'amour, à la lune, le soir,
>   Et leur faisaient des sérénades.
>
> Pour eux leurs grands yeux noirs, pour eux, leurs beaux
>   [seins bruns,
> Pour eux, leurs longs baisers, leur bouche aux doux
>   [parfums,
>   Pour eux, leur belle joue ovale;
> Et quand elles pleuraient, criant : « Fils des démons! »
> Ils les mettaient en croupe et par-dessus les monts
>   Ils faisaient sauter leur cavale.

Plus loin un trait que Victor Hugo a reproduit dans son *Aymerillot* :

> Les âmes chargeaient l'air comme un nuage noir
> Et notre bon Roland, en riant chaque soir,
>   S'allait laver dans les cascades.

Jeu singulier du sort! Napol le Pyrénéen est le plus ignoré des poètes de 1830. Compagnon obscur, disparu avant l'heure, il laisse pourtant la pièce de maîtrise la plus belle et la plus complète de l'art de son temps.

Tandis que je noircis le papier avec les images du romantisme, le soleil décline et glisse à l'horizon empourpré.

Voici venir le soir. La machine à battre ne fait plus entendre son ronflement monotone. Les ouvriers fatigués passent sous ma fenêtre en traînant leurs sabots. Je vois couler leurs ombres lentes et paisibles, que le couchant allonge démesurément. Leur marche égale décèle la paix du cœur, qu'assure seul le travail assidu des mains. Ils ont dépiqué trois cents gerbes de blé. Ils ont gagné leur pain. Puis-je dire, comme eux, que j'ai **rempli ma journée?**

M. GASTON PÂRIS

ET LA LITTÉRATURE FRANÇAISE

AU MOYEN AGE [1]

J'ai reçu ici, dans les vignes, un livre qui a été pour moi comme la visite d'un savant ami. C'est le *Manuel de littérature française au moyen âge* que M. Gaston Pâris rédigea d'abord pour ses élèves de l'École des hautes études et fit ensuite imprimer à l'usage des esprits, assez rares, qu'anime une curiosité méthodique. Comme la matinée était chaude et tranquille j'ai emporté le livre bienvenu dans un petit bois de chênes, et je l'ai lu sous un arbre, au chant des oiseaux. Une lecture ainsi faite est une lecture heureuse. Sur l'herbe, on ne songe pas à prendre des notes. On lit par plaisir, par amusement et avec candeur. On est très désintéressé, car il n'est tel que l'air animé des bois pour nous rendre

---

[1] *La Littérature française au moyen âge, XIe et XIVe siècles.* — Manuel d'ancien français, par Gaston Paris. 1 vol. in-18.

indifférents à nous-mêmes et pour dissoudre nos âmes dans les choses. Enfin, l'ombre mouvante qui tremble sur le feuillet du livre et le bourdonnement de l'insecte qui passe entre l'œil et la page mêlent à la pensée de l'auteur une impression délicieuse de nature et de vie.

Avec quelle docilité j'ai suivi, dans mon bois, l'enseignement de M. Gaston Pâris! Comme j'entrais volontiers avec lui dans l'âme de nos aïeux, dans leur foi robuste et simple, dans leur art tantôt grossier, tantôt subtil, presque toujours symétrique et régulier comme les jardins sans arbres des vieilles miniatures! Le malheur est que je dévorai en quelques heures un livre fait au contraire pour être longuement étudié, et dans lequel les notions sont puissamment condensées. C'est pourquoi je ressens une sorte de trouble et comme une hallucination. Il me semble que cette vieille France que je viens de traverser si vite, cette terre bien-aimée, avec ses forêts, ses champs, ses blanches églises, ses châteaux et ses villes, était petite comme le pré que je découvre là-bas entre les branches; il me semble que ces siècles de grands coups d'épée, de prières et de longues chansons s'écoulèrent en quelques heures. Chevaliers, bourgeois, manants, clercs, trouvères, jongleurs, m'apparaissent comme ces insectes qui peuplent l'herbe à nos pieds. C'est une miniature dont mes yeux ont gardé l'impression, une miniature si fine qu'on pourrait découvrir les plus menus détails en regardant à la loupe. Les contes des fées parlent d'une toile d'un tel artifice qu'elle tenait tout entière dans une coquille de noisette, et sur cette toile tous les royaumes de la terre étaient représentés avec leurs rois, leur chevalerie, leurs villes et leurs campagnes. C'était l'ouvrage d'une fée. Tel que je me le représente sous mon chêne, le livre de M. Gaston Pâris ressemble beaucoup à cette toile merveilleuse. Mes mains en sentent à peine le poids et j'y vois les figures de tous ceux qui, dans la douce France, aux âges de chevalerie et de clergie, parlèrent de combats, d'amour et de sagesse. Ce que j'admire, c'est la netteté du tableau. Je vois distinctement la terre, revêtue, comme dit le chroniqueur Raoul Glaber, de la robe blanche des églises. Là s'agitent des hommes simples qui croient en Dieu et s'assurent en l'intercession de Notre-Dame. Les uns sont des clercs et leur vie, réglée comme la page d'un antiphonaire, s'exhale avec l'harmonieuse monotonie du plainchant. Quand ils tombent dans le péché, ce qui est l'effet de la malédiction d'Adam, ils restent pourtant fidèles à Dieu et ne désespèrent pas. Ils n'ont point de famille, ils écrivent en latin et disputent subtilement. Ce sont les pasteurs du troupeau des âmes. Les autres s'en vont en guerre ; il leur arrive parfois de piller des couvents et de mettre à mal les nonnes, qui sont les fiancées de Jésus-Christ. Mais ils seront sauvés par la vertu du sang divin qui coula sur la croix. Ils ont occis force Sarrasins et fait maigre exactement le vendredi, et ces bonnes œuvres leur seront comptées. Les vilains, qui labourent pour eux, sont des hommes puisqu'ils ont été baptisés. Ils peuvent endurer de grands maux sur cette terre, car ils auront part à la félicité éter-

nelle. Le curé qui, chaque dimanche, leur promet le
paradis est, dans sa naïveté, un merveilleux économiste. A ceux qui n'ont pas de terre ici-bas, il montre
les terres fleuries du ciel. Le ciel, où Dieu le père siège
en habit d'empereur, est tout proche : on y monterait
avec une échelle, pour peu que saint Pierre le voulût
bien, et saint Pierre est un bon homme ; pauvre et de
petite naissance, il a de l'amitié pour les vilains et,
peut-être, quelques égards pour les nobles. D'ailleurs,
la sainte Vierge, les anges, les saints et les saintes
descendent à tous moments sur la terre. Les bienheureux et les bienheureuses n'ont rien d'étrange, ce sont
des prud'hommes et des dames qui favorisent, à la manière des petits génies et des fées, les personnes qui leur
sont dévotes. Les passages sont perpétuels de l'église
triomphante à l'église militante ; la flèche des cathédrales
marque la limite indécise entre le ciel et la terre. Quant
à l'enfer, il est dans la terre même, et des bergers, parfois, en voient, au fond des cavernes, les bouches empestées. L'enfer fait peur, comme dit François Villon. Mais
de quelque façon qu'on vive, on compte bien l'éviter ; on
peut, on doit espérer : l'espérance est une vertu. Parlerai-je du purgatoire ? Il n'est presque point distinct de
cette terre où les âmes en peine reviennent chaque nuit
demander des prières. Voilà le monde du moyen âge ; il
pourrait être représenté, à la rigueur, par une vieille
horloge un peu compliquée, comme celle de Strasbourg.
Il suffirait de trois étages de marionnettes, que des
rouages feraient mouvoir. En parlant ainsi, je sais bien

que je poursuis mon rêve. Car, enfin, les hommes qui vivaient entre le xie siècle et le xve étaient soumis comme nous aux lois infiniment complexes de la vie; l'immense nature qui nous enveloppe les baignait comme nous dans l'océan des illusions; ils étaient des hommes. Mais ils n'avaient ni nos craintes ni nos espérances, et leur monde, par rapport au nôtre, était tout petit. Si on le compare à l'univers de Galilée, de Laplace et du père Secchi, ce n'était véritablement qu'un ingénieux tableau à horloge.

Il faut goûter la naïveté de leur imagination. Elle se peint en traits aimables dans les *Miracles de la Vierge* et dans les *Vies des Saints*. La critique savante de M. Gaston Pâris en est tout attendrie. N'est-ce pas, en effet, une gracieuse histoire que celle de la nonne qui, par faiblesse de cœur, quitta son monastère pour se livrer au péché? Elle y revint après de longues années, ayant perdu l'innocence, mais non pas la foi, car dans le temps de ses erreurs, elle n'avait cessé d'adresser chaque jour une oraison à Notre Dame. Rentrée dans le monastère, elle entendit ses sœurs lui parler comme si elle ne les avait jamais quittées. La sainte Vierge, ayant pris le visage et le costume de celle qui l'aimait jusque dans le péché, avait fait pour elle l'office de sacristine, de sorte que personne ne s'était aperçu de l'absence de la religieuse infidèle. Mais M. Gaston Pâris sait un autre miracle plus touchant.

Il y avait une fois un moine d'une extrême simplicité d'esprit et si ignorant qu'il ne savait réciter autre chose qu'*Ave Maria*. Il était en mépris aux autres moines, mais étant mort, cinq roses sortirent de sa bouche en l'honneur des cinq lettres du nom de Marie. Et ceux qui l'avaient raillé de son ignorance honorèrent sa mémoire comme celle d'un saint. Enfin, voici un miracle encore plus ingénu, celui du *Tombeor Nostre-Dame*. C'était un pauvre jongleur qui, après avoir fait des tours de force sur les places publiques pour gagner sa vie, songea à l'éternité et se fit recevoir dans un couvent. Là, il voyait les moines honorer la Vierge, en bons clercs qu'ils étaient, par de savantes oraisons. Mais il n'était pas clerc et ne savait comment les imiter. Enfin, il imagina de s'enfermer dans la chapelle et de faire, seul, en secret, devant la sainte Vierge, les culbutes qui lui avaient valu le plus d'applaudissements du temps qu'il était jongleur. Des moines, inquiets de ses longues retraites, se mirent à l'épier et le surprirent dans ses pieux exercices. Ils virent la mère de Dieu venir elle-même, après chaque culbute, éponger le front de son *tombeor*.

C'est dans ces imaginations populaires, c'est dans les légendes venues d'Orient, dans les histoires de sainte Catherine et de sainte Marguerite qu'il faut rechercher, ce semble, les sentiments obscurs, qui, trois ou quatre fois séculaires, aboutirent à la vocation de Jeanne d'Arc et rendirent possible, à l'heure du danger, la plus charmante des merveilles, la délivrance de tout un peuple par une bergère. Je m'explique mal sur ce point et je ne pourrais le mieux faire qu'en sortant tout à fait de mon sujet. Je m'en garderai bien. On peut rêver sous un arbre; encore faut-il quelque suite, même dans un rêve. Cette figure de la France féodale, que nous venons de dessiner d'un trait grêle et d'une couleur trop vive à l'exemple des enlumineurs des xive et xve siècles, c'est l'art, c'est la littérature épique, lyrique et sacrée de ces temps, telle que nous la présente M. Gaston Pâris, qui nous en a suggéré l'idée.

M. Pâris n'est pas seulement un savant. Il unit au goût littéraire le sens philosophique, et son *Manuel de vieux français*, dont je vous parle ici, n'a tant d'intérêt que parce qu'on y voit constamment les idées générales sortir de l'ensemble des faits. L'auteur nous montre d'abord la fatalité qui ne cessera de peser sur toute la littérature du moyen âge et qui déterminera finalement son caractère. Les clercs, qui presque seuls lisaient et écrivaient, gardèrent l'usage du latin. Ils considéraient cette langue comme le seul instrument digne d'exprimer une pensée sérieuse. « C'est là, dit M. Pâris, un événement d'une grande importance, un fait capital, qui détruisit toute harmonie dans la production littéraire de cette époque : il sépara la nation en deux et fut doublement funeste, en soustrayant à la culture de la littérature nationale les esprits les plus distingués et les plus instruits, en les emprisonnant dans une langue morte, étrangère au génie moderne, où une littérature immense et consacrée leur imposait ses idées et ses formes, et où il leur était à peu près impossible de développer quelque originalité. »

Dédaignés des gens instruits, les écrits en langue vul

gaire ne s'adressaient guère qu'aux ignorants. Ce ne pouvait donc être d'abord que des contes et des chansons. Et puisque ces chansons étaient faites pour le plaisir des nobles et des bourgeois qui ne lisaient point, il fallait les leur lire ou mieux les leur chanter. Aussi la *Chanson de Roland*, et généralement tous les vieux gestes étaient-ils chantés par des jongleurs. De là le caractère essentiellement populaire de la littérature française au moyen âge.

Cette littérature abondante et naïve, brutale et pourtant ingénieuse comme le peuple dont elle était l'idéal, fut surtout modelée par les mains les plus habiles à sculpter les âmes, les mains de l'Église. L'Église la tailla comme une image. Elle lui donna ses principaux caractères : une foi naïve, un air d'enfant tendre et cruel, un goût du merveilleux familier et rustique, une peur disgracieuse de la beauté de la chair (ce qui ne l'empêchait pas d'être obscène quand il lui en prenait fantaisie), une quiétude parfaite, la certitude absolue de posséder l'immuable vérité. Ce dernier trait, le trait essentiel, a été admirablement marqué par M. Gaston Pâris.

« Le nom, dit ce savant, que nous avons donné au moyen âge, indique combien il fut réellement transitoire, et cependant ce qui le caractérise le plus profondément, c'est son idée de l'immutabilité des choses. L'antiquité, surtout dans les derniers siècles, est dominée par la croyance à une décadence continue; les temps modernes, dès leur aurore, sont animés par la foi en un progrès indéfini. Le moyen âge n'a connu ni ce découragement ni cette espérance. Pour les hommes de ce temps, le monde avait toujours été tel qu'ils le voyaient (c'est pour cela que leurs peintures de l'antiquité nous paraissent grotesques), et le jugement dernier le trouverait tel encore... Le monde matériel apparaît à l'imagination comme aussi stable que limité, avec la voûte tournante et constellée de son ciel, sa terre immobile et son enfer; il en est de même du monde moral : les rapports des hommes entre eux sont réglés par des prescriptions fixes sur la légitimité desquelles on n'a aucun doute, quitte à les observer plus ou moins exactement. Personne ne songe à protester contre la société où il est, ou n'en rêve une mieux construite; mais tous voudraient qu'elle fût plus complètement ce qu'elle doit être. Ces conditions enlèvent à la poésie du moyen âge beaucoup de ce qui fait le charme et la profondeur de celle d'autres époques : l'inquiétude de l'homme sur sa destinée, le sondement douloureux des grands problèmes moraux, le doute sur les bases mêmes du bonheur et de la vertu, les conflits tragiques entre l'aspiration individuelle et la règle sociale. » (Page 34.)

Quel est donc l'intérêt, quels sont donc les mérites de cette littérature condamnée dès sa naissance à une irrémédiable humilité, ignorant la beauté des formes, la volupté des choses, la Vénus universelle, et plus étrangère encore à ces nobles curiosités, à cette inquiétude de la pensée, à ce mal sublime, ce monstre divin que nous caressons, tandis qu'il nous dévore? Par quels charmes l'immense bibliothèque du moyen âge, longtemps oubliée sous la poussière et découverte d'hier seulement peut-elle nous attirer et nous plaire encore?

Le savant que nous consultons va nous répondre. Cette littérature oubliée, nous dira-t-il, demeure intéressante parce qu'elle est « l'expression naïve et surtout puissante des passions ardentes de la société féodale ». Elle nous intéressera encore par la peinture « des relations nouvelles des deux sexes, telles qu'elles se formèrent sous l'influence du christianisme », et elle nous plaira par l'accent, inouï jusque-là, de la *courtoisie*. Enfin, nous goûterons, dans les œuvres bourgeoises du XII° siècle, « le bon sens, l'esprit, la malice, la bonhomie fine, la grâce légère », qui sont les qualités de la race, les dons que les fées de nos bois et de nos fontaines accordèrent à Jacques Bonhomme pour le consoler de tous ses maux.

Et M. Gaston Pâris conclut par ces belles paroles :

« En somme, le grand intérêt de cette littérature, ce qui en rend surtout l'étude attrayante et fructueuse, c'est qu'elle nous révèle mieux que tous les documents historiques l'état des mœurs, des idées, des sentiments de nos aïeux pendant une période qui ne fut ni sans éclat ni sans profit pour notre pays, et dans laquelle, pour la première fois et non pour la dernière, la France eut à l'égard des nations avoisinantes un rôle partout accepté d'initiation et de direction intellectuelle, littéraire et sociale. » (Page 32.)

Et le vieux chêne sous lequel je suis assis parle à son tour, et me dit :

— Lis, lis à mon ombre les chansons gothiques dont j'entendis jadis les refrains se mêler au bruissement de mon feuillage. L'âme de tes aïeux est dans ces chansons plus vieilles que moi-même. Connais ces aïeux obscurs, partage leurs joies et leurs douleurs passées. C'est ainsi, créature éphémère, que tu vivras de longs siècles en peu d'années. Sois pieux, vénère la terre de la patrie. N'en prends jamais une poignée dans ta main sans penser qu'elle est sacrée. Aime tous ces vieux parents dont la poussière mêlée à cette terre m'a nourri depuis des siècles, et dont l'esprit est passé en toi, leur Benjamin, l'enfant des meilleurs jours. Ne reproche aux ancêtres ni leur ignorance, ni la débilité de leur pensée, ni même les illusions de la peur qui les rendaient parfois cruels. Autant vaudrait te reprocher à toi-même d'avoir été un enfant. Sache qu'ils ont travaillé, souffert, espéré pour toi et que tu leur dois tout!

LEXIQUE [1]

La pluie froide et tranquille, qui tombe lentement du ciel gris, frappe mes vitres à petits coups comme pour m'appeler; elle ne fait qu'un bruit léger et pourtant la chute de chaque goutte retentit tristement dans mon cœur. Tandis qu'assis au foyer, les pieds sur les chenets, je sèche à un feu de sarments la boue salubre du chemin et du sillon, la pluie monotone retient ma pensée dans une rêverie mélancolique, et je songe. Il faut partir. L'automne secoue sur les bois ses voiles humides. Cette nuit, les arbres sonores frémissaient aux premiers battements de ses ailes dans le ciel agité, et voici qu'une tristesse paisible est venue de l'occident avec la pluie et la brume. Tout est muet. Les feuilles jaunies tombent sans chanter dans les allées; les bêtes résignées se taisent; on n'entend que la pluie; et ce grand silence pèse sur mes lèvres et sur ma pensée. Je voudrais ne rien dire. Je

1. *Dictionnaire classique* de M. Gazier.

n'ai qu'une idée, c'est qu'il faut partir. Oh! ce n'est pas l'ombre, la pluie et le froid qui me chassent. La campagne me plaît encore quand elle n'a plus de sourires. Je ne l'aime pas pour sa joie seulement. Je l'aime parce que je l'aime. Ceux que nous aimons nous sont-ils moins chers dans leur tristesse? Non, je quitte avec peine ces bois et ces vignes. J'ai beau me dire que je retrouverai à Paris la douce chaleur des foyers amis, les paroles élégantes des maîtres et toutes les images des arts dont s'orne la vie, je regrette la charmille où je me promenais en lisant des vers, le petit bois qui chantait au moindre vent, le grand chêne dans le pré où paissaient les vaches, les saules creux au bord d'un ruisseau, le chemin dans les vignes au bout duquel se levait la lune; je regrette ce maternel manteau de feuillage et de ciel dans lequel on endort si bien tous les maux.

D'ailleurs, j'ai toujours éprouvé à l'excès l'amertume des départs. Je sens trop bien que partir c'est mourir à quelque chose. Et qu'est-ce que la vie, sinon une suite de morts partielles? Il faut tout perdre, non point en une fois, mais à toute heure; il faut tout laisser en chemin. A chaque pas nous brisons un des liens invisibles qui nous attachent aux êtres et aux choses. N'est-ce pas là mourir incessamment? Hélas! cette condition est dure; mais c'est la condition humaine. Vais-je m'en affliger? Vais-je donner le spectacle de mes vaines tristesses? Resterai-je là, devant la cheminée, écoutant tomber la pluie, regardant les langues rapides du feu lécher les sarments et me désolant sans raison? Non pas! Je secouerai les vapeurs de l'automne. Je ferai avec application ma tâche du jour. Je vous parlerai de quelque livre; je vous entretiendrai de ces bonnes lettres qui sont la douceur et la noblesse de la vie. Les écoliers sont rentrés depuis une semaine déjà. Ils font des thèmes, des versions, des dissertations. Vieil écolier, je ferai comme eux ma page d'écriture. Et je n'entendrai plus la pluie me conseiller la paresse et le sommeil. Je trouve justement, abandonné sur la table, un petit livre dont l'aspect honnête et modeste inspire des idées de travail et de devoir. Sévèrement vêtu de percale noire et de papier chamois, il porte la livrée traditionnelle des livres classiques. C'est un livre de classe en effet, un dictionnaire, le *Nouveau Dictionnaire classique illustré* de M. A. Gazier, maître de conférences à la faculté des lettres de Paris. Oublié là depuis huit jours par quelque écolier, il m'est plusieurs fois tombé sous la main et je l'ai feuilleté avec beaucoup d'intérêt.

C'est un livre nouveau, âgé de six mois à peine. La première édition porte la date de 1888. Mais je ne m'autorise pas, pour vous en parler, de cette nouveauté vaine et transitoire qu'accompagne souvent une irrémédiable caducité. Tant d'ouvrages naissent vieux! Il y a beaucoup de compilateurs dans l'Université comme ailleurs, beaucoup de petits Trublets qui se copient les uns les autres. L'originalité est peut-être plus rare et plus difficile en matière d'enseignement qu'en toute autre matière. L'ouvrage de M. Gazier est nouveau par le plan, par la structure, par l'esprit. Il est conçu et exécuté d'une façon originale. Il vaut donc bien qu'on en dise un mot. D'ailleurs, c'est un dictionnaire, et j'ai la folie de ces livres-là.

Baudelaire raconte qu'ayant, jeune et inconnu, demandé audience à Théophile Gautier, le maître, en l'accueillant, lui fit cette question :

— Lisez-vous des dictionnaires?

Baudelaire répondit qu'il en lisait volontiers. Bien lui en prit, car Gautier qui avait dévoré les vocabulaires sans nombre des arts et des métiers, estimait indigne de vivre tout poète ou prosateur qui ne prend pas plaisir à lire les lexiques et les glossaires. Il aimait les mots et il en savait beaucoup. S'il fit compliment à Baudelaire, quelles louanges n'aurait-il pas décernées à notre ami M. José-Maria de Hérédia, l'excellent poète, qui déclare hautement qu'à son sens la lecture du dictionnaire de Jean Nicot procure plus d'agrément, de plaisir et d'émotion que celle de *Trois mousquetaires*! Voilà ce que c'est qu'une imagination d'artiste! Selon le cœur de M. José-Maria de Hérédia, la table alphabétique des pierres précieuses ou le catalogue du musée d'artillerie est le plus émouvant des romans d'aventures. Pour moi, qui y mets moins de finesse et qui ne trouve point d'ordinaire aux mots plus de sens que l'usage ne leur en donne, je me suis bien souvent surpris à faire l'école buissonnière dans quelque grand dictionnaire touffu comme une forêt, Furetière par exemple, ou le Trévoux ou bien encore notre bon Littré, si confus, mais si riche en exemples. Ah! c'est que les mots sont des images, c'est qu'un dictionnaire c'est l'univers par ordre alphabétique. A bien prendre les choses, le dictionnaire est le livre par excellence. Tous les autres livres sont dedans : il ne s'agit plus que de les en tirer. Aussi quelle fut la première occupation d'Adam quand il sortit des mains de Dieu? La Genèse nous dit qu'il nomma d'abord les animaux par leur nom. Avant tout, il fit un dictionnaire d'histoire naturelle. Il ne l'écrivit point parce qu'alors les arts n'étaient pas nés. Ils ne naquirent qu'avec le péché. Adam n'en est pas moins le père de la lexicographie comme de l'humanité. Il est étrange que l'antiquité et le moyen âge aient fait si peu de dictionnaires. La lexicographie, dans le sens rigoureux du mot, ne date guère que du xvii® siècle. Mais depuis lors, que de progrès elle a faits et que de services elle a rendus! Toutes les langues mortes ou vivantes, toutes les sciences constituées, tous les arts ont maintenant leur vocabulaire. Ce sont là de magnifiques inventaires qui font honneur aux temps modernes. Je vous ai dit que j'aimais les dictionnaires. Je les aime non seulement pour leur grande utilité, mais aussi pour ce qu'ils ont en eux-mêmes de beau et de magnifique. Oui, de beau! oui, de magnifique! Voilà un dictionnaire français, celui de M. Gazier ou tout autre, songez que l'âme de notre patrie est dedans tout entière. Songez que, dans ces mille ou douze cents pages de petits signes, il y a le génie et la nature de la France, les idées, les joies, les travaux et les douleurs de nos aïeux et les nôtres, les monuments de la vie publique et de la vie domestique de tous ceux qui ont respiré l'air sacré, l'air si doux que nous respirons à notre tour; songez qu'à chaque mot du dictionnaire correspond une idée ou un sentiment qui, fut l'idée, le sentiment d'une innombrable multitude d'êtres; songez que tous ces mots réunis c'est l'œuvre de chair, de sang et d'âme de la patrie et de l'humanité.

Une vieille chanson de geste raconte que la comtesse de Roussillon, fille du roi de France, vit du haut de sa tour une grande bataille que se livraient, pour sa dot, son père et son mari. La bataille fut sanglante et dura tout le jour. Quand tomba la nuit, la comtesse descendit seule de sa tour et s'en alla contempler les morts, « ses beaux chers morts couchés dans l'herbe et la rosée ». Et la chanson de geste ajoute : « Elle voulait les baiser tous. » Eh bien, je sens aussi une tendresse profonde me monter au cœur devant tous ces mots de la langue française, devant cette armée de termes humbles ou superbes. Je les aime tous, ou du moins tous m'intéressent et je presse d'une main chaude et émue le petit livre qui les contient tous, Voilà pourquoi j'aime surtout les dictionnaires français.

Je vous disais que celui de M. Gazier est nouveau par le plan et par l'exécution. Il mêle au vocabulaire français des éléments d'encyclopédie générale. Il admet la terminologie scientifique, qui s'est considérablement étendue en peu d'années. Enfin, et c'est sa plus grande originalité, il contient des cartes et des figures. Je vois avec plaisir que l'Université commence à admettre l'enseignement par les estampes. De mon temps, je veux dire du temps où j'étais au collège, et ce n'est pas un temps bien ancien, les professeurs considéraient toutes les gravures indifféremment comme des objets de dissipation. Mon professeur de quatrième, entre autres, tenait pour une frivolité indigne d'un jeune humaniste le plus rapide regard jeté sur un portrait ou une estampe. Je me rappelle, non sans quelque rancune, qu'ayant surpris dans mes mains une vieille édition du *Jardin des racines grecques*, dont l'exemplaire relié en veau granit et à demi usé par quelque élève de M. Lancelot, de M. Lemaître ou de M. Hamon devait être sacré pour tout le monde, le cuistre le saisit, l'ouvrit rudement, puis déchira le frontispice qui représentait un enfant vêtu à l'antique ouvrant une grille seigneuriale de style Louis XIV et pénétrant dans un potager dessiné dans le goût de Le Nôtre, le jardin

> De ces racines nourrissantes
> Qui rendent les âmes savantes.

C'était là pourtant une innocente image, une naïve allégorie. Le dessin en était d'un bon style et la gravure assez ferme. Les solitaires de Port-Royal n'avaient pas craint d'en égayer un livre destiné aux élèves des Petites-Écoles. Un peu d'art n'alarmait pas leur austérité. Mais cet ornement profane, qu'avaient souffert les saints de la nouvelle Thébaïde, offensa mon barbacole ignare. Je le vois encore lacérant la jolie estampe de ses doigts lourds et crasseux, et c'est avec une sorte de joie vengeresse qu'après vingt-cinq ans je livre son stupide attentat à l'indignation des gens de goût.

La proscription des images était surtout fâcheuse dans les classes d'histoire. On ne se fait une idée un peu nette d'un peuple que par la vue des monuments qu'il a laissés. L'histoire figurée exerce sur l'imagination un charme puissant. Mais on nous enseignait la vie des peuples comme on l'enseignerait à des taupes. Les livres de M. Victor Duruy parurent vers ce temps. On y trouvait çà et là des costumes et des édifices. Ils firent révolution. Je vois avec plaisir qu'on a accompli de grands progrès dans ce sens. J'ai feuilleté l'an dernier une histoire grecque dont l'illustration m'a paru aussi riche que le permettaient le prix modique et le petit format du livre. Le texte de cette histoire est de M. Louis Ménard.

Appliquer l'illustration à la lexicographie est une idée très heureuse dont il faut féliciter M. A. Gazier. Il a mis dans son dictionnaire un millier de petites gravures qui complètent, au besoin, les définitions forcément trop sommaires et trop vagues. Ces petites gravures m'amusent et m'instruisent. Je crois qu'elles amuseront et instruiront les enfants, si toutefois ils ne sont ni plus sérieux ni plus savants que moi. Mais ce qui me parait tout à fait ingénieux dans cette illustration, ce sont les figures d'ensemble. On trouve aux mots Navire, Église, Armure, Chateau, Squelette, Digestif (appareil), Locomotive, Chemin de fer, etc., etc., des représentations de ces divers ensembles avec le nom des parties qui les composent. Ainsi nous voyons au mot Église les positions respectives de la nef, du transept, du sanctuaire, des contreforts, des arcs-boutants, des pignons, du clocher avec ses clochetons et ses abat-son, etc. Les écoliers d'aujourd'hui sont heureux d'avoir des livres si commodes et si aimables.

LA PURETÉ DE M. ZOLA [1]

Nous avons été avertis tout d'abord par une petite note officieuse, insérée dans plusieurs journaux, que le nouveau roman de M. Émile Zola était chaste et fait exprès pour « être mis entre les mains de toutes les femmes et même des jeunes filles ». On en vantait la pudeur exceptionnelle et distinctive. Cette fois, disait la note, cette fois « le romancier a voulu une envolée en plein idéal, un coup d'aile dans ce que la poésie a de plus gracieux et de plus touchant ». Et la note ne nous trompait pas. M. Zola a voulu l'envolée et le coup d'aile, et la poésie et la grâce touchante, et si, pour être poétique, gracieux et touchant, il suffisait de le vouloir, M. Zola serait certainement, à l'heure qu'il est, le plus touchant, le plus gracieux, le plus poétique, le plus ailé et le plus envolé des romanciers.

Certes, nous ne saurions que le louer de sa nouvelle

---

1. *Le Rêve*. Charpentier. édit. 1 vol. in-18.

profession. Il épouse la chasteté et nous donne ainsi le plus édifiant exemple. On peut seulement regretter qu'il célèbre avec trop de bruit et d'éclat cette mystique alliance.

Ne saurait-il donc être pudique sans le publier dans les journaux? Faut-il que le lis de saint Joseph devienne dans ses mains un instrument de réclame? Mais sans doute il voulait se cacher, et il n'a pas pu.

En vérité, la renommée est parfois importune. Il en est de M. Émile Zola comme de ce mari de la fable qui confessa un matin avoir pondu un œuf et qui, le soir, en avait pondu cent, au dire des commères. L'auteur du *Rêve* confia un jour à son ombre son désir de quitter nos fanges et de voler en plein ciel, et le lendemain tous les Parisiens surent qu'il lui avait poussé des ailes. On les décrivait, on les mesurait ; elles étaient blanches et semblables aux ailes des colombes. On criait au miracle. Des journalistes, peu tendres d'ordinaire, se sont émus de cette touchante merveille. « Voyez, disaient-ils, comme cette âme longtemps vautrée dans le fumier plane aisément dans l'azur. Désormais l'auteur du *Rêve* passe en pureté sainte Catherine de Sienne, sainte Thérèse et saint Louis de Gonzague. Il faut lui ouvrir à deux battants les salons littéraires et l'Académie française. Car Dieu l'a érigé en exemple aux gens du monde.

Je préférerais pour mon goût une chasteté moins tapageuse. Au reste, j'avoue que la pureté de M. Zola me semble fort méritoire. Elle lui coûte cher : il l'a payée de tout son talent. On n'en trouve plus trace dans les trois cents pages du *Rêve*. Devant l'impalpable héroïne de ce récit nébuleux, je suis forcé de convenir que la Mouquette avait du bon. Et, s'il fallait absolument choisir, à M. Zola ailé je préférerais encore M. Zola à quatre pattes. Le naturel, voyez-vous, a un charme inimitable, et l'on ne saurait plaire si l'on n'est plus soi-même. Quand il ne force pas son talent, M. Zola est excellent. Il est sans rival pour peindre les blanchisseuses et les zingueurs. Je vous le dis tout bas : *l'Assommoir* a fait mes délices. J'ai lu dix fois avec une joie sans mélange les noces de Coupeau, le repas de l'oie et la première communion de Nana. Ce sont là des tableaux admirables, pleins de couleur, de mouvement et de vie. Mais un seul homme n'est pas apte à tout peindre. Le plus habile artiste ne peut comprendre, saisir, exprimer que ce qu'il a en commun avec ses modèles; ou pour mieux dire il ne peint jamais que lui-même. Certains, à vrai dire, tels que Shakespeare, ont représenté l'univers. C'est donc qu'ils avaient l'âme universelle. Sans offenser M. Zola, telle n'est point son âme. Pour vaste qu'elle est, les comptoirs de zinc et les fers à repasser y tiennent trop de place. C'est un bon peintre quand il copie ce qu'il voit. Son tort est de vouloir tout peindre. Il se fatigue et s'épuise dans une entreprise démesurée. On l'avait déjà averti qu'il tombait dans le chimérique et dans le faux. Peine perdue! Il se croit infaillible. Il a cessé depuis longtemps d'étudier le modèle. Il compose ses tableaux d'imagination sur quelques notes mal prises. Son ignorance du monde est prodigieuse, et comme il n'a pas de philosophie, il tombe à chaque instant dans l'absurde et dans le monstrueux. Ce chef de l'école naturaliste offense à tout moment la nature.

Cette fois-ci l'erreur est complète et on ne saurait imaginer un roman plus déraisonnable que *le Rêve*. C'est l'histoire d'une enfant trouvée, élevée à l'ombre d'une cathédrale par des chasubliers qui vivent avec une pieuse modestie dans une vieille maison héréditaire adossée à l'église. L'enfant se nomme Angélique et a été recueillie, un matin de neige, par les bons chasubliers, sous le porche de Saint-Agnès.

Elle devient une brodeuse mystique et retrouve les secrets des vieux maîtres brodeurs. Un jeune ouvrier verrier lui apparaît une fois, beau comme un saint Georges de vitrail. Elle reconnaît aussitôt celui qu'elle attendait, son rêve. Elle l'aime, elle est aimée de lui. Elle sait par avance qu'il est un prince. Son rêve ne l'avait point trompée : en effet, cet ouvrier verrier est Félicien VII de Hautecœur, le fils de l'archevêque. Angélique et Félicien se fiancent l'un à l'autre. Mais monseigneur refuse son consentement. Les bons chasubliers, pour rompre un amour qui les effraye, disent à Félicien qu'Angélique ne l'aime plus et à Angélique que Félicien épouse une noble demoiselle. Angélique en meurt. Monseigneur vient lui-même lui donner l'extrême-onction. Puis il la baise sur la bouche et prononce ces paroles qui sont la devise de sa famille : « Si Dieu veut, je veux. » Alors, Angélique se soulève sur son lit et reçoit Félicien dans ses bras. Elle renaît, elle épouse, dans la cathédrale, le jeune héritier des antiques Hautecœur. Après la cérémonie, ayant mis sa bouche sur la bouche de Félicien, elle meurt dans ce baiser, et monseigneur, qui avait officié, retourne, dit l'auteur, « au néant divin ».

M. Zola termine cette petite fable par une pensée profonde : « Tout n'est que rêve », dit-il. Et c'est, je crois, la seule réflexion philosophique qu'il ait jamais faite. Je n'y veux pas contredire. Je crois en effet que l'éternelle illusion nous berce et nous enveloppe et que la vie n'est qu'un songe. Mais j'ai peine à me figurer l'auteur de *Pot-Bouille* interrogeant avec anxiété le sourire de Maïa et jetant la sonde dans l'océan des apparences. Je ne me le représente pas célébrant, comme Porphyre, les silencieuses orgies de la métaphysique. Quand il dit que tout n'est que rêve, je crains qu'il ne pense qu'à son livre, lequel est en effet une grande rêverie.

On y parle beaucoup de sainte Agnès et de la légende dorée. C'est sous le portail de Sainte-Agnès qu'Angélique a été trouvée et c'est l'image de sainte Agnès, vêtue de la robe d'or de ses cheveux, qu'Angélique brode avant de mourir sur la mitre de monseigneur. J'ai quelque dévotion à sainte Agnès et je goûte si bien la légende de cette vierge que je vous la réciterai, si vous voulez, de mémoire, telle qu'elle a été écrite par Voragine :

« Agnès, vierge de grande sagesse, souffrit la mort dans sa treizième année, et elle trouva ainsi la vie. Si l'on ne comptait que ses années, elle était encore une enfant; mais elle avait la maturité de l'âge pour la prudence et le jugement. Belle de visage, plus belle de foi, comme elle revenait de l'école, le fils du proconsul l'aima et lui promit des pierres précieuses et des richesses sans nombre si elle consentait à devenir sa femme. Agnès lui répondit : « Éloigne-toi de moi, pasteur de » mort, amorce de péché et aliment de félonie. Car il » en est un autre que j'aime. » Et alors elle commença à louer son amant et divin époux... » Je vous conterais tout le reste, pour peu que vous m'en priiez, et surtout comment le gouverneur l'ayant fait mettre nue, ses cheveux s'allongèrent miraculeusement et lui firent une robe d'or. C'est là un conte charmant, et les légendes des vierges martyres, telles qu'elles fleurirent au XIIIe siècle, sont autant de joyaux dont il faut goûter à la fois la richesse éblouissante et la naïveté barbare. Ce sont les chefs-d'œuvre d'une orfèvrerie enfantine et merveilleuse. Le bon peuple en resta longtemps ébloui et ce fut jusqu'au XVIe siècle la poésie des pauvres. Mais M. Zola se trompe fort s'il croit que la religion d'aujourd'hui en a gardé le moindre souvenir. Ces légendes gothiques, devenues suspectes aux théologiens, ne sont maintenant connues que des archéologues. En faisant vivre son Angélique dans ce petit monde poétique qui emplissait de joie et de fantaisie les têtes des paysannes au temps de Jeanne d'Arc, il a fait un étrange anachronisme. Il est vrai qu'il suppose que son héroïne a découvert elle-même toute cette féerie chrétienne dans un vieux livre du xvi⁰ siècle. Mais cela même est bien invraisemblable.

En réalité, ce qu'apprend une petite fille élevée, comme Angélique, dans la piété, à l'odeur de l'encens, ce n'est point la légende dorée, ce sont les prières, l'ordinaire de la messe, le catéchisme; elle se confesse, elle communie. Cela est toute sa vie. Il est inconcevable que M. Zola ait oublié toutes ces pratiques. Pas une seule prière du matin ou du soir, pas une confession, pas une communion, pas une messe basse dans ce récit d'une enfance pieuse et d'une jeunesse mystique.

Aussi son livre n'est-il qu'un conte bleu sur lequel il n'est ni permis de réfléchir, ni possible de raisonner. Et ce conte bleu est bien longuement, bien lourdement écrit. J'en sais un autre que je préfère et que je vais vous dire. C'est le même, après tout, et il s'appelle aussi un *Rêve*. Il est d'un poète très ingénu et du plus aimable naturel, M. Gabriel Vicaire. Oui, le même conte, avec cette différence que c'est un jeune garçon et non une jeune fille qui fait le rêve, et que l'apparition, c'est non plus un fils d'évêque en saint Georges, mais une fille de roi avec sa quenouille :

> Vous me demandez qui je vois en rêve?
> Et gai, c'est vraiment la fille du roi;
> Elle ne veut pas d'autre ami que moi.
> Partons, joli cœur, la lune se lève.
>
> Sa robe, qui traîne, est en satin blanc,
> Son peigne est d'argent et de pierreries;
> La lune se lève au ras des prairies.
> Partons, joli cœur, je suis ton galant.

Un grand manteau d'or couvre ses épaules,
Et moi dont la veste est de vieux coutil !
Partons, joli cœur, pour le Bois-Gentil.
La lune se lève au-dessus des saules.

Comme un enfant joue avec un oiseau,
Elle tient ma vie entre ses mains blanches.
La lune se lève au milieu des branches,
Partons, joli cœur, et prends ton fuseau.

Dieu merci, la chose est assez prouvée :
Rien ne vaut l'amour pour être content.
Ma mie est si belle, et je l'aime tant !
Partons, joli cœur, la lune est levée.

Voilà le coup d'aile, voilà l'envolée, voilà la poésie, voilà le vrai rêve ! Quant à celui de M. Zola, il est fort extravagant et fort plat en même temps. J'admire même qu'il soit si lourd en étant si plat.

LA TEMPÊTE

Les marionnettes de M. Henri Signoret viennent de nous donner *la Tempête* de Shakespeare. Il y a une heure à peine que la toile du petit théâtre est tombée sur le groupe harmonieux de Ferdinand et de Miranda. Je suis sous le charme et, comme dit Prospero, « je me ressens encore des illusions de cette île ». L'aimable spectacle! Et qu'il est vrai que les choses exquises, quand elles sont naïves, sont deux fois exquises. M. Signoret se propose de faire jouer par ses petits acteurs les chefs-d'œuvre, je dirai les saintes œuvres de tous les théâtres. Hier, Aristophane; aujourd'hui, Shakespeare; demain, Kalidasa. Ses petits acteurs sont de bois comme les dieux que détestait Polyeucte. Mais Polyeucte était un fanatique; il n'entendait rien aux arts et il ignorait tout ce qu'un dieu de bois peut contenir de divin et d'adorable.

Pour moi, je me sens une sorte de piété mêlée à une espèce de tendresse pour les petits êtres de bois et de carton, vêtus de laine ou de satin, qui viennent de passer sous mes yeux en faisant des gestes réglés par les Muses. Mon amitié pour les marionnettes est une vieille amitié. Je l'ai déjà exprimée ici l'an passé. J'ai dit que les acteurs de bois avaient, selon moi, beaucoup d'avantages sur les autres. Et je suis très flatté de voir que M. Paul Margueritte, qui a le goût fin, l'amour du rare, le sens du précieux, est aussi fort partisan des acteurs artificiels et minuscules. Il a fait, à propos du Petit-Théâtre, un éloge ingénieux des marionnettes.

« Elles sont, a-t-il dit, infatigables, toujours prêtes. Et tandis que le nom et le visage trop connus d'un comédien de chair et d'os imposent au public une obsession qui rend impossible ou très difficile l'illusion, les fantoches impersonnels, êtres de bois et de carton, possèdent une vie falote et mystérieuse. Leur allure de vérité surprend, inquiète. Dans leurs gestes essentiels tient l'expression complète des sentiments humains. On en eut la preuve aux représentations d'Aristophane. De vrais acteurs n'eussent point produit cet effet. Là le raccourci ajoutait à l'illusion. Ces masques de comédie antique, ces mouvements simples et rares, ces poses de statue donnaient au spectacle une grâce singulière. » Je n'aurais point si bien dit, mais j'ai senti de même. J'ajoute qu'il est très difficile aux actrices et surtout aux acteurs vivants de se rendre poétiques. Les marionnettes le sont naturellement : elles ont à la fois du style et de l'ingénuité. Ne sont-elles pas les sœurs des poupées et des statues? Voyez les marionnettes de *la Tempête*. La main qui les tailla leur imprima les caractères de l'idéal ou tragique ou comique..

M. Belloc, élève de Mercié, a modelé pour le Petit-Théâtre des têtes d'un grotesque puissant ou d'une pureté charmante. Sa Miranda a la grâce fine d'une figure de la première Renaissance italienne et le parfum des vierges de ce bienheureux xve siècle qui fit refleurir pour la seconde fois la beauté dans le monde. Son Ariel rappelle, dans sa tunique de gaze lamée d'argent, les figurines de Tanagra, parce que sans doute l'élégance aérienne des formes appartient en propre au déclin de l'art hellénique.

Ces deux jolis fantoches parlaient par les voix pures de mesdemoiselles Paule Verne et Cécile Dorelle. Quant aux plus mâles acteurs du drame, Prospero, Caliban, Stephano, c'étaient des poètes tels que MM. Maurice Bouchor, Raoul Ponchon, Amédée Pigeon, Félix Rabbe, qui les faisaient parler. Sans compter Coquelin cadet, qui n'a point dédaigné de dire le prologue, ainsi que le gai rôle du bouffon Trinculo.

Les décors, certes, avaient aussi leur poésie. M. Lucien Doucet a représenté la grotte de Prospero avec cette grâce savante qui est un des caractères de son talent. Le bleu qui chantait dans ce tableau délicieux ajoutait une harmonie à la poésie de Shakespeare.

La traduction de *la Tempête*, que nous venons d'entendre, est de M. Maurice Bouchor. Elle m'a beaucoup plu et j'ai grande envie de la lire à loisir. Elle est en prose, mais d'une prose rythmée et imagée. Je ne puis que donner ce soir l'impression d'un moment. Au reste il y a quelque raison pour que cette version soit bonne. M. Bouchor est un poète, c'est un poète qui aime la poésie, disposition plus rare qu'on ne croit chez les poètes. C'est, de plus, un demi-Anglais, tout plein de Shakespeare. Il est, comme Shakespeare, fort insoucieux de la gloire et très sensible, dit-on, comme Shakespeare encore, aux honnêtes plaisirs de la table. Il fallait M. Bouchor pour nous donner quelque idée de ce style shakespearien que Carlyle a si bien nommé un style de fête.

On s'accorde à croire que *la Tempête* est la dernière en date des œuvres de ce grand Will et celle qu'il donna pour ses adieux au théâtre avant de se retirer dans sa ville natale de Strafford-sur-Avon. Il approchait de ses cinquante ans, pensait avoir assez fait pour le public et désirait fort mener la vie de *gentleman farmer*. Il n'avait pas d'ambitions littéraires. On a cru voir dans la scène où Prospero congédie le subtil Ariel le symbole de Shakespeare renonçant aux prestiges de son art et de son génie.

Je ne sais. Mais il me semble que Shakespeare se souciait fort peu de son génie et ne songeait qu'à planter un mûrier dans son jardin. D'ailleurs on a tout vu, tout trouvé dans *la Tempête*, et on a eu raison. Il y a de tout dans cette œuvre prodigieuse. C'est, si l'on veut, une pièce géographique du genre du *Crocodile* de M. Victorien Sardou, un Robinson mis sur la scène avant Robinson, pour un public curieux de voyages et navigation.

Et, de fait, *la Tempête* traite des mœurs des sauvages telles qu'on les connaissait au temps d'Élisabeth.

C'est aussi une féerie, et la plus belle des féeries; c'est encore un traité de magie ou un symbole moral. C'est enfin une pièce politique, une étude sociale qui laisse bien loin, pour la justesse, l'étendue et la profondeur des vues, ces tragédies d'État dont on faisait grand cas dans notre xviie siècle français.

J'avoue qu'à cet égard le personnage de Caliban m'intéresse et m'inquiète beaucoup. M. Ernest Renan a bien compris que l'avenir est à Caliban. Ariel, entre nous, est fini; il n'aspire plus qu'au repos et à la liberté. Dieu me garde de médire d'un esprit si charmant. C'est un ministre accompli. Il exécute très habilement les ordres du souverain. Il opère les arrestations avec dextérité. Il s'empare des gens sans les molester. Il divise, il endort les ennemis de la constitution. Tous les ministres n'en sauraient faire autant. Il est très autoritaire avec des façons gracieuses. Ses dehors sont séduisants et il sait, quand il lui plaît, se changer en nymphe oréade. Ajoutez à cela qu'il se plonge dans les entrailles de la terre, même lorsqu'elle est durcie par la gelée. A ce trait on reconnaît un ingénieur des mines prompt à descendre dans les bennes et jaloux de payer de sa personne. Il a été ministre des travaux publics avant d'être ministre de l'intérieur, et il a su remplir parfaitement les fonctions les plus diverses. Il a l'esprit souple, rapide, agile et coulant; il se transforme sans cesse comme les nuages; c'est un vrai génie de l'air.

Mais finalement on ne sait s'il dirige ou s'il est dirigé. Il échappe sans cesse à Prospero, qui le trouve exquis, et qui pourtant finit par lui rendre sa liberté et l'éloigner définitivement des affaires. Enfin, Ariel appartient depuis trop longtemps à ce que nous appelons les classes dirigeantes.

Quant à Caliban, c'est une brute, et sa stupidité fait sa force. Ce « veau de lune », comme l'appelle Stefano, est le peuple et le peuple tout entier. Dans l'opposition, il est sans prix. Il a pour détruire d'étonnantes aptitudes. Il ne comprend rien ; mais il sent, car il souffre. Il ne sait où il va ; cependant, sa marche est lente et sûre ; en rampant il s'élève insensiblement. Ce qui le rend redoutable, c'est qu'il a des instincts et peu d'intelligence. L'intelligence est sujette à l'erreur ; l'instinct ne trompe jamais. Il a de grands besoins, tandis que l'exquis Ariel n'en a plus. C'est un animal, il est hideux, mais il est robuste. Il a voulu épouser la fille de son prince, la belle Miranda ; il s'y est pris un peu trop vite et on ne la lui a pas donnée. Mais il est patient, il est entêté : un jour, il obtiendra une autre Miranda et il aura des enfants moins laids que lui. Il crée beaucoup de difficultés aux gouvernants. Il gémit, il menace, il murmure sans cesse. Il aime à changer de maître, mais il sert toujours. Prospero lui-même en convient. « Tel qu'il est, dit le duc, nous ne pouvons pas nous passer de lui. Il fait notre feu, il apporte notre bois et nous rend bien des services. » C'est là un aveu qu'il faut retenir et quand ensuite le prince donnera à Caliban les noms d'esclave

abhorré, d'être capable de tout mal, d'ordure infecte, de
vile essence, de graine de sorcière, on reconnaîtra que ce
n'est point là le langage de la justice. Si, dans le conflit
sans cesse ouvert entre le maître et l'esclave, le noble
duc de Milan perd ainsi le sang-froid, exigera-t-on de la
pauvre brute une modération parfaite et le sens de la
mesure? Il faut pourtant rendre cette justice à Prospero
qu'il s'est efforcé d'éclairer l'intelligence du malheureux
Caliban. Il n'a rien épargné pour faire de la brute un
homme et même un lettré. Peut-être n'a-t-il accompli
cette tâche qu'avec trop de zèle et d'empressement.
Prospero est lui-même un savant. C'est aussi un idéologue. A Milan, tandis qu'il étudie dans des bouquins
l'art de gouverner, des conspirateurs lui enlèvent son
duché et le relèguent dans une île déserte où il recom-
mence ses expériences. Il vit dans les livres et proclame
hautement que tel volume de sa bibliothèque est plus
précieux qu'un duché. Il est aussi persuadé qu'aucun de
nos hommes d'État républicains des avantages de l'instruction, en quoi il se prépare la déception que ceux-ci
commencent à éprouver. Il envoie Caliban à l'école. Mais
Caliban, qui n'est point fait pour goûter les joies pures
de l'intelligence, veut être riche dès qu'il sait lire.
A Prospero, qui lui vante les bienfaits de l'instruction,
il répond tout net :

« Vous m'avez appris à parler, et le profit que j'en
retire est de savoir comment maudire. La peste rouge
vous tue pour m'avoir enseigné votre langage! »

A l'origine, les rapports entre Prospero, le gouvernant, et Caliban, le gouverné, n'étaient pas si tendus. Il y eut même une période de bonne entente et de sympathie. Caliban n'en a pas perdu la mémoire :

— « Cette île est à moi, dit-il au duc de Milan ; elle est à moi de par Sycorax, ma mère. Dans les premiers temps de ton arrivée, tu me faisais bon accueil, tu me donnais des petites tapes d'amitié, tu me faisais boire de l'eau avec du jus de baie, tu m'apprenais comment il faut nommer la grosse lumière qui brûle pendant le jour et aussi la petite lumière qui brûle pendant la nuit; et alors, moi, je t'aimais et je te montrais toutes les ressources de l'île, les ruisseaux d'eau fraîche, les creux d'eau salée, les places stériles et les places fertiles. Que je sois maudit pour l'avoir fait! Que tous les charmes de ma mère, chauves-souris, escarbots et crapauds s'abattent sur vous! Car je compose à moi seul tous vos sujets, moi qui étais d'abord mon propre roi, et vous me donnez pour chenil un creux de ce dur rocher, pendant que vous me retenez le reste de l'île. »

On voit que le gouvernement de cette île est entré dans l'ère des difficultés et que la crise sociale y est fort aiguë. Caliban demande à Prospero tous les biens de ce monde, et Prospero, qui les lui a peut-être promis, est bien embarrassé de les lui donner. D'ailleurs, le fils de Sycorax est difficile à satisfaire ; il veut tout et ne sait ce qu'il veut, et, quand on lui donne la chose qu'il a demandée, il ne la reconnaît pas.

Encore Prospero et Caliban arriveraient-ils parfois à s'entendre sans la question religieuse qui les divise constamment. Ils n'ont pas les mêmes dieux, et c'est là un grand sujet de discorde. Prospero, qui est un savant et un philosophe, se fait de l'univers une représentation purement rationnelle. Il n'interprète pas les phénomènes cosmiques à l'aide de la fantaisie et du sentiment. L'observation, l'expérience et la déduction sont ses seuls guides. Il ne croit qu'à la science. Caliban a une tout autre foi. Sa mère, Sycorax, était sorcière. Et c'est ce dont Ariel et Prospero ne veulent pas tenir compte. Elle adorait le dieu Sétébos, qui avait le corps peint de diverses couleurs, à ce que rapporte Eden dans son *Histoire des voyages*. Avec l'aide de ce dieu, Sycorax était puissante. Elle commandait à la lune; elle faisait à volonté le flux et le reflux des mers; elle composait des charmes efficaces avec des crapauds, des escarbots et des chauves-souris. Il est bien naturel que Caliban adore Sétébos. C'est un dieu taillé à coups de hache qui parle aux sens grossiers et à l'imagination simple du troglodyte. Puis, je ne crains point de le dire, il y a dans l'âme obscure de Caliban un secret besoin de poésie et d'idéal que Sétébos satisfait avec abondance. Songez que Sétébos est pittoresque et frappe le regard, planté comme un pieu et tout barbouillé de vermillon et d'azur.

Enfin, Prospero est-il absolument sûr que Sétébos ne soit pas le vrai dieu?

LA TRESSE BLONDE[1]

J'ai un ami qui vit dans la solitude, sous les pommiers du Perche. C'est Florentin Loriot qu'il se nomme. Il a l'âme exquise et sauvage. Il lit peu et médite beaucoup, et toutes les idées qui entrent dans sa tête prennent un sens mystique. Peintre et poète, il découvre des symboles sous toutes les images de la nature. Il est à la fois le plus naïf et le plus ingénieux des hommes. Il croit tout ce qu'il veut et ne croit jamais rien de ce qu'il entend. Innocent, candide, prodigieusement entêté, il se ferait hacher pour une idée, et, s'il n'est pas martyr à cette heure, la faute en est uniquement à la douceur des mœurs contemporaines.

Quand il vient à Paris, où il ne fait que des séjours trop rares et trop courts, il apporte à ses amis, avec son sourire, des trésors de rêve et de pensée. Il arrive toujours au moment où on l'attend le moins et il est tou-

[1]. Par Gilbert-Augustin Thierry. Quantin, éditeur, in-18.

jours le bien venu. C'est une joie que de le voir entrer, son carton d'aquarelles sous le bras, ses poches bourrées de bouquins en lambeaux et de manuscrits illisibles, bienveillant, absent de tout, radieux, le regard perdu dans le vide.

— Asseyez-vous, Florentin Loriot, et donnez-nous de fraîches nouvelles de la Providence. Comment va l'Absolu, comment se porte l'Infini?

Et le voilà déroulant sa métaphysique. Oh! sa métaphysique, c'est un cahier d'images avec des légendes en vers. Mais Florentin Loriot est subtil et dispute habilement.

La dernière fois que j'eus le plaisir de le voir, il m'exposa ses théories sur le roman.

— Mon ami, me dit-il, faites du roman d'aventures; rien n'est beau que cela.

Il venait de découvrir *les Mousquetaires*, et cette découverte avait été suivie pour lui de quelques autres plus merveilleuses. Il m'en fit part avec une grâce dont se ne saurais pas même vous montrer l'ombre. Mais ce qu'il disait revenait en somme à ceci.

Le vieux Dumas faisait des contes, et il avait raison. Pour plaire et pour instruire, il n'est tel que les contes. Homère en faisait aussi. Nous avons changé cela et c'est notre tort. Les romanciers d'aujourd'hui se contentent d'observer des attitudes ou d'analyser des caractères. Mais les attitudes n'ont par elles-mêmes aucune signification et partant nul intérêt. Quant aux caractères, ils demeurent obscurs pour ceux qui s'obstinent à les étudier par le dedans. L'action seule les révèle. L'action, c'est tout l'homme. « Je vis, donc je dois agir, » s'écrie Homonculus dès qu'il sort de la cornue dans laquelle Wagner l'a fabriqué. Il n'y a point d'intérêt réel, il n'y a point même de vérité véritable à me montrer l'homme intérieur qui est incompréhensible. Replacez-le dans le monde, au sein de l'univers matériel et spirituel. Montrez-le aux prises avec sa destinée; montrez-nous Dieu partout (mon ami Florentin Loriot est spiritualiste et chrétien), agissez, agissez, agissez, jetez-nous dans de grandes affaires, non plus avec le matérialisme un peu enfantin du bon Dumas, mais selon les vues transcendantes du philosophe et du moraliste, et alors vous aurez créé le vrai, le grand roman d'aventures.

Voilà ce que mon ami Florentin Loriot a trouvé sous ses pommiers. Il veut des *Mousquetaires*, mais des *Mousquetaires* mystiques. Il aime les aventures, mais les aventures spirituelles.

Encore resterait-il à savoir si la plus grande des aventures humaines n'est pas la pensée. M. Stéphane Mallarmé a pris, dit-on, pour héros d'un drame de cape et d'épée un fakir qui n'a pas fait un seul mouvement depuis cinquante ans, mais dont le cerveau est le théâtre de vicissitudes incessantes. Je ne répondrais pas que, s'il lui fallait absolument choisir un héros, mon ami Florentin Loriot ne préférât au Porthos d'Alexandre Dumas père le fakir de M. Stéphane Mallarmé. En somme, et sans chicaner davantage, ce que veut Florentin Loriot, c'est que le roman cesse d'être naturaliste parce qu'être naturaliste c'est n'être rien. Ce qu'il demande c'est que le roman soit moral, qu'il procède d'une conception systématique du monde et soit l'expression concrète d'une philosophie.

C'est pourquoi je me propose de lui envoyer le nouveau roman de M. Gilbert-Augustin Thierry, *la Tresse blonde*. En effet, ce livre, conçu fortement et noblement écrit, fut inspiré, si j'en crois la préface, par un idéal qui n'est pas sans analogie avec l'idéal de mon ami, le philosophe du Perche.

« Désormais, dit M. Gilbert-Augustin Thierry, l'étude de l'homme [par le roman] doit poursuivre sa recherche beaucoup plus haut que l'homme, vers ces régions de l'infini dont nous sommes des atomes passionnels, mais atomes à l'agitation impuissante. Se haussant vers l'occulte, s'élevant jusqu'au grand inconnu, hardiment, le roman nouveau devra s'efforcer d'abord à pénétrer les abîmes réputés impénétrables, à percer les ténèbres dont l'absolu enveloppe son être : sa logique continue, sa justice immanente, sa morale implacable — les lois mêmes de son éternité. Vers le *dieu inconnu!*.... poursuite malaisée, mais exploration nécessaire, puisque la déité cherchée, un Tout vivant et personnel, nous enveloppe et nous enlace — nous qui vivons en lui, nous qui ne sommes que par lui.. »

Si ces choses sont obscures en soi, et naturellement, l'idée de M. Thierry ne s'en dégage pas moins avec une suffisante clarté. Selon l'auteur de *la Tresse blonde*, l'action romanesque doit avoir pour ressort la fatalité.

C'est peu que d'y montrer des hommes : les hommes ne sont rien ; il faut y faire sentir les puissances inconnues qui forgent et martèlent nos destinées. Il faut créer non seulement des êtres, mais encore des sorts. C'est le roman moral, c'est le roman philosophique, c'est le roman enfin comme l'entendait mon ami du pays des pommiers, avec cette différence que celui-ci pensait en chrétien et que M. Thierry incline vers une sorte de déterminisme mystique. Je signale ces théories parce qu'elles sont de nature à soulever une discussion intéressante au moment où l'on reconnaît généralement l'inanité du naturalisme qui n'est, en somme, que la négation de l'intelligence, de la raison et du sentiment.

Le naturalisme interdit à l'écrivain tout acte intellectuel, toute manifestation morale; il mène droit à l'imbécillité flamboyante. C'est ainsi qu'il a produit la littérature dite décadente et symbolique. Son crime impardonnable est de tuer la pensée. Il est tombé, de non-sens en non-sens, jusqu'aux plus lamentables absurdités. Ses prétentions étaient de relever de la science et de procéder d'après la méthode expérimentale. Mais qui ne voit que la méthode expérimentale est absolument inapplicable à la littérature? Elle consiste à provoquer à volonté un phénomène dans des conditions déterminées. Or, il est clair qu'une telle méthode est hors de nos moyens.

Mais prenons, si vous voulez, le mot d'expérience dans un sens métaphorique, et admettons qu'il y ait, en art, une sorte de méthode idéalement expérimentale. Toute expérience suppose une hypothèse préalable que cette expérience a pour but de vérifier. Or le naturalisme, s'interdisant toute hypothèse, n'a aucune expérience à faire. Le chef de cette école littéraire, qui parle tant d'expériences, rappelle à cet égard un physiologiste for connu dans l'histoire des sciences, le bonhomme Magendie, qui expérimenta beaucoup sans aucun profit. Il redoutait les hypothèses comme des causes d'erreur. Bichat avait du génie, disait-il, et il s'est trompé. Magendie ne voulait pas avoir de génie, de peur de se tromper aussi. Or, il n'eut point de génie et ne se trompa jamais. Il ouvrait tous les jours des chiens et des lapins, mais sans aucune idée préconçue, et il n'y trouvait rien, pour la raison qu'il n'y cherchait rien. Cela, c'est le naturalisme dans l'ordre scientifique. Claude Bernard, qui succéda à Magendie, rendit ses droits à l'hypothèse. Il avait l'imagination grande et l'esprit juste. Il supposait les choses et les vérifiait ensuite, et il fit de vastes découvertes. Si l'hypothèse est nécessaire dans l'ordre scientifique, on ne croira pas qu'elle soit funeste dans l'ordre littéraire, et l'on permettra à M. Gilbert-Augustin Thierry de considérer, avec des idées préconçues, les fatalités de l'atavisme, la lutte pour la proie et même le conflit de la suggestion et de la responsabilité.

BRAVE FILLE[1]

Il y a eu deux ans au mois d'août dernier, je traversais avec trois ou quatre amis, pieds nus, la baie de Somme à marée basse. Nous nous éloignions de ces hauts remparts de Saint-Valery dont l'embrun a couvert les vieux grès d'une rouille dorée. Mais ce n'avait pas été sans nous retourner plusieurs fois pour voir l'église merveilleuse qui dresse sur ces remparts ses cinq pignons aigus percés, au xv° siècle, de grandes baies à ogives, son toit d'ardoises en forme de carène renversée et le coq de son clocher. Devant nous le sable blond de la baie s'étendait jusqu'à la pointe bleuâtre du Hourdel, où finit la terre, et jusqu'aux lignes basses de ce Crotoy, qui reçut Jeanne d'Arc prisonnière des Anglais. Au large, d'où soufflait le vent du nord, on apercevait une goélette norvégienne chargée sans doute de planches de

---

[1]. Par M. Fernand Calmettes, *Société d'éducation de la jeunesse*, 1 vol. in-8°, figures.

sapin et de fer brut. Le soleil enflammait le bord des grands nuages sombres. L'infini rude et délicieux nous enveloppait et nous songions à des choses très simples. Puis, suivant la pente naturelle de mon esprit, j'en vins à ne plus penser à rien. Nous avancions lentement, traversant à gué les petits ruisseaux peuplés de crabes et de crevettes et sentant parfois sous nos pieds, dans le sable, le tranchant des coquillages brisés. Autour de nous, l'eau n'avait point de sourires et le vent n'avait point de caresses; mais des souffles salubres nous versaient dans la poitrine une joie paisible et l'oubli de la vie. Tout à coup, j'entendis mon nom jeté dans le vent comme un appel affectueux. J'en fus tout étonné. Il me paraissait inconcevable que quelqu'un se rappelât encore mon nom, alors que je l'avais moi-même oublié. Je ne me sentais plus distinct de la nature et ce simple appel me fit tressaillir. Il faut vous dire que je n'ai jamais été bien sûr d'exister; si, à certaines heures, j'incline à croire que je suis, j'en éprouve une sorte de stupeur et je me demande comment cela se fait.

Or, à ce moment-là réellement je n'étais pas, puisque je ne pensais pas. Je n'avais au plus qu'une existence virtuelle. La voix qui m'appelait se rapprocha et, m'étant tourné du côté d'où venait le son, je vis une espèce de marin coiffé d'un béret bleu, serré dans un tricot de laine, qui s'élançait vers moi à grandes enjambées, les pantalons relevés au-dessus du genou, et faisant danser sur son dos une paire de souliers ferrés qu'il portait en sautoir. Son visage était bronzé comme celui d'un vieux pilote. Il me tendit une main large, mais trop douce pour avoir beaucoup pris de ris et longtemps tiré sur le cordage.

— Tu ne me reconnais pas? me dit-il.

Si, je le reconnaissais, mon excellent ami Fernand Calmettes, le témoin de ces années de jeunesse dont le goût fut tant de fois amer et dont le parfum reste si doux dans le souvenir! Heureux que nous étions alors! Nous n'avions rien et nous attendions tout. Si, je le reconnaissais, mon vieux compagnon d'armes! Oui, compagnon d'armes, car, en 1870, nous avons fait la guerre ensemble, Fernand Calmettes et moi, comme simples soldats, dans un régiment de la garde nationale mobilisée, sous les ordres du brave capitaine Chalamel. Portant côte à côte le képi à passepoil rouge et la vareuse à boutons de cuivre, nous défendions Paris de notre mieux, mais je dois convenir que nous étions des soldats d'une espèce particulière. Il me souvient que, pendant la bataille du 2 décembre, placés en réserve sous le fort de la Faisanderie, nous lisions le *Silène* de Virgile, au bruit des obus qui tombaient devant nous dans la Marne. Tandis qu'à l'horizon de la campagne grise et nue les batteries prussiennes faisaient traîner des flocons blancs au-dessus des collines, tous deux, assis sur la berge, près des fusils en faisceaux, nos fronts penchés sur un petit *Virgile* de Bliss, que j'ai encore et qui m'est cher, nous commentions cette genèse que le poète, par un délicieux caprice, enchâssa dans une idylle. « Il chante comment dans le vide immense furent condensées les germes de la terre, de l'air, des mers et aussi du feu subtil; comme de ces principes sortirent toutes choses et se consolida le tendre globe du monde, etc., etc. » Fernand Calmettes sortait alors de l'École des chartes, où il avait soutenu une thèse sur les manuscrits de Tacite.

La soutenance de cette thèse avait été signalée par une altercation assez vive entre M. Quicherat, qui présidait la séance, et l'archiviste candidat, au sujet de la transcription des noms propres latins en français. L'élève tenait pour une méthode fixe; il voulait, comme M. Leconte de Lisle, que tous les noms fussent transcrits lettre pour lettre, en respectant la désinence étrangère, *Roma*, *Tacitus*, *Tiberis*.

Le maître défendait la transmission orale, fondée sur les lois de l'accentuation. *Rome*, *Tacite*, *Tibre*. L'élève demanda alors à M. Quicherat si, pour observer ces mêmes lois, il dirait *Quinte Fabre Favre* au lieu de *Quintus Fabius Faber*. M. Quicherat allégua l'usage et se fâcha tout rouge. Fernand Calmettes éprouva ce jour-là qu'il est parfois dangereux d'avoir raison. Mais il ne profita pas de la leçon; c'est un esprit logique, qui ne connaîtra jamais l'art charmant d'avoir tort à point et quand il faut. C'est pourtant là une grâce irrésistible. Le monde ne donne raison qu'à ceux qui ont quelquefois tort. Quand je le connus, en 1868, Fernand Calmettes, s'occupait d'épigraphie et de numismatique, et copiait des chartes par les belles nuits d'été. C'était un grand archéologue de vingt ans; mais un archéologue tout à fait singulier, car il avait des idées générales et

une merveilleuse abondance de méthodes philosophiques.
Il m'en a même donné deux ou trois qui m'ont été fort
utiles.

Je n'ai jamais connu un constructeur qui fît tant
d'échafaudages. Ce n'est pas tout. Cet archéologue n'aimait pas l'archéologie, et il ne tarda pas à la prendre en
horreur. Il y excellait pourtant, et si les travaux épigraphiques qu'il a écrits étaient signés de son nom, il serait
aujourd'hui de l'Institut. C'est une question de savoir
s'il s'y plairait, car il aime terriblement le grand air. Il
a l'âme rustique. En 1870, pendant nos longues factions
sous les armes, il se prit de goût pour la peinture et il
e mit à dessiner avec cette ardeur patiente et cette
imagination méthodique qui sont le fond de sa nature.
Depuis lors, il est devenu le peintre qu'on sait et dont
on estime le talent énergique, sincère et pensif.

Quand il me serra la main dans cette belle baie de
Somme, si je le reconnaissais sous le hâle et l'embrun,
mon vieil ami Fernand Calmettes! J'appris de lui qu'il
était installé tout proche dans un de ces villages de la
côte où le vent chasse tant de sable qu'on enfonce dans
les rues jusqu'aux genoux. Il venait là passer chaque
année quatre ou cinq mois et, par un instinct d'harmonie,
il s'était fait semblable aux marins parmi lesquels il
vivait et dont il aimait la simplicité grave et la grandeur
naïve. Il ressentait une sympathie de peintre et de poète
pour ces simples qui n'ont, dans le combat de la vie,
d'autres armes que leur filet, ces grands enfants qui
connaissent les ruses des poissons et ne connaissen

point celles des hommes. Il se sentait bien auprès de ces braves gens que la vie use comme le temps use les pierres, sans toucher au cœur, et que la vieillesse même ne rend point avares.

M. Fernand Calmettes rapporta de la baie de Somme et des plages grises du Vimeu des études, des notes, des souvenirs dont il a tiré depuis quelques beaux tableaux et un livre, un roman que j'ai reçu hier et qui m'a fait songer à tout ce que je viens de vous dire, un roman sur les pêcheurs, un récit tracé pour les jeunes filles avec une innocente ardeur. Ce livre est illustré : je n'ai pas besoin de dire que les dessins sont de M. Calmettes lui-même. Ils plaisent par un style simple et grand. Le texte aussi a de la grandeur vraie et de la belle simplicité.

On trouve parmi les débris attribués à la poétesse Sappho une épigramme funéraire dans le goût des plus anciens poèmes de ce genre que nous ait conservé l'*Anthologie*. C'est, en deux vers, une mâle élégie dont voici le sens, rendu aussi exactement que possible :

« Ici est le tombeau du pêcheur Pélagôn. On y a gravé une nasse et un filet, monuments d'une dure vie. »

Il faudrait tracer ces deux vers sur le frontispice du livre de M. Fernand Calmettes. Ce livre, intitulé *Brave Fille*, est l'histoire d'une jeune orpheline, Élise, en qui revivent les vertus héréditaires des pauvres pêcheurs qui gagnent leur vie au péril de la mer. Elle a le cœur robuste et pieux. Elle est née avec l'amour de ce terrible Océan qui lui a pris son père. Comme le vieux pilote que M. Jean Richepin fait si bien parler dans *le Flibus-*

tier, elle méprise la terre et les terriens et pense que les rivières, ce n'est que de l'eau pâle, ingrate et fade, cette eau qui passe et ne revient pas. Voyez-la, la brave fille, sur la route de Saint-Valery, qui se déroule toute poudreuse entre deux rangées d'arbres tordus par le souffle de l'ouest.

Cinq lieues sur cette route morne. Élise en avait le cœur plus malade que les jambes. Elle ne s'intéressait guère à la campagne. Tout s'y rapetisse et s'y rétrécit. On n'y peut entrevoir que des coins de ciel, on n'y respire qu'une brise concentrée. Des horizons qu'on toucherait de la main; une terre si dure à manier, si avare, que, pour lui arracher ses richesses, on est réduit à se la partager par petits carrés, et l'on y épuise sa vie à tracer des sillons longs d'une encâblure à peine. Qu'est-ce auprès de la mer, la grande mer? Elle vous ouvre les poumons, celle-là, avec son souffle que rien n'arrête, et l'on met, à la sillager de nord en sud, moins de temps qu'il n'en faudrait pour labourer un champ pas plus vaste qu'un port.

C'est la vie large et généreuse qui vous ranime tous les sens à la fois et vous nourrit des forces vierges de la nature. Élise avait hâte de la revoir, cette mer, aussi belle dans ses colères que dans ses caresses, cette mer qui l'avait faite courageuse et forte.

Élise a une tâche, qu'elle saura accomplir. Avant de céder à l'amour permis, elle devra tirer du fond de la mer le corps de son père et l'ensevelir. C'est son père lui-même qui lui apparaît pour lui donner cet ordre. Vous êtes libre d'ailleurs de croire que le fantôme du pauvre pêcheur n'a pas plus de réalité objective que le spectre de Banquo, et qu'il est le produit d'une hallucination généreuse. Quand elle vit son père revenu du fond de la mer où il était couché depuis plusieurs mois, Élise ne dormait pas.

Non, elle ne dormait pas. A la lueur douce de la lune, elle reconnut distinctement, l'un après l'autre, les objets familiers, tels qu'elle les avait retrouvés tout à l'heure à son retour; le petit lit en armoire, sous l'escalier du grenier; le grand buffet où scintille sous un globe le bouquet de mariage de la mère, une rose énorme feuilletée d'or; puis, de chaque côté, les deux flambeaux d'étain, puis les filets, les engins de pêche, suspendus partout, aux murs, aux poutres du plafond. Tous ces vieux compagnons de sa vie d'autrefois, elle les tenait là sous les yeux, dans leur forme précise, matérielle, avec leurs contours et leurs couleurs.

Elle ne dormait pas et cependant elle ne pouvait se tourner vers la porte sans retrouver en face d'elle un visage triste et doux, à l'œil clair, aux rides bonnes.

— Père, que me voulez-vous?

Pour la première fois, depuis qu'elle l'avait perdu, Élise revoyait vraiment son père, tel qu'il était en son vivant, avec le gros bonnet de loutre, le foulard rouge et le maillot brun. Il la grondait doucement de l'abandonner, lui, le père, au fond des sables, de n'avoir pas tenté l'impossible auprès des autorités maritimes, pour demander, comme cela s'obtient parfois, qu'on draguât la place, qu'on arrachât à l'abîme des fonds les corps, qui ne peuvent connaître le repos en dehors de la terre aimée...

— Père, je vous le jure, je ne prendrai de repos que je ne vous aie enterré aux côtés de la mère.

Elle réussit à l'enterrer aux côtés de la mère. C'était presque impossible. Mais que ne peuvent le courage et l'amour? J'ai cité deux passages de ce livre pour me dispenser de vanter un vieil ami. On jugera que ces citations portent leurs louanges en elles-mêmes.

M. Fernand Calmettes a, pour nous représenter ces pêcheurs, l'œil d'un peintre et l'âme d'un poète, aussi a-t-il exprimé les formes et les âmes. Une seule faculté des marins n'est pas exactement rendue dans son livre, la faculté religieuse. On n'y rencontre le culte catholique sous aucune forme précise et, chose étrange, le nom de Dieu n'y est même pas prononcé.

J'ai demandé les raisons de cette singularité et je les ai apprises; elles sont trop intéressantes pour que je ne les révèle pas ici. C'est l'éditeur du livre, c'est le libraire qui n'a point souffert que le nom de Dieu figurât une seule fois dans le texte, donnant pour motif qu'il publiait des livres destinés à être donnés en prix dans les écoles.

Les idées philosophiques et religieuses de cette maison de librairie, fort honorable d'ailleurs, importeraient peu, mais elle est patronnée par certains hommes politiques qui répudieraient ses livres s'il y était fait allusion à un culte, à un idéal religieux quelconque. Voilà où nous en sommes! Voilà la largeur d'idées, l'ouverture d'esprit de nos radicaux. Voilà comment ils entendent la tolérance, la liberté intellectuelle, le respect des consciences. Voilà les inspirations libérales de l'Hôtel de Ville! Je ne suis pas suspect de trop de foi, et ceux qui me font l'honneur de me lire savent que je ne défends ici que la liberté des âmes et la paix des cœurs. Mais, en vérité, cette proscription de l'idéal de tant de personnes respectables, cette guerre au dieu des femmes et des enfants, au dieu consolateur des affligés, est quelque chose de bien méchant et de bien maladroit. Je regrette vivement que le livre de M. Fernand Calmettes ait subi l'affront d'une si stupide censure. Je le regretterais plus encore si l'auteur n'avait compensé, en quelque sorte, par son idéalisme supérieur les mutilations dont il eut à souffrir de la part des sectaires. Une sorte de mysticisme naturaliste règne dans son œuvre et se substitue ingénieusement au culte plus traditionnel que professent en réalité les pêcheurs de nos côtes.

M. Fernand Calmettes élève à la hauteur d'une religion les sentiments de famille, la piété de cœur. Dans son livre, le ciel est toujours visible; il inspire tous les êtres, les illumine de sa clarté radieuse ou les enveloppe de sa mélancolie sereine. Cela est excellent, mais ce n'est pas ainsi que les pêcheurs de Saint-Valery conçoivent l'idéal divin [1].

---

[1]. J'apprends avec plaisir que, dans une nouvelle édition, M. Fernand Calmettes rétablit intégralement le texte de son manuscrit.

HISTOIRE DU PEUPLE D'ISRAËL[1]

Faut-il essayer de vous rendre l'impression que j'ai éprouvée en lisant ce deuxième volume de l'*Histoire d'Israël*? Faut-il vous montrer l'état de mon âme quand je songeais entre les pages? C'est un genre de critique pour lequel, vous le savez, je n'ai que trop de penchant. Presque toujours, quand j'ai dit ce que j'ai senti, je ne sais plus que dire et tout mon art est de griffonner sur les marges des livres. Un feuillet que je tourne est comme un flambeau qu'on m'apporte et autour duquel aussitôt vingt papillons sortis de ma tête se mettent à danser. Ces papillons sont des indiscrets, mais qu'y faire? Quand je les chasse, il en revient d'autres. Et c'est tout un chœur de petits êtres ailés qui, dorés et blonds comme le jour, ou bleus et sombres comme la nuit, tous frêles, tous légers, mais infatigables, voltigent à l'envi et semblent murmurer du battement de leurs

1. Par M. Ernest Renan, in-8°, Calmann Lévy, édit., t. II.

ailes : « Nous sommes de petites Psychés ; ami, ne nous chasse pas d'un geste trop brusque. Un esprit immortel anime nos formes éphémères. Vois : nous cherchons Éros, Éros qu'on ne trouve jamais, Éros, le grand secret de la vie et de la mort. » Et, en définitive, c'est toujours quelqu'une de ces petites Psychés-là qui me fait mon article. Elle s'y prend, Dieu sait comment! Mais, sans elle, je ferais pis encore.

En ce moment, alors que je lis, dans le beau livre de M. Renan, les règnes de David et de Salomon, le schisme des tribus, la victoire des prophètes, l'agonie et la mort du royaume d'Israël, alors qu'avec sa science de linguiste et d'archéologue, les souvenirs de ses voyages et surtout un sens divinateur des choses très anciennes, l'historien retrouve et me montre le pasteur nomade qui voit partout des Elohim dans les mirages du désert et quelquefois lutte toute une nuit avec l'un de ces êtres mystérieux; restitué le Temple de Salomon, son pylône de style égytien, ses deux colonnes d'airain à chapiteaux de gerbes de lotus, ses *cheroubim* d'or monstrueux comme les sphinx de Memphis et comme les taureaux à face humaine de Khorsabad et tout à l'entour, dressé sur les collines ou caché sous les bocages, l'impur hiérodule des temples phéniciens; suit enfin à travers les siècles l'évolution du sentiment religieux chez ce peuple singulier qui passa de l'adoration d'un dieu jaloux et féroce au culte de cette providence divine dont il a finalement imposé l'idéal au monde, — pendant toute cette lecture attachante et forte qui m'intéresse, parce qu'elle est savante et qui m'enchante pour ce qu'elle contient d'art exquis, savez-vous ce que font mes bestioles aux ailes toujours agitées, mes petites Psychés anxieuses? Elles me montrent ma vieille Bible en estampes, la bible que ma mère m'avait donnée et qu'enfant je dévorais des yeux avant même de savoir lire.

C'était une bonne vieille Bible. Elle datait du commencement du XVIIe siècle; les dessins étaient d'un artiste hollandais qui avait représenté le paradis terrestre sous l'aspect d'un paysage des environs d'Amsterdam. Les animaux qu'on y voyait, tous domestiques, donnaient l'idée d'une ferme et d'une basse-cour très bien tenues. C'étaient des bœufs, des moutons, des lapins et un beau cheval brabançon, bien tondu, bien pansé, tout prêt à être attelé au carrosse d'un bourgmestre. Je ne parle pas d'Ève, en qui éclatait la beauté flamande; c'étaient là des trésors perdus. L'arche de Noé m'intéressait davantage. J'en vois encore la coque ample et ronde, surmontée d'une cabane en planches. O merveille de la tradition! j'avais parmi mes joujoux une arche de Noé exactement semblable, peinte en rouge, avec tous les animaux par couple et Noé et ses enfants faits au tour. Ce m'était une grande preuve de la vérité des Écritures. *Teste David cum Sibylla.* A dater de la tour de Babel, les personnages de ma Bible étaient richement habillés, selon leur condition, les guerriers à l'exemple des Romains de la colonne Trajane, les princes avec des turbans, les femmes comme les femmes de Rubens, les bergers en façon de brigands et les anges à la mode de ceux des jésuites. Les tentes des soldats ressemblaient aux riches pavillons qu'on voit dans les tapisseries; les palais étaient imités de ceux de la Renaissance, l'artiste n'ayant pas imaginé qu'on pût rien représenter de plus vieux en ce genre. Il y avait des nymphes de Jean Goujon dans la fontaine où se baignait Bethsabé. C'est pourquoi ces images me donnaient l'idée d'une antiquité profonde. Je doutais que mon grand-père lui-même, bien qu'il eût été blessé à Waterloo, en souvenir de quoi il portait toujours un bouquet de violettes à sa boutonnière, eût pu connaître la tour de Babel et les bains de Bethsabé. Oh! ma vieille Bible en figures, quelles délices j'éprouvais à la feuilleter le soir quand mes prunelles nageaient à demi déjà dans les ondes ravissantes du sommeil enfantin! Comme j'y voyais Dieu en barbe blanche! Ce qui est peut-être après tout la seule façon de le voir réellement. Comme je croyais en lui!

Je le trouvais, entre nous, un peu bizarre, violent et colère; mais je ne lui demandais pas compte de ses actions : j'étais habitué à voir les grandes personnes agir d'une façon incompréhensible. Et puis j'avais alors une philosophie : je croyais à l'infaillibilité universelle des hommes et des choses. J'étais persuadé que tout était raisonnable dans le monde et qu'une aussi vaste chose était conduite sérieusement. C'est une sagesse que j'ai laissée avec ma vieille Bible. Quels regrets n'en ai-je pas! Songez donc! Être soi-même tout petit et pouvoir atteindre le bout du monde après une bonne promenade! Croire qu'on a le secret de l'univers dans un vieux livre, sous la lampe, le soir, quand la chambre est chaude. N'être troublé par rien et pourtant rêver! car je rêvais alors et tous les personnages de ma vieille bible venaient, dès que j'étais couché, défiler devant mon petit lit à galerie. Oui, les rois portant le sceptre et la couronne, les prophètes à longues barbes, drapés sous un éternel coup de vent, passaient dans mon sommeil avec une majesté mêlée de bonhomie. Après le défilé, ils s'allaient ranger d'eux-mêmes dans une boîte de joujoux de Nuremberg. C'est la première idée que je me suis faite de David et d'Isaïe.

Tous nous l'avons eue plus ou moins; tous nous avons feuilleté, autrefois, une vieille Bible en estampes. Tous nous nous sommes fait de l'origine du monde et des choses une idée simple, enfantine et naïve. Il y a quelque chose d'émouvant, ce me semble, à rapprocher cette idée puérile de la réalité telle que la science nous la fait toucher. A mesure que notre intelligence prend possession d'elle-même et de l'univers, le passé recule indéfiniment et nous reconnaissons qu'il nous est interdit d'atteindre aux commencements de l'homme et de la vie. Si avant que nous remontons les temps, des perspectives nouvelles, des profondeurs inattendues s'ouvrent sans cesse devant nous; nous sentons qu'un abîme est au delà. Nous voyons le trou noir et l'effroi gagne les plus hardis. Ce berger nomade qu'on nous montre entouré, dans la nuit du désert, des ombres des Elohim, il était le fils d'une humanité déjà vieille et, pour ainsi dire, aussi éloignée que la nôtre du commun berceau. C'en est fait. L'homme moderne, lui aussi, a déchiré sa vieille Bible en estampes. Lui aussi, il a laissé au fond d'une boîte de Nuremberg les dix ou douze patriarches qui, en se donnant la main, formaient une chaîne qui allait jusqu'à la création. Ce n'est pas d'aujourd'hui, on le sait, que l'exégèse a trouvé le sens véritable de la Bible hébraïque. Les vieux textes sur lesquels reposait une croyance tant de fois séculaire subissent depuis cent ans, deux cents ans même le libre examen de la science. Je suis incapable d'indiquer précisément la part qui revient à M. Renan dans la critique biblique. Mais ce qui lui appartient, j'en suis sûr, c'est l'art avec lequel il anime le passé lointain, c'est l'intelligence qu'il nous donne de l'antique Orient dont il connaît si bien le sol et les races, c'est son talent de peindre les paysages et les figures, c'est sa finesse à discerner, à défaut de certitudes, le probable et le possible, c'est enfin son don particulier de plaire, de charmer, de séduire. Dans son nouvel ouvrage, si le style n'a pas la suavité abondante qui font des *Origines du Christianisme* une lecture délicieuse, on y trouve, par contre, une bonhomie, un naturel et comme un *air parlé* dont ce grand écrivain n'avait pas encore donné d'exemple aussi sensible. Ceux qui ont le bonheur de l'avoir entendu lui-même croient, en le lisant cette fois, l'entendre encore. C'est lui, son accent, son geste. En fermant le livre, je suis tenté de dire, comme les pèlerins d'Emmaüs : « Nous venons de le voir. Il était à cette table. » Dans ce livre, une chose, entre autres, lui est tout à fait particulière et rappelle ses conversations, c'est le goût qu'il montre pour les rapprochements historiques. A tel endroit, pour mieux faire comprendre l'esprit du vieux chef nomade, il parlera d'Abd-el-Kader; à tel autre, il comparera David au négus d'Abyssinie. Parfois, les rencontres sont plus inattendues; il nous dit, par exemple, que Notre-Dame-de-Lorette peut nous donner une idée assez approchante du temple de Salomon.

Il a des familiarités charmantes, comme quand, parlant d'Iahvé, du terrible Iahvé, il l'appela « une créature de l'esprit le plus borné ». Voici d'ailleurs tout le passage :

« Nul sentiment moral chez Iahvé, tel que David le connaît et l'adore. Ce dieu capricieux est le favoritisme même; sa fidélité est toute matérielle; il est à cheval sur son droit jusqu'à l'absurde. Il se monte contre les gens, sans qu'on sache pourquoi. Alors on lui fait humer la fumée d'un sacrifice et sa colère s'apaise. Quand on a juré par lui des choses abominables, il tient à ce qu'on exécute le *hérem*. C'est une créature de l'esprit le plus borné; il se plaît aux supplices immérités. Quoique le rite des sacrifices humains fût antipathique à Israël, Iahvé se plaisait quelquefois à ces spectacles. Le supplice des Saülides, à Gibéa, est un vrai sacrifice humain de sept personnes, accompli devant Iahvé, pour l'apaiser. Les « guerres de Iahvé » finissent toutes par d'affreux massacres en l'honneur de ce dieu cruel. »

Où donc est mon vieux recueil d'images saintes, dans lesquelles ce même Iahvé se promenait avec tant de majesté à travers une prairie de Hollande, au milieu de moutons blancs, de petits cochons d'Inde et de chevaux du Brabant?

L'ÉLOQUENCE DE LA TRIBUNE[1]

LE SÉNAT

M. Challemel-Lacour a prononcé mardi un discours qui retentit encore dans toutes les âmes sensibles à l'éloquence. Il y a beaucoup de ces âmes-là en France; nous aimerons toujours les mortels heureux dont les lèvres tendent jusqu'à nos oreilles ces chaînes d'or dont parlent les légendes gauloises; nous nous laisserons toujours conduire par l'éloquence. Ne serait-il pas à propos de considérer, au point de vue de l'art, de l'art seul, trois ou quatre de nos orateurs politiques, en les prenant dans le Sénat, si vous voulez bien, et en commençant par M. Challemel-Lacour lui-même? A l'exemple du vieux Cormenin, nous pourrions essayer d'es-

---

1. Ceci a été écrit à propos du discours prononcé par M. Challemel-Lacour au Sénat, dans la séance du 19 décembre 1888.

quisser un portrait. Le peintre aurait, pour racheter sa faiblesse, l'avantage d'avoir étudié son modèle.

L'attitude est d'une raideur majestueuse. Le geste sobre; la voix grave, sonore dans son médiocre volume. L'haleine, un peu courte, est si bien ménagée qu'elle suffit aux plus longues périodes. Quant à la phrase, elle est ample et se déroule avec une sévère magnificence. Par le calme de la tenue, par l'art de la diction, par le goût pur de la forme, cet orateur rappelle tout ce que nous imaginons de l'éloquence antique. Il parle, et l'on croit voir les abeilles de l'Hymette voltiger autour de sa barbe d'argent.

Il a l'esprit méditatif, et tout ce qu'il dit est empreint d'un caractère de sagesse. Je n'ai pas besoin de dire que j'entends ici par sagesse la disposition d'un esprit enclin à rechercher les causes et à suivre à travers les faits l'enchaînement des idées. M. Challemel-Lacour est philosophe. De là une sorte de tristesse grave répandue sur toutes ses paroles. Il n'y a pas de philosophie gaie, et la sienne est particulièrement triste. Ce sage est frappé de l'écoulement universel des choses et de l'instabilité qui est la condition nécessaire de la vie. L'idée du mal universel ne le quitte jamais, et il porte une sorte de pessimisme stoïque jusque dans les débats parlementaires. On le sentait bien mercredi quand il prononçait ce discours, d'un art achevé. On le sentait mieux encore quand, en 1883, il prenait la parole à la même tribune comme ministre des affaires étrangères. Sa philosophie dominait sa politique; il semblait plus persuadé de la malignité des hommes et des choses que du succès de ses propres négociations. Il est de ceux qui ont laissé l'espérance, et sa parole en garde un goût amer. Son éloquence est terriblement sincère. Elle trahit un orgueil stoïque qu'on croyait mort avec l'antique Brutus. M. Challemel-Lacour nous montre sans cesse sa raison debout sur les ruines du monde et semble dire : « Qu'importe que l'univers s'abîme, si moi je demeure ferme dans ma sagesse! » Non! La philosophie n'est jamais gaie. Et il faut dire aussi : La foi n'est jamais triste.

Voyez M. Chesnelong qui siège au Sénat sur les bancs de l'extrême droite. Ce n'est pas un philosophe. Au contraire, c'est un croyant. Tout respire en lui la foi la plus ardente. Son éloquence a les transports de l'éloquence sacrée. Elle garde même, dans les questions financières, le zèle pieux de l'apostolat. M. Chesnelong n'a guère pris la parole au Sénat que pour faire entendre des plaintes et des gémissements. Mais il y a de l'allégresse dans ses plaintes, une joie sereine se mêle à ses gémissements. Écoutez-le : il pleure. Mais l'hosannah éclate malgré lui dans son âme. Il est joyeux parce qu'il a la foi. Son large visage s'éclaire, à la tribune, d'un sourire paisible. M. Challemel-Lacour ne sourit jamais.

Et quelle vision pourrait donc l'égayer un moment? Il est à jamais seul en face de sa haute raison dans le néant universel. Le Sénat applaudissait cette semaine le dernier des stoïciens.

Je ne sais si M. Buffet parlera cette année dans la discussion du budget. M. Buffet est un orateur excellent et qu'il faut nommer à côte des meilleurs. Il siège à droite, on le sait, et se montre constamment soucieux des intérêts des catholiques. Mais, quelle que soit la force de ses opinions religieuses, sa parole n'en reçoit pas la plus légère empreinte de mysticisme. C'est un orateur d'affaires. Sa probe éloquence ne veut pas d'autre parure que l'exactitude et la force; elle brille dans une robuste nudité. M. Buffet ne naquit pas pour sacrifier aux grâces légères. Il semble taillé dans le cœur noueux d'un chêne. Sa personne anguleuse et voûtée exprime la dignité propre à un vieux parlementaire blanchi dans les débats publics. Il a, au plus haut degré, ce qu'on appelle l'autorité. On l'écoute avant même qu'il ait parlé. Son visage est sévère, presque chagrin, avec une expression de parfaite simplicité. La tête, très forte, portée en avant, le visage osseux, tout en angles, les prunelles perçantes dans un œil couvert, le nez recourbé, la bouche creuse, le menton saillant, il parle d'une voix comme pesante et mâchée par une bouche de fer. Son geste est celui du bûcheron qui abat les arbres. M. Buffet, lui aussi, peut être surnommé la hache de ses adversaires. Il frappe à coups égaux et sûrs. Ses défauts mêmes, une articulation lourde, un entêtement méticuleux ajoutent à la puissance de son talent. Il a la logique pressante et serrée, qui est le muscle du discours. Il a le style simple et fort, l'accent sincère, l'honnête obstination. C'est lui mieux qu'aucun autre qui doit être proposé comme modèle aux apprentis orateurs.

Je dis M. Buffet et non pas M. Jules Simon, parce que

celui-là est inimitable. C'est l'art parfait. Lorsque les Gracques parlaient au peuple, ils se faisaient accompagner, dit-on, par un joueur de flûte. Quand M. Jules Simon parle, une flûte délicieuse l'accompagne; mais elle est invisible et chante sur ses lèvres. M. Jules Simon est philosophe autant et plus que M. Challemel-Lacour. Il sait l'oublier à propos. Il sait tout. Tour à tour insinuant, ironique, tendre, véhément, il a toutes les parties de l'orateur. Quand il monte à la tribune, il semble accablé. Appuyé des deux mains à la tablette d'acajou, il promène sur l'assemblée des yeux mourants qui tout à l'heure se chargeront d'éclairs; il traîne les sons d'une voix éteinte qui peu à peu se ranime, s'enfle, puis se mouille de larmes ou gronde ainsi qu'un tonnerre mélodieux. Il est maître de lui comme de l'auditoire. Ému, mais vigilant, il saisit les interruptions et les emporte dans le mouvement harmonieux de sa pensée, comme un fleuve entraîne les rameaux qu'on lui jette. Tout lui sert; il est le grand artiste dont le génie plastique transforme aisément toutes les matières que rencontre sa main, et il n'a à redouter que sa perfection même.

Quelle belle galerie on ferait avec les portraits des principaux orateurs de la Chambre haute! Quelle diversité dans les physionomies, que de contrastes heureux et comme les figures se feraient valoir les unes les autres!

Ici, ce serait M. le duc d'Audiffret-Pasquier se rejetant, en arrière de la tribune, contre le bureau du président, assemblé, ramassé dans sa force et dans son énergie, âpre, sauvage, fier, montrant les dents et multipliant les ardentes morsures de son éloquence irritée. Sa voix, ses yeux crachent le feu et il garde jusque dans sa colère une expression de noblesse et de bonté.

Là M. le duc de Broglie (car il serait permis de placer dans cette galerie les illustres proscrits du suffrage populaire, ceux-là dont l'absence est éclatante : *Præfulgebant eo quod non visebantur*) déroulerait d'une voix débile ces harangues d'une ordonnance magnifique, d'un style riche et souple, d'une trame absolument pure, dont le souvenir est resté présent dans la mémoire de tous les connaisseurs.

Là, M. Léon Say, causeur facile et charmant, abondant et précis, donnant la vie aux chiffres, exposant avec lucidité les questions les plus ardues, contant des historiettes à ravir, conduisant ses discours comme de longues promenades à travers la campagne et relevant sa bonhomie familière par le mordant de sa voix et la finesse de son ironie.

Là, M. Bocher, dans sa pure et noble élégance, passant son petit mouchoir sur ses lèvres, et, la mémoire fraîche, la voix jeune, le geste souple, répandant la grâce avec la clarté sur les questions de finances, et montrant dans la discussion une brièveté impérieuse, une politesse froide, une courtoisie hautaine.

Là encore, M. de Freycinet, si mince, si fin, si pâle, portant la clarté jusqu'à la splendeur, abondant et tranquille, faisant couler à petits flots chantants et caressants sa phrase incolore et lucide, et construisant, devant l'auditeur émerveillé, des discours qui ressemblent, dans leur frêle élégance et dans leur grâce un peu sèche, à de merveilleux ponts suspendus.

J'en devrais nommer bien d'autres encore, tous différents, et qui intéressent par leur diversité même. L'éloquence n'est au fond que l'expression puissante et soudaine d'un tempérament original. C'est pourquoi les défauts y concourent autant que les qualités. Parler, c'est se donner ; bien parler, c'est se donner généreusement et tout entier.

ROMAN ET MAGIE[1]

Avouons-le : nous avons tous au fond du cœur le goût du merveilleux. Les plus réfléchis d'entre nous l'aiment sans y croire, et ne l'en aiment pas moins. Oui, nous les sages, nous aimons le merveilleux d'un amour désespéré. Nous savons qu'il n'existe pas. Nous en sommes sûrs et c'est même la seule chose dont nous soyons sûrs, car s'il existait il ne serait plus le merveilleux, et il n'est tel qu'à la condition de n'être pas. Si les morts revenaient, il serait naturel et non pas merveilleux qu'ils revinssent. Si les hommes pouvaient se changer en bêtes, comme l'antique Lucius du conte, ce serait là une métamorphose naturelle et nous n'en serions pas plus étonnés que des métamorphoses des insectes. Il n'y a pas d'issue pour sortir de la nature. Et cette idée est en elle-même absolument désespérante. Le possible

---

1. *Apulée romancier et magicien*, par M. Paul Monceaux, Quantin, éditeur, 1 vol. in-8°.

ne nous suffit pas et nous voulons l'impossible, qui n'est l'impossible qu'à la condition de ne jamais se réaliser. Mérimée a conté l'aventure de don Juan, qui, se promenant au bord du Tage en roulant une cigarette, demanda du feu à un passant occupé, sur l'autre rive, à fumer son cigare. « Volontiers, » dit celui-ci, et, d'un bras qui s'allongea jusqu'à traverser le fleuve, il tendit à don Juan son cigare allumé. Don Juan ne s'étonna pas, faisant profession de ne s'étonner de rien. S'il avait été philosophe, il ne se serait pas étonné davantage. Quand, à Paris, nous entendons la voix d'un ami qui, de Marseille, nous fait ses adieux par le téléphone avant de s'embarquer, nous ne pensons pas que cela soit merveilleux, et en effet cela n'était merveilleux que quand cela n'était pas. De deux choses l'une : ou l'aventure de don Juan n'est pas vraie, ce qui est assez probable, ou elle est vraie, et dans ce cas elle est aussi naturelle que nos communications par le téléphone, bien qu'un peu plus rare, j'en conviens. Mérimée nous laisse entendre que ce fumeur était le diable en personne. Je le veux bien. Vous voyez que j'accorde beaucoup. Mais si le diable existe, il est dans la nature comme vous et moi, car elle contient tout, et il est naturel qu'il allonge le bras par-dessus les fleuves. Si nos manuels de physiologie ne le disent pas, c'est qu'ils sont incomplets. Il est certain que tous les phénomènes ne sont pas décrits dans les livres. Je me promène quelquefois, par les belles nuits d'été, sur les quais de Paris, à l'ombre des colossales dentelles noires de Notre-Dame, au bord de ces eaux sombres où tremblent des milliers de reflets étincelants. La lune court dans les nuées; on entend gémir sous les arches le flot éblouissant et lugubre, et l'on songe à la fois à toutes les horreurs de la vie et à toutes les magies de la mort. Si le diable n'a pas seulement de feu pour les grands contempteurs de Dieu et de la vertu des femmes, s'il daigne vouloir séduire aussi un doux philosophe, il aura peut-être la politesse, quelque soir, de me tendre son cigare d'un quai de la Seine à l'autre. Alors, fidèle à mes principes, je tiendrai le fait pour naturel et j'en ferai une communication à l'Académie des sciences.

Voilà une résolution qui témoigne, je pense, d'une assez ferme intelligence et d'une raison qui ne veut point être étonnée. Pourtant il y a des moments, je le sais, où la froideur de la raison nous glace. Il y a des heures où l'on ne veut point être raisonnable, et j'avoue que ces heures-là ne sont pas les plus mauvaises. L'absurde est une des joies de la vie; aussi voyez que, de tous les livres humains, ceux dont la fortune est la plus constante et la plus durable sont des contes, et des contes tout à fait déraisonnables. *Peau d'Ane*, le *Chat botté*, les *Mille et une Nuits*, et, pourquoi ne pas le dire?... l'*Odyssée*, qui est aussi un conte d'enfant. Les voyages d'Ulysse sont remplis d'absurdités charmantes qu'on retrouve dans les *Voyages de Sindbad le Marin*.

Le merveilleux est un mensonge. Nous le savons et nous voulons qu'on nous mente. Cela devient de plus en plus difficile. Le bon Homère et les conteurs arabes ne nous trompent plus. Il faut aujourd'hui, pour nous séduire, des imaginations fertiles en ruses, des esprits très savants, très ingénieux ; Edgard Poë, par exemple, et ses *Histoires extraordinaires*, ou Gilbert-Augustin Thierry avec *Larmor*, *Marfa* et cette *Tresse blonde* dont nous parlions tantôt.

Le vieil Apulée n'est pas non plus un imposteur médiocre, et celui-là aussi m'a donné, je l'avoue, l'illusion délicieuse du merveilleux. Je vais tout vous dire : Apulée, c'est mon péché. Je l'aime sans l'estimer, et je l'aime beaucoup. Il ment si bien ! il vous met si bien la nature à l'envers, spectacle qui nous remplit de joie à nos heures de perversité. Il partage si pleinement, pour le satisfaire, ce goût dépravé de l'absurde, ce désir du déraisonnable que chacun de nous porte caché dans un repli de son cœur ! Quand l'harmonie du monde vous a lassés par son inexorable fixité, quand vous trouvez la vie monotone et la nature ennuyeuse, ouvrez l'*Ane d'or* et suivez Apulée, je veux dire Lucius, à travers ses voyages extraordinaires. Dès le départ, une atmosphère de démence vous empoisonne et vous fait délirer. Vous partagez la folie de cet étrange voyageur :

Me voilà donc au milieu de cette Thessalie, terre classique des enchantements, célèbre à ce titre dans le monde entier... Je ne savais où diriger mes vœux et ma curiosité ; je considérais chaque chose avec une sorte d'inquiétude. De tout ce que j'apercevais dans la ville, rien ne me paraissait être tel que mes yeux me le montraient. Il me semblait que, par la puissance infernale de certaines incantations, tout devait avoir été métamorphosé. Si je rencontrais une pierre, mon imagination y reconnaissait un homme pétrifié; si j'entendais des oiseaux, c'étaient des hommes couverts de plumes; des arbres du boulevard, c'étaient des hommes chargés de feuilles; les fontaines, en coulant, s'échappaient de quelque corps humain. Je croyais que les portraits et les statues allaient marcher, les murailles parler, les bœufs annoncer l'avenir.

Après cela, étonnez-vous qu'il soit changé en âne? Saint Augustin y croyait plus qu'à demi.

« Nous aussi, dit-il, dans *la Cité de Dieu*, nous aussi, quand nous étions en Italie, nous entendions des récits de ce genre sur certain endroit de la contrée. On racontait que des cabaretières expertes en ces maléfices servaient parfois aux voyageurs, dans le fromage, des ingrédients qui les changeaient aussitôt en bêtes de somme. On faisait porter des fardeaux à ces malheureux, et, après un pénible service, ils reprenaient leur forme. Dans l'intervalle, leur âme n'était pas devenue celle d'une bête, ils avaient conservé la raison de l'homme. Apulée, dans l'ouvrage qu'il a intitulé l'*Ane d'or*, rapporte que cette aventure lui est arrivée; par la vertu de certaine drogue, il fut changé en âne, tout en gardant son esprit d'homme. On ne sait si l'auteur consigne là un fait réel ou un conte de sa façon. »

Certes, Apulée fait un conte, un conte imité du grec et ce n'est pas même lui qui a inventé ce Lucius et sa métamorphose, mais il y a mis le grain d'ellébore.

C'est un homme intéressant que cet Apulée, tel que nous le décrit M. Paul Monceaux dans une étude très complète et, ce me semble, très judicieuse; assurément fort agréable.

Cet Africain, contemporain des Antonins, esprit léger, facile, rapide, brillant, n'était pas au fond très original; il improvisait et compilait. S'il était fou, il faut convenir que tout le monde était un peu fou dans ce temps-là. Une curiosité maladive travaillait toutes les imaginations. Les prodiges d'Apollonius de Tyane avaient fait passer un frisson par le monde. Une foi anxieuse aux enchantements troublait les meilleurs esprits. Plutarque fait glisser des ombres dans les champs de l'histoire; l'âme ferme de Tacite est facilement ébranlée par des prodiges; le naturaliste Pline se montre aussi crédule que curieux. Phlégon de Tralles écrit pour un César astrologue un livre de *Faits merveilleux* et conte minutieusement l'aventure d'une morte qui déserte sa chambre funéraire pour le lit d'un jeune étranger. Or ce Trallien était estimé comme annaliste et comme géographe.

Le bonheur d'Apulée fut de naître, dans ce milieu troublé, avec une étonnante capacité à concevoir l'absurde et l'impossible. Il étudia toutes les sciences et n'en tira que des superstitions puériles. Physique, médecine, astronomie, histoire naturelle, tout chez lui se tournait en magie. Et comme il avait l'imagination vive et le style prestigieux, il lui fut donné d'écrire le chef-d'œuvre des romans fantastiques.

Cet homme habile, frivole et vain, laissa la mémoire

d'un magicien et d'un thaumaturge. A l'époque des grandes disputes religieuses, alors que chrétiens et païens opposaient les miracles aux miracles, les pères de l'Église ne nomment l'auteur de la *Métamorphose* qu'avec une haine mêlée d'effroi. Déjà Lactance, au milieu du IIIe siècle, s'écrie que les miracles d'Apulée se dressent en foule. Saint Jérôme place ce magicien auprès d'Apollonius de Tyane. Saint Augustin, qui le confond, peu s'en faut, nous l'avons vu, avec le héros du conte, déplore qu'un tel homme soit parfois opposé et même préféré au Christ. Pendant ce temps les adorateurs des dieux qui s'en allaient vénéraient le rhéteur de Madaura comme un de leurs derniers sages. Il était naturel qu'ils s'attachassent au philosophe qui s'était épris de tous les symboles et avait été admis à toutes les initiations. La statue d'Apulée s'élevait à Constantinople, dans le Zeuxippe, et l'*Anthologie* désigne en ces termes celui dont elle garde l'image : « Apulée, au regard méditatif, célèbre les silencieuses orgies de la Muse latine, lui que la Sirène ausonienne a rempli, comme son initié, d'une ineffable sagesse. » Nous avons peine à reconnaître dans ce distique l'auteur de ce petit roman magique et fort libre que je m'accuse de goûter en mes jours de déraison. Et M. Paul Monceaux nous contente mieux, quand, prenant la louange sur un ton moins haut, il nous montre cet extraordinaire Apulée sous les traits d'un habile rhéteur, beau « d'une insolente beauté méridionale », et même un peu commun, glorieux, éloquent, habile à saisir son public, trompeur se trompant soi-même par une suprême habileté, faisant tout croire et croyant tout.

Pourtant, il y a çà et là, ce me semble, dans les ouvrages qui nous restent de lui, quelques pages empreintes d'une gravité vraiment philosophique et où l'on croit entendre comme un dernier écho de cette sagesse grecque, que rien au monde n'a surpassé. Il y a bien longtemps que je n'ai relu le petit traité du *Démon de Socrate*. J'en ai conservé un souvenir agréable. Vous savez qu'Apulée croyait aux démons. Les démons, disait-il, habite des régions aériennes jusqu'au premier cercle de la Lune, où commence l'éther.

Ce sont là des rêveries permises. Les hommes seraient bien malheureux si on les empêchait de rêver à l'inconnaissable. Mais ce qui m'a le plus touché jadis, en lisant ce traité du *Démon de Socrate*, c'est une définition de l'homme qui s'y rencontre et que j'ai copiée. Je la trouve à point dans mes vieux papiers, ce qui est une espèce de miracle, car je n'ai point de dossiers et n'en aurai de ma vie, tant le papier barbouillé m'inspire d'horreur et d'ennui. Voici comment Apulée définit la condition des hommes :

« Les hommes, agissant par la raison, puissants par la parole, ont une âme immortelle, des organes périssables, un esprit léger et inquiet, un corps brut et infirme, des mœurs dissemblables, des erreurs communes, une audace opiniâtre, une espérance obstinée, de vains labeurs, une fortune inconstante; mortels à les prendre isolément, immortels par la reproduction de la race, emportés tour à tour par la suite des générations, leur temps est rapide, leur sagesse tardive, leur mort prompte. Dans leur vie gémissante ils habitent la terre. »

Ne sent-on pas là une mâle tristesse qui rappelle le premier aphorisme d'Hippocrate?

Et puis ce petit roman même, dont je n'admirais tout à l'heure que l'absurdité pittoresque et le merveilleux expressif, n'est-il pas philosophique à sa façon et jusque dans ses licences? Apulée ne serait-il pas, dans sa *Métamorphose*, l'ingénieux interprète des dogmes palingénésiques; n'exposerait-il pas, sous une forme légère, la doctrine des épreuves et des expiations à travers des existences successives et même la transformation de Lucius ne serait-elle pas l'expression sensible des travaux de la vie humaine, des changements qui sans cesse modifient les éléments complexes de ce *moi* qui tend sans cesse à se connaître plutôt qu'il ne se connaît? Y aurait-il une sagesse cachée dans ce livre qui étale une folie si divertissante? Que sais-je?

M. OCTAVE FEUILLET

LE DIVORCE DE JULIETTE

C'est là un petit volume que M. Octave Feuillet, plongé dans un deuil encore récent et qu'il ne quittera jamais, s'est laissé arracher par son éditeur.

Le Divorce de Juliette, comédie en trois actes et quatre tableaux, a beaucoup plu quand la *Revue des Deux Mondes* la donna. Réussirait-elle aussi bien sur la scène? D'excellents juges ont décidé qu'oui. Ils savent ces choses-là infiniment mieux que moi. Je ne suis pas pour les contredire. Mais, ayant un goût particulier pour le spectacle dans un fauteuil, je me tiens satisfait de la représentation à laquelle j'ai assisté les pieds au feu. Je me flatte d'avoir vu une Juliette assez jolie, bien qu'un peu maigre, comme il convient à sa jeunesse : elle n'a

---

1. *Le Divorce de Juliette*, — *Charybde et Scylla*, — *le Curé de Bouron*. Calmann Lévy, éditeur. 1 vol. in-18.

que vingt-deux ans. Juliette veut divorcer, et ce n'est pas sans raison. Si M. d'Épinoy l'a épousée, ç'a été, non pas parce qu'elle est charmante, mais uniquement pour aimer avec plus de sécurité la belle princesse de Chagres. Le prince avait des soupçons et il était homme à tuer M. d'Épinoy comme il avait précédemment tué, à Florence, ce pauvre diable de Borgo-Forte. M. d'Épinoy se maria pour détourner les soupçons du prince.

C'est la princesse qui avait eu cette excellente idée. M. d'Épinoy, une fois marié, le prince n'eut plus de soupçons et la princesse put aimer M. d'Épinoy avec une parfaite tranquillité. Mais on ne s'avise pas de tout. La princesse n'avait pas prévu que M. d'Épinoy pouvait aimer sa femme; c'est pourtant ce qui arrive, ou peu s'en faut, quand tout à coup Juliette découvre la liaison de son mari avec madame de Chagres et apprend qu'elle n'a été épousée elle-même que pour distraire l'attention du terrible prince qui, sans cette diversion, eût immanquablement tué M. d'Épinoy comme un autre Borgo-Forte, ce qui lui eût été sensible, car sa mort eût compromis la princesse. Le coup est rude, la pauvre petite femme aime son mari de tout son cœur. Mais elle est courageuse : elle a pris son parti. Elle divorcera. Elle y est bien résolue... Ah! c'est là que M. Octave Feuillet vous attend. Non, elle ne divorcera pas. Et tout s'arrangera. Elle aime : elle pardonne. L'amour a des trésors infinis de clémence. Et puis Roger, au fond, n'est pas aussi noir qu'il en avait l'air. Il est plus faible que méchant. Il était entre deux femmes, et c'est une situation dont il est difficile de se tirer avantageusement. Voyez tous les amoureux de Racine, Pyrrhus, Bajazet, Hippolyte, également pris entre deux amours qu'ils ont inspirés : leur position est très délicate, parfois même un peu ridicule, et ils passent de durs moments. M. d'Épinoy est moins innocent qu'Hippolyte et moins excusable que Pyrrhus, mais enfin il n'aime plus la princesse de Chagres et il aime Juliette, qui pardonne. Ce n'est pas là une conversion, car, comme me le confiait l'autre jour un très aimable vieillard, ce sont toujours les mêmes qui sont amoureux. Mais, quand ce serait une conversion, je ne la reprocherais pas à M. Octave Feuillet. L'auteur de *M. de Camors* aime à couronner par l'expiation ou le repentir ces fautes du cœur qu'il excelle à décrire. Quand bien même on sentirait là un peu trop d'artifice poétique et l'arrangement moral, je ne m'en plaindrais pas. Il m'est fort agréable, au contraire, que ces aventures profanes finissent, comme les récits des pieux légendaires, par le triomphe d nitif du bien.

Ce n'est pas une idée médiocrement philosophique, certes, que celle de la rédemption finale des créatures. Et les dénouements heureux, les conclusions morales de M. Octave Feuillet sont irréprochables au point de vue symbolique. *Le Divorce de Juliette* n'est qu'une élégante esquisse, mais on y retrouve la main du maître. Je ne parle pas aujourd'hui de *Charybde et Scylla*, qui est imprimé à la suite : ce proverbe renferme en quatre scènes une spirituelle satire de nos lycées de filles et de l'enseignement supérieur qu'on y donne aux petites demoiselles. La question est intéressante; nous y viendrons quelque jour.

Ce que j'avais à cœur de dire dès à présent, ce que je veux dire bien haut, c'est mon admiration pour l'art achevé avec lequel M. Octave Feuillet compose ses romans. Ils ont la forme parfaite : ce sont des statues de Praxitèle. L'idée s'y répand comme la vie dans un corps harmonieux. Ils ont la proportion, ils ont la mesure, et cela est digne de tous les éloges.

On a voulu faire mieux depuis et l'on a fait des monstres. On est tombé dans la barbarie. On a dit : « Il faut être humain. » Mais qu'y a-t-il de plus humain, je vous prie, que la mesure et l'harmonie? Être vraiment humain, c'est composer, lier, déduire les idées; c'est avoir l'esprit de suite. Être vraiment humain, c'est dégager les pensées sous les formes, qui n'en sont que les symboles; c'est pénétrer dans les âmes et saisir l'esprit des choses.

C'est pourquoi M. Octave Feuillet est plus humain dans son élégante symétrie et dans son idéalisme passionnel, que tous les naturalistes qui étalent indéfiniment devant nous les travaux de la vie organique sans en concevoir la signification. L'idéal c'est tout l'homme. *Le Divorce de Juliette* m'a fourni une occasion de rendre hommage au talent accompli de M. Octave Feuillet.

Ce qui me charme profondément dans l'œuvre du maître, c'est ce bel équilibre, ce plan sage, cette heureuse ordonnance où je retrouve le génie français contre lequel on commet de toutes parts tant et de si monstrueux attentats.

J'éprouve comme une piété reconnaissante pour les talents ordonnés et lumineux, dont les œuvres portent en elles cette vertu suprême : la mesure.

Ce matin, comme je me trouvais sur la montagne Sainte-Geneviève, au centre du vieux pays des études, j'entrai dans l'église Saint-Étienne-du-Mont, poussé par l'envie de voir d'élégantes sculptures et des vitraux charmants, entraîné par ce penchant irrésistible qui ramène sans cesse les esprits méditatifs aux choses qui leur parlent du passé, et, s'il faut donner une raison plus intelligible, conduit par le désir de relire l'épitaphe de Jean Racine dont j'ai l'honneur d'écrire en ce moment la vie. Cette épitaphe, composée en latin par Boileau, fut renversée avec l'église de Port-Royal-des-Champs où elle était posée. Elle porte encore la trace des violences qu'elle a subies; la pierre est brisée en vingt morceaux et le nom du poète profondément martelé. Violence qui nous semble aujourd'hui stupide! Sachons bien que nos violences, si nous avons le malheur d'en commettre, feront également pitié dans deux siècles. Cette épitaphe est admirable de simplicité, et l'on n'en peut lire sans émotion la dernière phrase. Boileau, après avoir consigné tous les titres de son ami à l'estime et à l'admiration des hommes, conclut, avec une philosophie chrétienne, par ces paroles touchantes : « O toi, qui que tu sois que la piété amène dans cette sainte maison, reconnais à ce que tu vois le peu qu'est la vie et donne à la mémoire d'un si grand homme moins des louanges que des prières. *Tanti viri memoriam precibus potius quam elogiis prosequere.* » Au sortir de cette vieille maison de pierre où les noms de Pascal et de Racine sont inscrits sous les ailes des jolis anges de Jean Goujon, en rentrant dans le monde des vivants, sous la pluie et la tempête, je me remis à songer aux choses de ce temps-ci, aux idées du jour, aux livres nouveaux, au *Divorce de Juliette,* dont l'éditeur venait de m'envoyer un exemplaire. Et ma pensée, allant du livre à l'auteur, je me représentai cette vie exemplaire si bien cachée, si bien défendue, que trahirent seuls les livres exquis qui en étaient les fruits. Je me figurais M. Octave Feuillet paisible, heureux sur son petit rocher de Saint-Lô, à l'ombre de sa vieille église aux dentelles de pierres noires, dans ces rues montueuses où l'on entend les foudriers cercler les fûts dans lesquels se fera le cidre des récoltes prochaines et où volent au soleil de lourdes abeilles qui laissent derrière elles l'odeur du sarrasin. Je le vois encore descendant le chemin poudreux qui mène à la rivière où se baignent les saules, et là rêvant de quelques-unes de ces figures audacieuses, perverses, charmantes et sitôt brisées, qui sont les préférées de son imagination.

Il vit là, caché fidèlement, auteur obscur de livres célèbres. Il fait de sa vie de famille une œuvre consciencieuse et fine comme ses romans. Il ne voudrait jamais quitter les bords de la Vire, où chantait aux jours de deuil ce bon Basselin que les Anglais mirent à mort parce que ses chansons faisaient aimer la France. Il ne voudrait jamais quitter les deux flèches de Sainte-Croix, ni sa petite ville noire, boiteuse, bossue, bâtie de travers, mais entourée d'herbe tendre et d'eau pure, baignée d'un ciel doux et qui, comme toutes les villes normandes, est une jolie laide. Il ne vient à Paris qu'à grand regret et pour l'éducation de ses enfants. Mais dans le nouveau logis, une main délicate et fidèle a pieusement transporté tous les souvenirs de famille et de jeunesse; pas un lien n'est rompu, pas un fil brisé : le passé chéri est encore là tout entier. Suivrai-je le romancier, poète dans sa retraite de Versailles, où il se reposait par le travail des travaux de la vie? C'est là qu'il a été atteint, il y a moins d'un an, par un deuil cruel, que deux existences porteront toujours. Le jour où M. Octave Feuillet a perdu un fils, il a pu savoir combien il était universellement aimé : les témoignages de sympathie et de respect affluaient de toutes parts dans sa maison. J'espère qu'il ne lira pas ce que j'écris ici dans la sincérité de mon cœur. On ne doit rouvrir les plaies que pour les panser, et mes paroles émues n'ont point, hélas! la vertu d'un baume ou d'un électuaire.

C'étaient là les pensées qu'au sortir de Saint-Étienne-du-Mont, sur la place du Panthéon, battue du vent et de la pluie, je roulais dans ma tête, et, me rappelant la belle inscription latine que je venais de lire, j'appliquais à l'auteur de *Julia de Trécœur* ce que Boileau disait de la mémoire de son illustre ami. Si digne d'éloges, si heureuse, si fructueuse que soit une vie humaine, elle est soumise à de telles épreuves et frappée de coups si cruels qu'il faut plaindre ce qu'on a le plus envie d'admirer : *Memoriam precibus potius quam elogis prosequere.*

JEANNE D'ARC ET LA POÉSIE

VALERAND DE LA VARANNE
M. ERNEST PRAROND

On peut dire de M. Ernest Prarond, poëte et savant abbevillois, qu'il aime de tout son cœur sa ville et les lettres. Il a consacré de longues années à peindre et à conter, son Abbeville et toutes les antiquités du Ponthieu. C'est une puissante douceur que de sentir revivre en soi les vieux âges. Je suis sûr que M. Ernest Prarond l'a éprouvée pleinement. Il possède cette ardente patience, cette curiosité toujours vive, cet amour ingénieux du passé, qui sont récompensés par des visions admirables. Il y a deux ans, en traversant Abbeville, je songeais sous les voûtes ruinées de l'élégante et frêle

---

1. Ernest Prarond, *la Voie Sacrée*, 1 vol. in-18. — *Valerandi Varanii : De gestis Joannæ virginis Francæ egregiæ bellutricis*, poëme de 1516, remis en lumière, analysé et annoté par E. Prarond, 1 vol. in-18.

collégiale et à l'ombre du noir donjon carré de la maison de ville. Ces murs, me disais-je, vieux témoins des combats et des désirs des hommes, ces pierres parlantes dont, passant distrait, je devine à peine le sens vulgaire, que de secrets touchants n'ont-elles pas confié à l'historien poète des cinq villes et des trois cents villages du Ponthieu! Heureux ceux pour qui les pierres tombales n'ont que des paroles de vie et qui, sous la mousse qui recouvre des images à demi brisées, retrouvent des symboles éternels! Heureux les rares archéologues en qui la lettre n'a pas tué l'esprit!

C'est hier, il me semble, que j'ai vu M. Ernest Prarond pour la première fois; hier, vraiment, en 1871, au lendemain de la guerre et de la Commune, dans ce petit logis de la rue du Four-Saint-Germain où Charles Asselineau finissait de vivre avec la politesse d'un bourgeois de Paris et la grâce d'un lettré. Depuis, la vie ne m'a pas ménagé beaucoup de rencontres avec le poète abbevillois. Pourtant, la physionomie de M. Prarond est restée dans ma mémoire et j'aime à me la rappeler. C'est celle d'un homme robuste, très simple et très fin et de grand ton : un large visage ouvert où brille un œil fâché. Cet œil-là, je le retrouve dans les vers généreux du poète, vers parfois irrités. M. Prarond eut à ses débuts, aux environs de 1848, une manière gaie, un peu narquoise; ce que M. Philippe de Chennevières appelle « la leste bonhomie des vieux conteurs du nord de la France ». Il s'est fait depuis un nouveau style, savant, compliqué, tourmenté, et certes original. Le bon public ne saurait se frotter à ces doctes buissons sans s'y piquer un peu ; mais les connaisseurs y goûtent, sous des écorces de formes bizarres, plus d'un fruit savoureux.

C'est hier, disions-nous, que j'ai rencontré M. Ernest Prarond dans le petit cabinet de travail où le bon Asselineau, entouré de dessins de Nanteuil, feuilletait les éditions romantiques qui lui rappelaient sa jeunesse. Pendant la Commune, il avait fait son service à la bibliothèque Mazarine avec une exactitude héroïque. Quand les fédérés roulaient dans la galerie, pleine de trésors littéraires, des tonneaux de pétrole, ils trouvaient devant eux un vieux monsieur très poli et très entêté qui les déterminait par la force du raisonnement à remporter leurs engins incendiaires. La bibliothèque fut sauvée, mais Asselineau mourut l'année suivante de douleur et de stupeur. Je me rappelle encore ce galant homme frappé mortellement dans son patriotisme et dans ses habitudes ; mais poli, mais souriant, faisant en sage les honneurs de sa table modeste et songeant, j'imagine, à reprendre pour lui l'épitaphe que Boufflers fit mettre sur sa tombe : « Mes amis, croyez que je dors. »

Ce jour-là, je goûtai non sans infiniment de plaisir le tour imprévu de l'esprit de M. Ernest Prarond. Avec quelle subtilité son intelligence pénétrait les choses, et comme il savait rendre original même le patriotisme ! Sa conversation avait l'éclat brisé de l'éclair. Depuis — car il y a de cela dix-huit ans qui se sont écoulés comme un jour — M. Prarond, retiré sous quelque vieux toit d'Abbeville, a poursuivi paisiblement ses sorcelleries de poète érudit et fait paraître d'innombrables ombres dans son miroir magique. Il est de la race de Faust et veut voir Hélène. Mais le diable n'a pas de pouvoir sur lui.

En fils pieux d'Abbeville, il s'est voué, dans ces dernières années, à l'illustration d'un vieux poème latin que publia en 1516, un autre fils d'Abbeville, Valerand de la Varanne, docteur en théologie de la Faculté de Paris, *De gestis Joannæ virginis, francæ egregiæ bellatricis*. Ce poème, composé sur les gestes de Jeanne d'Arc, par un clerc qui avait pu voir dans sa jeunesse des vieillards contemporains de la Pucelle, méritait d'être tiré de l'oubli et l'œuvre est angélique que de nous en donner une édition lisible, correcte, surtout aimable. C'est ce qu'a fait, en Abbeville, M. Prarond, scoliaste d'une espèce singulière. Les gloses, sous sa plume, se tournaient en vers et c'est en sonnets et en odes qu'il illustrait son auteur. Il y prit garde à temps, et, détachant ces enluminures des marges du vieux texte, il en fit un petit recueil à part, qu'il appela *la Voie Sacrée*, ne voulant pas, par un pieux scrupule, mettre le nom de l'héroïne sur les poésies qu'elle avait inspirées. Ce respect, joint à l'assiduité du culte, a été récompensé.

La Voie Sacrée est peut-être ce que Jeanne d'Arc a dicté de plus vrai à un poète. L'inspiration de M. Ernest Prarond y garde, sans doute, ce je ne sais quoi de détourné, de sinueux, de fuyant qui destine toutes ses œuvres à l'ombre douce des productions ésotériques : rien là qui puisse devenir populaire. Mais, pour les initiés, quel charme d'y découvrir çà et là des sens profonds et des vérités rares! Quand on a vécu comme j'ai fait plusieurs années avec la Pucelle et ses compagnons, on ne peut lire les quatorze poèmes de *la Voie Sacrée*, sans dire à l'auteur : « Eh! quoi, mon frère, vous avez donc vu aussi cet arbre des fées où Jeanne allait avec les filles du pays, le dimanche des Fontaines, alors qu'il était beau comme un lis, au dire des laboureurs. Vous étiez donc à Poitiers, quand Jeanne y parut dans sa victorieuse innocence; dans Orléans délivré, à la joie de Patay, à Reims, à Compiègne. Hélas! vous avez donc entendu la mer battre le pied de cette tour du Crotoy où Jeanne était prisonnière des Anglais?

« Oui, vous l'avez vue aux jours exécrables, cette baie de Somme si grise et si douce, étincelante d'oiseaux, où l'écume de la mer brodait une frange au royaume des lis, et vous avez entendu la voix de la sainte se mêler à la voix de l'Océan. Oui, vous avez vu la bannière de Jeanne d'Arc et vous l'avez décrite avec la simplicité d'un témoin véridique. Je l'ai vue comme vous, que n'ai-je su le dire? Au moins je veux répéter vos paroles tout empreintes de l'esprit des vieux âges : »

LA BANNIÈRE

Tours — Orléans

Jeanne, en avril, commande au peintre sa bannière :
Je veux un tissu blanc, peint de telle manière
Que dans un champ de lys Messire notre Dieu,
Sur le trône du monde, y paraisse au milieu

D'anges agenouillés. Je veux qu'on puisse lire
Sur les côtés : Jésus, Marie. Il faut élire
Une étoffe légère et qui, se déployant,
Déroule bien ces noms, les fleurs, Dieu tout-voyant,
Et les anges. Frangez l'orle avec de la soie,
Afin de faire honneur à l'ordre qui m'envoie,
Et vous-même ainsi, peintre, ouvrez aux bons combats

Mai fleurit. La Bastille est formidable. Au bas
Un gentilhomme dit, sous l'assiégé qui raille :
« Jeanne, votre étendard a touché la muraille. »
Jeanne s'écrie alors : « Tout est vôtre : 'y entrez! »
Et le flot des Français passe aux murs éventrés.

Voilà de quelle étrange et gracieuse façon M. Ernest Prarond commentait le vieux poème de Valerand de la Varanne. Mais, comme je l'ai dit, il publia à part sa glose poétique. Le texte latin, accompagné de notes et suivi d'une analyse, s'imprimait cependant, et le voici publié aujourd'hui. Remercions-en M. Prarond. Ce docteur en théologie de la Faculté de Paris, qui célébra en trois mille hexamètres celle qu'il nomme *Darcia progenies* et *barricea dux* était grand latiniste, mais il était bon Français.

Il célébra par des poèmes la victoire de Fornoue et la prise de Gênes. C'est en lisant le procès de Jeanne d'Arc, que l'idée lui vint de composer une épopée des gestes de la Pucelle. Il dit dans une des épîtres dédicatoires qui accompagnent son poème : « S'il plaît à quelqu'un de connaître plus à fond cette histoire, qu'il demande à l'abbaye de Saint-Victor le livre qui m'a été prêté pendant quelques jours. » Et l'on sait que ce livre était une copie des deux procès. C'est là la source véritable de cette merveilleuse histoire. Aussi le bon Valerand se fait-il généralement une idée assez juste de son héroïne. Il n'est pas trop extravagant et, à cela près qu'il veut toujours étaler sa science et son génie, c'est un fort honnête homme. Il faut lui pardonner son invocation à Apollon, aux Muses et à Pan, et souffrir qu'il mette les noms de Phébus et de Nérée dans la bouche des anges du paradis. Il faut surtout ne point s'étonner s'il compare sans cesse Jeanne à Camille et à Penthésilée. Christine de Pisan et Gerson l'avaient fait avant lui. Les beaux esprits du xv° siècle étaient beaucoup plus entêtés de la Grèce et de Rome qu'on ne s'imagine. N'avez-vous pas vu à Pierrefonds la cheminée des neuf preuses que Viollet-le-Duc a restituée d'après des monuments de l'époque? Penthésilée, la main sur son écu, y figure avec une héroïque élégance. En 1429, un clerc français habitait Rome et y rédigeait une chronique. A la nouvelle de la délivrance d'Orléans, il mit par écrit les exploits de la Pucelle et conclut que les hauts faits de la jeune fille paraîtraient d'autant plus admirables qu'on les mettrait en comparaison avec ceux des héroïnes sacrées ou profanes : Déborah, Judith, Esther, Penthésilée. « Notre Pucelle, dit-il, les surpasse toutes. »

Il n'en est pas moins vrai que Valerand manque de naïveté, qu'il imite beaucoup trop Ovide et Stace, et qu'enfin il est parfaitement ridicule quand il fait dire à Jeanne d'Arc qu'elle n'est pas venue des rochers scytiques, qu'elle n'a habité ni Ortygie, ni les champs du Phase.

Scythicis non eruta veni
Rupibus. . . . .
... Nec Ortygiam colui, nec Phasidis agros.

Par contre, il rend compte de l'enquête de Poitiers, qui malheureusement ne nous a pas été conservée et on peut supposer que ce qu'il en rapporte n'est pas entièrement imaginaire. Il paraphrase une lettre que Charles VII aurait écrite au pape Calixte III, pour obtenir le rescrit qui servit de base au procès de réhabilitation et il est vraisemblable qu'il n'a pas inventé cette lettre dont toute trace est perdue. Enfin Valerand peut être considéré comme un historien : il apporte des incertitudes nouvelles.

C'est un esprit modéré. A en juger par les préceptes qu'il suppose dictés à Charles VII par l'ombre de Charlemagne, il est partisan de la monarchie tempérée, j'allais dire constitutionnelle. Voulez-vous un résumé de ces préceptes?

« Sois pieux, honore la justice. Assure la liberté des juges; choisis-les incorruptibles; constitue des corps législatifs. Frappe les méchants, car l'indulgence encourage le crime. Châtie les orgueilleux. N'écoute point les délations et crains la flatterie. Sache triompher de ta colère et dis-toi : J'ai vaincu, dès que tu as pu vaincre. Sois chaste, contente-toi de la reine. Aie pitié des pauvres. Demande tout aux seules lois. Aime la paix et ne fais que des guerres justes. Protège le peuple contre les violents. Fixe d'équitables lois et sois le premier à les observer. Restreins le luxe : ce n'est pas la pourpre qui fortifie un royaume. Si la guerre t'oblige à lever de nouveaux impôts, épargne soigneusement par ailleurs. Le pouvoir royal a des bornes fixes. Fais taire les inimitiés qui enfantent les divisions dans le royaume. Sois

clémen; aux vaincus; souvent la légèreté et la dureté
du soldat français ont excité les haines de l'étranger. Ne
désire pas trop qu'on te craigne; César et Néron furent
redoutés : ils périrent. Ne te fie pas à la jeunesse, crois
aux vieillards. Ainsi tu égaleras tes aïeux et mériteras
le ciel. »

Il n'est pas douteux que Valerand ne prête ses propres
sentiments politiques à l'empereur Charlemagne. Et il
faut reconnaître que notre docteur en théologie se fait
une belle idée du souverain. Louis XI, assurément, en
fournit plus d'un trait. Il fut un roi selon le cœur
de Valerand, et par son amour pour les petits, et aussi,
ce qui importe moins, par la pureté de ses mœurs
privées; car, conformément au précepte de chasteté,
assez déplacé dans la bouche de Charlemagne, le roi
Louis le Onzième se contenta de la reine sa femme,
« encore qu'elle ne fût pas telle, dit Comynes, qu'il
ne pût y prendre un grand plaisir ».

M. Prarond, dans son commentaire, compare le *Mystère du siège d'Orléans* au *De gestis Joannæ virginis*
et oppose très ingénieusement « aux hexamètres du
légionnaire trop armé les courtes lignes à rime simplette
de l'archer bourgeois ». Et comme il préfère l'archer!
Comme on sent qu'il donnerait tout Varanius pour ces
huit petits vers seulement :

LE ROI.

Or çà, Jehanne, ma doulce fille,
Vollez vous doncques estre armée?
Vous sentez vous assez agile
Que vous n'en soyez pas grevée?

Porter harnoiz sur vostre doux (*dos*),
Vous en serez bien toust lassée.
Belle fille, qu'en dictes vous?

LA PUCELLE.
Au nom Dieu, le porteroy bien.

Et cela, en effet, est bien sonnant. S'il est des poésies relatives à la Pucelle qui nous intéressent et nous touchent, ce sont celles du xv° siècle, parce que ce sont des témoignages et qu'on y entend un accent inimitable. Je citerai, en première ligne, les vers de Christine de Pisan. Ce sont les seuls qui aient été faits du vivant de l'héroïne. Ils furent achevés le 31 juillet 1429, au moment où Charles VII, maître de Château-Thierry, pouvait, en trois jours de marche, conduire son armée devant Paris. Christine était vieille alors; elle vivait, depuis onze ans, cloîtrée dans une abbaye de l'Ile-de-France. Cette dame avait la tête pleine des doctes subtilités qui formaient toute la science de son temps; elle était un peu pédante, mais bonne, sérieuse et pleine de cœur. Les misères de la France la désolaient. Quand elle apprit la délivrance d'Orléans et la mission de la Pucelle, elle éprouva, pour la première fois depuis onze ans, un mouvement de joie :

Or, à prime me prens à rire.

C'est alors que du fond de sa retraite l'excellente femme écrivit des vers qu'on croit être les derniers qui soient sortis de sa main. Ils se ressentent de la vieillesse de l'auteur et des misères du temps. Ils sont pesants et maladroits. Mais on y devine une joie grave, une pieuse allégresse, un profond sentiment du bien public, qui nous les rendent respectables et chers.

> Chose est bien digne de mémoire,

dit la poétesse recluse,

> Que Dieu par une vierge tendre
> Ait adès voulu — chose est voire (*vraie*),
> Sur France si grant grace estendre.
> Tu Jehanne de bonne heure née
> (*Toi, Jeanne, née en une bonne heure*),
> Benoist (*béni*) soit cil (*celui*) qui te créa.
> Pucelle de Dieu ordonnée (*envoyée*)
> En qui le Saint-Esprit réa (*fit rayonner*)
> Sa grande grace ; et qui ot et a (*et qui eus et as*)
> Toute largesse de hault don.
> M'onc réqueste ne te véa (*refusa*)
> Que te rendra assez guardon.
> (*Et il te donnera assez grande récompense.*)

Ce qui réjouit par-dessus tout la bonne Christine, c'est que le salut vienne d'une femme. Elle en est tout heureuse, sans en être le moins du monde surprise, car elle avait toujours mis très haut l'honneur de son sexe et s'était montrée toute sa vie fort entêtée des privilèges que l'esprit chevaleresque accordait aux dames. Pour elle, comme pour beaucoup d'âmes de son temps, une dame honnête, une jeune fille pure peut devenir, par la volonté de Dieu, supérieure au mal, plus forte que les archers et les murailles des villes. Les exemples d'une telle vocation ne lui manquent pas. Nourrie dans les lettres sacrées et dans les lettres profanes, elle connaît les femmes fortes de la Bible, les sibylles de Rome et de Cumes, les amazones et les preuses. Elle met Jeanne la bergère au-dessus de toutes ces héroïnes qui l'annoncent et la préparent. Elle attend d'elle la délivrance du royaume, la résurrection de ce grand peuple plus malheureux qu'un chien. (*Tout ce grand peuple chenin par femme est sours.*) Mais, chrétienne en même temps que Française, elle ne borne pas à la défaite des Anglais la mission de Jeanne. Elle annonce que la Pucelle victorieuse conduira le roi de France à la conquête du tombeau de Jésus-Christ et ne mourra que sur la terre sanctifiée par la mort d'un Dieu.

> Des Sarrazins fera essart
> En conquérant la sainte terre ;
> Le mènra Charles, que Dieu gard',
> Ains qu'il muire fera tel erre.
> Cils et cil qui la doit conquerre :
> Là doit elle finer sa vie
> Et l'un et l'autre gloire acquerre,
> Là sera la chose assovye.

C'était trop désirer ; c'était trop attendre de la pauvre et sainte fille. On peut pressentir dès lors, en cette belle heure de gloire et d'espérance, les jours prochains d'amertume et de déception. Jeanne était condamnée à vaincre toujours. Pour elle la moindre défaite était une irréparable déchéance. Vaincue, elle ne pouvait trouver de refuge que dans le martyre.

Le peuple de France, il est consolant de le dire, n'oublia pas sa sainte après la passion qu'elle souffrit à Rouen, sous le régent d'Angleterre. Ce sont encore les vieux poètes du xv⁵ siècle qui nous fournissent ce précieux témoignage de la piété des Français pour la mémoire de leur amie.

Le *Mystère du siège d'Orléans*, dont nous parlions tout à l'heure, fut représenté dans cette ville dès l'année 1435, le jour anniversaire de la délivrance de la cité. Ce mystère, où Dieu le père, la Vierge et les saints, se mêlent aux gens d'armes, est composé de vingt mille cinq cent vingt-neuf vers, dit M. Marius Sépet, que je veux croire sur parole. Ces vers sont le fait de plusieurs bonnes gens qui les fabriquèrent de leur mieux, avec beaucoup de naïveté. La pièce se termine au retour de Jeanne à Orléans, après la bataille de Patay, la plus rapide, la plus joyeuse, la plus allègre de nos victoires.

On me dit que l'habile directeur de l'Odéon, M. Porel, demande aux poètes une Jeanne d'Arc nouvelle. Je n'ai de conseil à donner ni aux poètes ni à M. Porel. Mais il me semble que la meilleure manière de mettre sur la scène cette admirable Jeanne, ce serait de faire, non un drame ou une tragédie, mais un simple mystère, composé de scènes détachées, qu'on prendrait dans les chroniques et qu'on traduirait en un langage tout à fait populaire, en vers très naïfs, s'il était possible. Il faudrait ne recourir à aucun artifice dramatique et faire succéder les tableaux sans les lier les uns aux autres, à peu près comme fait Shakespeare dans ses *Histoires*. On devrait, dans ce travail à la fois simple et minutieux, craindre surtout l'éloquence des mots, qui nuirait à celle des choses. Pour le ton général on s'inspirerait de la vieille et vénérable pièce dont je viens de parler. Le vers était volontiers prosaïque au xve siècle. Il ne saurait l'être aujourd'hui. Peut-être conviendrait-il de le remplacer par de la prose chaque fois que parleraient des personnages humains. Seuls saint Michel, sainte Catherine sainte Marguerite, tous les saints, tous les anges, parleraient en vers et chanteraient des chœurs. Ils seraient visibles et présents, et révéleraient le sens mystique de l'action. Les chœurs des anges qui chantaient la musique de M. Gounod, autour du bûcher de Jeanne d'Arc, dans la pièce de M. Jules Barbier, ont fait un très bel effet à la Gaîté en 1873. Je voudrais que, cette fois, Michel, Catherine et Marguerite fussent tout à fait dans le goût du xve siècle, que les deux saintes fussent des dames et représentassent l'âme de la vieille France. Il faudrait que toute la fleur de la poésie chrétienne sortît de leurs bouches et que leurs chants, d'un caractère religieux, fussent accompagnés par l'orgue. Quant à faire parler Jeanne d'Arc elle-même selon les lois d'une versification qui date de Ronsard, c'est ce qui choquera tous ceux qui aiment l'histoire avec délicatesse. Beaucoup de paroles de cette admirable fille nous ont été heureusement conservées. On ne peut les mettre en vers sans les défigurer, et ce serait grand dommage, car ce sont des perles et des joyaux de la plus pure langue française. Il faudrait seulement les rajeunir : le théâtre ne souffre pas les archaïsmes du discours. On est choqué d'entendre des vieux mots sur de jeunes lèvres. Pour qu'une telle œuvre fût menée à bien, la collaboration d'un poète et d'un savant ne serait point inutile. Enfin, la pièce que je rêve est une chronique dialoguée et accompagnée de musique; car il faut joindre l'idéal au réel. C'est une œuvre vraiment populaire et nationale. Je ne veux point qu'elle soit, à proprement dire, une œuvre d'art. Je veux beaucoup plus et beaucoup mieux. Je veux qu'elle soit une œuvre de foi et qu'elle parle aux âmes. Je demande que, pour bien faire, les auteurs se fassent momentanément des hommes du xv° siècle et que, selon l'expression du Chatterton d'Alfred de Vigny, ils consentent à « racourcir leur vue ».

Mais nous parlions des vieux poètes. Neuf ans après la mort de Jeanne, le prévôt de la cathédrale de Lausanne, nommé Martin le Franc, consacra à la glorification de l'héroïne un épisode de son poème *le Champion des dames*. Il est à noter que Martin le Franc était attaché au duc de Bourgogne, auquel il dédia son livre. Dans cet épisode, Jeanne est attaquée par un personnage dont le nom indique le caractère : il s'appelle Court-entendement. Elle est victorieusement défendue par Franc-vouloir. Ce fut elle, dit celui-ci,

> Ce fut elle qui recouvra
> L'honneur des Français tellement
> Que par raison elle en aura
> Renom perpétuellement.

Tous ces vers ressemblent à des châtaignes : ils on de la saveur, mais l'écorce en est épaisse et hérissée. En voici de plus faciles : Ils sont tirés des *Vigiles du roi*

Charles VII, terminés par Martial d'Auvergne en 1484 :

> En ceste saison de douleur
> Vint au roy une bergerelle
> Du villasge de Vaucouller
> Qu'on nommait Jehanne la Pucelle.
> C'estoit une povre bergière,
> Qui gardoit les brebis es champs,
> D'une douce et humble manière,
> En l'aage de dix-huit ans.
> Devant le roy on la mena,
> Ung ou deux de sa cognoissance,
> Et alors elle s'enclina
> En luy faisant la reverence.
> Le roy par jeu si alla dire :
> « Ha ! ma mye, ce ne sui-je pas. »
> A quoi elle respondit : « Sire,
> » C'estes vous, ne je ne faulx pas.
> » Au nom de Dieu, si disoit-elle,
> » Gentil roy, je vous meneray
> » Couronner à Rains, qui que veille.
> » Et siege d'Orleans leveray. »

Maintenant, il ne nous reste plus qu'à rappeler la ballade de Villon, pour compléter notre anthologie des vieux chantres de la bonne Jeanne, parmi lesquels on regrette de ne pas trouver ce duc d'Orléans qu'elle aima tant et à qui elle fit tant de bien sans l'avoir jamais connu. Comment, puisqu'il faisait des ballades, n'en fit-il point pour Jeanne ?

A compter du XVIe siècle, la langue et les sentiments sont changés. Aucun poète ne trouve le ton juste pour chanter la Pucelle. Je citerai, par exemple, une épigramme de Malherbe :

> L'ennemy, tous droits violant,
> Belle amazone en vous bruslant
> Témoigna son âme perfide ;

> Mais le destin n'eut point de tort :
> Celle qui vivoit comme Alcide,
> Devoit mourir comme il est mort.

Voilà, certes, un compliment ridicule. J'oubliais quatre vers attribués à mademoiselle de Gournay, la fille adoptive de Montaigne. Quicherat les admirait. M. le duc de Broglie ne croit pas « que le souvenir de la vierge d'Orléans en ait inspiré de plus touchants ». Je suis très éloigné de partager cet avis. Pour qu'on en juge, je les citerai, bien qu'ils soient assez connus :

> — Peux-tu bien accorder, vierge du ciel chérie,
> La douceur de tes yeux et ce glaive irrité ?
> — La douceur de mes yeux caresse ma patrie
> Et ce glaive en fureur lui rend sa liberté !

Le quatrain est bien tourné : c'est tout ce que j'en puis dire. Rien dans cette louche antithèse ne me rappelle la belle illuminée des champs, comme dit admirablement Louis Veuillot, cette fleur de lis si svelte, si robuste, si franche et si fraîche et d'un si grand parfum ». Il est douteux d'ailleurs que l'épigramme, sous cette forme, soit de mademoiselle de Gournay. Une autre version, qui appartient assurément à cette dame, est détestable :

> — Pourquoy portes-tu, je te prie,
> L'œil doux et le bras foudroyant ?
> — Cet œil mignarde ma patrie,
> Ce bras chasse l'Anglois fuyant.

Non ! ce n'est pas là de la poésie. Et comment poétiserait-on cette divine Jeanne, déjà par elle-même tout empreinte et trempée de poésie ?

Jeanne n'est faite que de poésie. Elle est sortie de la poésie populaire et chrétienne, des litanies de la Vierge et de la légende dorée, des merveilleuses histoires de ces épouses de Jésus-Christ qui mirent sur la robe blanche de la virginité la robe rouge du martyre. Elle est sortie des sermons fleuris dans lesquels les fils de saint François exaltaient la pauvreté, la candeur et l'innocence ; elle est sortie de la féerie éternelle des bois et des fontaines, de ces contes naïfs des aïeules, de ces récits obscurs et frais comme la nature qui les inspire, où les filles des champs reçoivent des dons surnaturels ; elle est sortie des chansons de la terre des chênes, où vivaient d'une vie mystérieuse Viviane et Merlin, Arthur et ses chevaliers ; elle est sortie de la grande pensée qui fit épanouir la rose de feu au-dessus des portails des églises ; elle est sortie des prophéties par lesquelles les pauvres gens du royaume de France pressentaient un avenir meilleur ; elle est sortie de l'extase et des larmes de tout un peuple qui, dans les jours de misère, vit, comme Marie d'Avignon, des armes dans le ciel et n'espéra plus qu'en sa faiblesse.

Elle est pétrie de poésie, comme le lis de rosée ; elle est la poésie vivante de cette douce France qu'elle aima d'un miraculeux amour.

FIN

TABLE ALPHABÉTIQUE

DES NOMS DES AUTEURS CITÉS OU MENTIONNÉS
DANS CE VOLUME

A

ANAXAGORE, 139, 140, 143.
ANAXARQUE, 130, 133.
APULÉE, 332 et suiv.
ARISTOPHANE, 145-149.
ASSELINEAU (Charles), 350-351.
ATHANASE (saint), 217.
AUDIFFRET-PASQUIER (duc D'), 329-330.
AUGUSTIN (saint), 336-338.

B

BABOU (Hippolyte), 106, 113.
BANVILLE (Théodore DE), 105.
BARBIER (Auguste), 26.
BARBIER (Jules), 362.
BARDOUX (A.), 151 et suiv.
BARTHÉLEMY (l'abbé), 230.
BASSELIN (Olivier), 346.
BAUDELAIRE (Ch.), 278.
BAYLE (P.), 133.
BEAUMONT (Pauline DE), 152.
BECQ DE FOUQUIÈRES, 234-235.
BELLOC, 294.
BERNARD (Claude), 306.
BERTHELOT, 50, 95.
BERTIN (Antoine), 234.
BERTRAND (Aloïsius), 259.
BICHAT, 306.
BISMARCK (comte DE), 73.
BOCHER (E.), 330.
BOILEAU (Nicolas), 345.

BOREL (Pétrus), 260 261.
BOSSUET, 69.
BOUCHOR (Maurice), 147, note, 295.
BOUFFLERS (le chevalier DE), 86, 155 et suiv., 351.
BOUGAINVILLE (L.-A.-D.), 231.
BOURDEAU (Louis), 115 et suiv.
BOURGET (Paul), 204.
BROCHARD (Victor), 125 et suiv.
BROGLIE (duc DE), 330, 365.
BUFFET (L.), 327-328.
BUFFON, 231.
BYRON (lord), 6.

C

CALDERON, 145.
CALMETTES (Fernand), 307 et suiv.
CARAN D'ACHE, 215.
CARLYLE, 295.
CAYLUS (comte DE) 230.
CERVANTES, 145.
CHALLEMEL-LACOUR, 325.
CHATEAUBRIAND, 152, 153, de 167 à 171.
CHÉNEDOLLÉ (C.-L. DE), 168, 232.
CHENEVIÈRES (Philippe DE), 350.
CHÉNIER (André), 228 et suiv.
CHESNELONG, 327.
CHOISEUL-GOUFFIER, 230.
CHRISTINE DE PISAN, 355-358.
CLAUDIEN, 200.
COLLET (Mme Louise), 24.
COMTE (Auguste), 43.

COMYNES (Ph. DE), 357.
CONSTANT (Benjamin), 231
COOK (le capitaine), 31.
COPPÉE (François), 204.
COQUELIN CADET, 294.
CORMENIN, 325.
CREUTZER, 11.
CUSTINE (Mme DE), 151 et s.

D

DAGUESSEAU, 115.
DALEMBERT, 231.
DANTE, 126, 154.
DARLU, 57-58, 115.
DARTOIS, 1.
DELILLE (l'abbé), 229, 234.
DÉMOCRITE, 131.
DEREMBOURG (Hartwig), 95.
DESCARTES, 115.
DIDEROT, 231.
DOSTOÏEVSKY, 77.
DOUBLE (baron), 65.
DOUCET (Camille), 241.
DOUCET (Lucien), 294.
DREYFUS (Camille), 95.
DUCIS, 232.
DUGAS-MONTBEL, 107.
DUMAS PÈRE (Alexandre), 303.
DUMAS FILS (Alexandre), 1 et suiv.
DU PARQUET (Mme), 52.
DURUY (Victor), 282.

E

EDEN, 300.
ELLIOT (Mistress Grace), 132.
EPICTÈTE, p. 29.
ESCHYLE, 135.
EURIPIDE, 135 et suiv., 199.

F

FABRE (Joseph), 145.
FAGON (G.-C.), 6.
FAIN (baron), 178.
FAUGERON, 189.
FÉNELON, 66.
FEUILLET (Octave), 197, 341 et suiv.
FLANDRIN (H.), 110.
FLAUBERT (Gustave), 18 et suiv., 145.
FONTANES, 232.
FRANÇOIS D'ASSISE (saint), 13.
FREYCINET (S. DE), 330.
URETIÈRE, 278.

G

GALILÉE, 268.
GASSENDI, 133.
GAUCHER (Maxime), 191.
GAUTIER (Théophile), 278.
GAZIER (A.), 275.
GERSON (Jean), 355.
GHIL (René), 194.
GIRY, 95.
GLABER (Raoul), 266.
GLASSON, 95.
GLADSTONE, 206.
GLUCK, 151.
GŒTHE (W. VON), 135, 145.
GOUNOD, 362.
GOURNAY (Mlle DE), 365.
GRÉARD, 248.
GROSLIER, 64.
GUIGNAUT, 11.
GYP, 176, 237 et suiv.

H

HAHN, 95.
HAUSSONVILLE (comte D'), 47 et suiv.
HÉGEL, 174.
HEREDIA (José-Maria DE), 193, 235, 278.
HÉRODOTE, 122.
HEUZEY, 144.
HIPPOCRATE, 340.
HOLBACH (baron D'), 231.
HOMÈRE, 190, 199, 206, 302, 335.
HOUSSAYE (Henry), 178 et suiv.
HOVELACQUE, 12.
HROSWITA, 146-147.
HUGO (Victor), 229, 234, 256, 258, 261, 262.

I

INGRES, 110.

J

JANMOT, 110.
JARRY, 73.
JEAN (le diacre), 126.
JOHNSON, 116.

K

KOCK (le commandant), 179.

L

LACORDAIRE, 189.
LACTANCE, 70, 339.
LAFFITTE (Pierre), 15.
LAFONTAINE (J. DE), 67, 209.
LAISANT, 95.

LAMARTINE (Alph. DE), 232, 234, 255, 258.
LAMIRAULT, 94, 96.
LAMETTRIE (J.-O. DE), 132.
LANCELOT (Claude), 122, 281.
LAPLACE (P.-S. marquis DE), p. 268.
LAPRADE (V. DE), 110.
LAROUSSE (P.), 94.
LATOUCHE, 229.
LAURENT (H.), 95.
LECONTE DE LISLE, 20, 135, 136, 137, 234, 310.
LE FRANC (Martin), 363.
LEMAITRE (Jules), 173 et suiv., 201, 241.
LEMIERRE (A.-M.), 232.
LEMONNIER (Camille), 10.
LEMOYNE (André), 228-229, 257.
LE PETIT (Jules), 73-74.
L'ESTOILE (Pierre DE), 193.
LETOURNEUR, 232.
LEVASSEUR, 95.
LIGNE (le prince DE), 158.
LITTRÉ (E.), 201, 278.
LOCKE, 56, 57, 58.
LOMBROSO (Cesare), 80, 81, 82.
LORIOT (Florentin), 301, 302, 303.
LOUIS XVIII, 96.
LUCE (Siméon), 96.
LUCIEN DE SAMOSATE, 247.
LYCOPHRON, 196.

M

MAGENDIE, 306.
MAGNIN, 148.
MAGNUS (Hugo), 206.
MAISTRE (Joseph DE), 160.
MALEBRANCHE, 115.

MALHERBE, 364 365.
MALLARMÉ (Stéphane), 195-196, 303.
MALOT (Hector), 75 et suiv.
MARGUERITE DE NAVARRE, duchesse d'Angoulême, 55.
MARGUERITTE (Paul), 293.
MARION (H.), 95.
MARTEL (comtesse DE). Voir *Gyp*.
MARTIAL D'AUVERGNE, 264.
MASPERO (G.), 222.
MAURIN (colonel), 71.
MAUDSLEY, 80-82.
MAUPASSANT (Guy DE), 23, 28 et suiv.
MEILHAC (H.), 103-104, 176.
MÉNARD (Louis), 282.
MENDÈS (Catulle), 193, 233.
MÉRIMÉE (Prosper), 47 et suiv., 333.
MICHEL-ANGE, 26.
MICHELET, 120-122.
MILLEVOYE (C.-H.), 232, 255.
MIRABEAU (comte DE), 231.
MIRRI, scribe égyptien, 222.
MOLIÈRE, 145.
MONCEAUX (Paul), 332, 337, 338.
MORÉAS (Jean), 213-214.
MORELLET (l'abbé), 231-232.
MORICE (Charles), 190 et suiv., 203 et suiv.
MÜNTZ, 95.
MUSSET (Alfred DE), 113-234.

N

NAPOL LE PYRÉNÉEN, 261, 262, 263, 264.
NAPOLÉON, 184.
NICOT (Jean), 278.

O

OHNET (Georges), 56 et suiv.
ORLÉANS (Charles D'), 364.
OSSIAN, 233.

P

PARIS (Gaston), 264 et suiv.
PARNY, 234.
PASCAL, 346.
PEYRAT (Napoléon). Voir *Napol le Pyrénéen*.
PHLÉGON DE TRALLES, 337.
PIGEON (Amédée), 294.
PLATON, 149.
PLAUTE, 145.
PLINE L'ANCIEN, 337.
PLUTARQUE, 337.
POË (Edgar), 38, 335.
PONCHON (Raoul), 294.
PORPHYRE, 288.
POTTIER (Edmond), 16, 84 et suiv.
PRAROND (Ernest), 349 et suiv.
PREVOST-PARADOL, 54.
PRODICOS, 139.
PYRRHON, 127 et suiv.

Q

QUICHERAT (J.), 310, 365.

R

RABBE (Félix), 294.
RACINE (Jean), 176, 205, 343, 345.
RALEIGH (Walter), 118.
RAVAISSON, 16, 134.
RAYNAL (l'abbé), 230.
REINACH (Salomon), 84 et suiv.
RENAN (Ernest), 119, 296, 316 et suiv.
RENARD (Georges), 11.
RESTIF DE LA BRETONNE. 247.
RICHEPIN (Jean), 313.
RIVIÈRE (Henri), 215.
ROUSSEAU (Jean-Jacques), 86, 231.

S

SABRAN (Mlle DE), 86, 151 et suiv.
SAINT-CYR DE RAISSAC, 84, 85, 105 et suiv.
SAINT-MARC-GIRARDIN, 20.
SAINTE-BEUVE, 177, 205.
SAPPHO, 312.
SARCEY (Francisque), 148, 175.
SARDOU (Victorien), 295.
SAY (Léon), 330.
SECCHI (le père), 268.
SENIOR (Mistress), 48, 49, 50, 51, 53, 55.
SEPET (Marius), 361.
SHAKESPEARE, 145, 205, 232, 286, 292 et suiv.
SIGNORET (Henri), 145 et suiv., 292 et suiv.
SILVESTRE (Armand), 233
SIMON (Jules), 328-329.
SOCRATE, 142-143.
SOLDI (Emile), p. 91.
SOPHOCLE, 199, 207.
SOURY (Jules), 206.

TAËL (Mme DE), 231.
STENDHAL, 49.
SUARD (J.-B.-A.), 231-232.
SULLY-PRUDHOMME, 36 et suiv., 204, 216.
SWEDENBORG, 39.

T

TACITE, 120, 122, 310, 337.
TAINE (H.), 205.
TÉRENCE, 146.
THIERRY (Aug.), 121, 122, 261.
THIERRY (Gilbert-Augustin), 301 et suiv., 335.
THIERS (Ad.), 20, 179.
THUCYDIDE, 115, 121.

V

VALERAND DE LA VARANNE, 349 et suiv.
VANNIER (Léon), 194.
VARNHAGEN (Rahel DE), 169.
VERNE (Mlle Paule), 294.
VEUILLOT (Louis), 365.
VEYRIES (Alphonse), 88.
VICAIRE (Gabriel), 290-291.
VIGÉE-LEBRUN (Mme), 155.
VIGNY (Alf. de), 234, 255, 256, 257, 365.
VILLON (François), 267, 364.
VIRGILE, 200, 201, 309, 310.
VOGÜÉ (vicomte Eugène-Melchior DE), 76-77, 204.
VOLTAIRE, 122, 231-232.
VORAGINE (Jacques DE), 288.

W

WALTZ, 95.
WEIL (Henri), 143-144.
WILLETTE, 215.

Z

ZOLA (Émile), 195, 196, 208, 284 et suiv.

FIN DE LA TABLE ALPHABÉTIQUE

TABLE DES MATIÈRES

PRÉFACE	I
M. ALEXANDRE DUMAS FILS	1
« LES JOUETS D'ENFANTS », PAR M. CAMILLE LEMONNIER	10
GUSTAVE FLAUBERT	18
M. GUY DE MAUPASSANT	28
LE BONHEUR », PAR SULLY-PRUDHOMME	36
MÉRIMÉE	47
HORS DE LA LITTÉRATURE	56
BIBLIOPHILIE	65
LES CRIMINELS	75
LA MORT ET LES PETITS DIEUX	84
LA GRANDE ENCYCLOPÉDIE	94
UN POÈTE OUBLIÉ : SAINT-CYR DE RAISSAC	105
LES TORTS DE L'HISTOIRE	115
SUR LE SCEPTICISME	125
EURIPIDE	135
LES MARIONNETTES DE M. SIGNORET	145
LA MÈRE ET LA FILLE : « MADAME DE SABRAN ET MADAME DE CUSTINE », PAR M. A. BARDOUX	151

M. JULES LEMAÎTRE...	172
1814...	178
DEMAIN...	190
M. CHARLES MORICE..	203
LE GRAND SAINT ANTOINE.....................................	215
ANTHOLOGIE...	228
LA SAGESSE DE GYP : « LES SÉDUCTEURS », « MADEMOISELLE LOULOU »...	237
ANTHOLOGIE...	252
M. GASTON PARIS ET LA LITTÉRATURE FRANÇAISE AU MOYEN AGE..	264
LEXIQUE..	275
LA PURETÉ DE M. ZOLA..	284
« LA TEMPÊTE »...	292
« LA TRESSE BLONDE », PAR GILBERT-AUGUSTIN THIERRY...	301
« BRAVE FILLE », PAR FERNAND CALMETTES...........	307
« HISTOIRE DU PEUPLE D'ISRAËL », TOME II, PAR ERNEST RENAN..	317
L'ÉLOQUENCE DE LA TRIBUNE. — LE SÉNAT.........	325
ROMAN ET MAGIE...	332
M. OCTAVE FEUILLET : « LE DIVORCE DE JULIETTE ».	341
JEANNE D'ARC ET LA POÉSIE. — VALLERAND DE LA VARANNE. — M. ERNEST PRAROND.....................	349
TABLE ALPHABÉTIQUE DES NOMS DES AUTEURS CITÉS..	367

FIN DE LA TABLE DES MATIÈRES

619-17. — Coulommiers. Imp. PAUL BRODARD. — 1-18.
7042-8-17

DERNIÈRES PUBLICATIONS

Format in-18 à 3 fr. 50 le volume

	Vol.
GABRIELE D'ANNUNZIO	
Forse che si Forse che no	1
RENÉ BAZIN	
La Barrière	1
V. BLASCO IBANEZ	
Arènes Sanglantes	1
JOHAN BOJER	
Sous le Ciel vide	1
LÉO BYRAM	
Mon ami Fou-Than'	1
JEAN CANORA	
Madame Davenay bienfaitrice	1
GUY CHANTEPLEURE	
Malencontre	1
PIERRE DE COULEVAIN	
Au Cœur de la Vie	1
MAX DAIREAUX	
Les Premières Amours d'un Inutile	1
LOUIS DELZONS	
Le Meilleur Amour	1
ANATOLE FRANCE	
Les Sept Femmes de la Barbe-Bleue	1
LÉON FRAPIÉ	
Les Contes de la Maternelle	1
GYP	
Les Petits Joyeux	1
LOUIS LATZARUS	
La Demoiselle de la Rue des Notaires	1
PIERRE LOTI	
Le Château de la Belle-au-Bois-Dormant	1
PIERRE MILLE	
La Biche écrasée	1
JACQUES NORMAND	
Les Jours vécus	1
J. D'OR SINCLAIR	
Au Vent de la Vie	1
ÉDOUARD PAILLERON	
Théâtre complet (I, II, III)	3
JEAN POMMEROL	
Un Fruit et puis un autre Fruit	1
DUCHESSE DE ROHAN	
Les Dévoilées du Caucase	1
JACQUES SERVY	
Hercule et le Lion	1
STENDHAL	
Journal d'Italie	1
VALENTINE THOMSON	
La Vie Sentimentale de Rachel	1
MARCELLE TINAYRE	
L'Ombre de l'Amour	1
LÉON DE TINSEAU	
Deux Consciences	1
COLETTE YVER	
Les Dames du Palais	1

www.ingramcontent.com/pod-product-compliance
Lightning Source LLC
Chambersburg PA
CBHW060553170426
43201CB00009B/767